Michaela Karl
Bayerische Amazonen

PIPER

Zu diesem Buch

Die Amazonen waren nicht nur ein kriegerisches Frauenvolk der Antike – auch die kämpferischen Frauen der Neuzeit, die für die Gleichberechtigung der Frau kämpften, nannten sich so. Mit Geist, Mut und Persönlichkeit wehrten sie sich gegen Vorurteile, Ignoranz und Dummheit. Die hier porträtierten zwölf Bayerinnen verkörpern den Aufbruch in ein neues Zeitalter. Neben der Schriftstellerin Lena Christ, der Tänzerin Gret Palucca und der bekannten Komödiantin Liesl Karlstadt stehen Frauen wie Carry Brachvogel, die für die Gleichberechtigung kämpfte und 1942 in Theresienstadt ermordet wurde, die bayerisch-französische Autorin Claire Goll, die Männer wie Rilke, Celan oder Kokoschka faszinierte, oder Zenzl Mühsam, die auf der Flucht vor den Nazis nach Russland kam und dort im Gefängnis landete. Sie alle traten emanzipiert und radikal für die Verwirklichung ihrer Ziele ein – kämpferisch, mutig und ehrlich.

Michaela Karl, geboren 1971 in Straubing, studierte in Passau, München und Berlin Politologie, Geschichte und Psychologie und schloss mit der Promotion ab. Derzeit bereitet sie ihre Habilitation über die Revolution in Bayern vor. Daneben entstanden weitere Bücher, in denen sie sich den Biografien von Rebellen und Vorkämpfern in der bayerischen Geschichte widmet: »Sozialrebellen in Bayern« und »Es lebe die Weltrevolution!«. 2005 erschien ihr erster Roman: »Höllische Grüße«.

Michaela Karl

Bayerische Amazonen

Zwölf Frauenporträts aus zwei Jahrhunderten

Mit 24 Abbildungen

Piper München Zürich

Mehr über unsere Autoren und Bücher:
www.piper.de

Ungekürzte Taschenbuchausgabe
Piper Verlag GmbH, München
1. Auflage Juni 2008
3. Auflage Mai 2010
© 2004 Verlag Friedrich Pustet, Regensburg
Umschlag: semper smile, München
Umschlagfotos: Bartosz Hadyniak / iStockphoto (Himmel),
Schöning / ullstein bild (Bilderrahmen), ullstein bild (Mechtilde Lichnowsky),
Harry Croner / ullstein bild (Therese Giehse), amw / ullstein bild (Liesl Karlstadt)
Autorenfoto: Alexandra Seidl
Satz: Friedrich Pustet, Regensburg
Papier: Munken Print von Arctic Paper Munkedals AB, Schweden
Druck und Bindung: CPI – Clausen & Bosse, Leck
Printed in Germany   ISBN 978-3-492-25035-1

Gewidmet einer wahren bayerischen Amazone:
meiner Mutter

„Penthesilea, hieß es,
Sei in den scyth'schen Wäldern aufgestanden,
Und führ' ein Heer, bedeckt mit Schlangenhäuten,
Von Amazonen, heißer Kampflust voll,
Durch der Gebirge Windungen heran,
Den Priamus in Troja zu entsetzen.
Am Ufer des Skamandros hören wir,
Deiphobus auch, der Priamide, sei
Aus Ilium mit einer Schaar gezogen;
Die Königinn, die ihm mit Hülfe naht,
Nach Freundesart zu grüßen. Wir verschlingen
Die Straße jetzt, uns zwischen dieser Gegner
Heillosem Bündniß wehrend aufzupflanzen;
Die ganze Nacht durch windet sich der Zug.
Doch, bei des Morgens erster Dämmerröthe,
Welch ein Erstaunen faßt' uns, Antiloch,
Da wir, in einem weiten Thal vor uns,
Mit des Deiphobus Iliern im Kampf
Die Amazonen sehn! Penthesilea,
Wie Sturmwind ein zerissenes Gewölk,
Weht der Trojaner Reihen vor sich her,
Als gält es über'n Hellespont hinaus,
Hinweg vom Rund der Erde sie zu blasen.

Heinrich von Kleist: Penthesilea

Inhalt

Prolog:
Auf den Spuren von Penthesilea

Amazonen waren zu allen Zeiten der Schrecken der Männer. Keine der von einer patriarchalen Gesellschaft geforderten weiblichen Tugenden wie Anpassung, Duldung, Unschuld und Ahnungslosigkeit wurde von ihnen verkörpert. Im Gegenteil, sie waren laut, aggressiv und fordernd. Die Amazonen galten als Inbegriff der weiblichen Gefahr, als Bedrohung der zivilisierten Welt durch die Frau.

Nach der griechischen Mythologie waren die Amazonen ein kriegerisches Frauenvolk, das aus Asien stammte: Dereinst waren die Äthiopier in das Land der Skythen am Thermoden gekommen, hatten alle Männer getötet und sich der Frauen bemächtigt. Diese rächten sich blutig. Eines Nachts töteten sie die Eroberer und gründeten einen Frauenstaat. Hauptstadt dieses Staates wurde die Stadt Themiskyra. Die Amazonen lebten fortan ohne Männer. Einzig, um die Nachfolge zu sichern, kamen sie im Frühjahr mit den Männern des Nachbarvolkes zusammen. Der Staat der Amazonen bestand über viele Jahre und seine Bewohnerinnen waren weithin respektiert – und gefürchtet. Zu ihren berühmtesten Königinnen zählten Hippolyte, die durch die Hand des Herakles fiel, Antiope, die Theseus eroberte, und nicht zuletzt Penthesilea, die von Achill im Kampf um Troja getötet wurde.

Das Bild von den schönen kriegerischen Frauen beschäftigt seit Jahrhunderten die Phantasie der Menschen. In der Neuzeit blühte der Mythos um die legendären Kriegerinnen im Zuge der Französischen Revolution wieder auf. Die Frauen, die auf Seiten der Revolutionäre kämpften, nannten sich selbst „Amazonen". In Bildern, Gedichten und Liedern der Revolution wurden sie mit ihren antiken Schwestern gleichgesetzt. Vielleicht gerade deshalb wurden die tapferen Barrikadenkämpferinnen nicht nur von ihren Gegnern gehasst, sondern auch von ihren männlichen Mitstreitern argwöhnisch beäugt: Freiheit, Gleichheit, Brüderlichkeit – diese Forderungen galten nicht zwangsläufig für beide Geschlechter.

In jener Zeit entstand auch die bekannteste deutsche Dichtung über das legendäre Frauenvolk: Heinrich von Kleists Drama „Penthesilea" aus dem Jahre 1808. In ihm tritt die letzte Königin der Amazonen als maßlose, unbeherrschte Furie auf, deren wilder Wahn von vornherein zum Scheitern verurteilt ist. Penthesilea erscheint als der „Typ des dämonischen Machtmenschen par excellence"[1]. Sie wird bestimmt von Gefühlsregungen wie Trotz, Widerspruch und Stolz und ihr ganzes Tun ist nicht der Vernunft unterworfen, sondern unberechenbar und irrational.

Mit dieser negativen Darstellung der Penthesilea entspricht der Dichter dem Frauenbild seiner Zeit, die vielmehr im sanften, willenlosen Geschöpf die perfekte Frau sah. Penthesileas unbändiger Wille galt als abschreckend, ja bedrohlich. Dass sie letztlich vom göttlichen Achill im Zweikampf besiegt wurde, verhinderte die Herrschaft der Frauen, das Matriarchat, und stellte die Ordnung im Geschlechterkampf wieder her.

Ende des 19. Jahrhunderts schien diese „Ordnung" nun erneut in Gefahr. Immer mehr Frauen gaben sich mit der ihnen zugewiesenen Rolle nicht mehr zufrieden und wagten den Ausbruch. Die Entwicklung zum modernen Staatswesen ging Hand in Hand mit der Modifizierung des traditionellen Rollenverständnisses. In demselben Maße, wie sich sukzessive die Erkenntnis von der Gleichheit der Menschen durchsetzte, rückte der Unterschied zwischen den Geschlechtern in den Hintergrund. Die Emanzipationsbestrebungen der Frauen entstanden zeitgleich mit den revolutionären Forderungen von 1848. Gegen Ende des 19. Jahrhunderts hatten sich in ganz Europa zahlreiche Vereine gegründet, in denen die Frauen ihren Forderungen Nachdruck verleihen wollten. Sie verlangten dieselben politischen und sozialen Rechte, gleiche Bildungschancen, aktives und passives Wahlrecht, die Gleichstellung vor dem Gesetz und vieles andere mehr.

In diese Aufbruchstimmung hinein wurden die Protagonistinnen dieses Buches geboren. Sie wuchsen in einer Zeit auf, da Frauen kaum Rechte hatten und erfuhren am eigenen Leib die zähe Verwirklichung einzelner Forderungen. Oft genug mussten sie feststellen, dass formale Gleichstellung noch lange nicht praktische Gleichberechtigung bedeutete.

Die in diesem Buch vorgestellten Lebensläufe sind typische Konstrukte jener Zeit um die Jahrhundertwende, die nicht nur in Bayern wahre Amazonen erforderte. Kämpferische, couragierte Frauen, nicht immer sympathisch, nicht immer liebenswert, dafür aber immer mutig und ehrlich gegenüber sich selbst. Sie verkörpern den Aufbruch in ein Zeitalter, in dem die Rolle der Frau neu definiert wurde.

Die hier porträtierten Frauen schickten sich an, die gesellschaftlichen Grenzen zu sprengen, sich die Welt zu erobern. Auf ihrem Weg mussten sie Hindernisse verschiedenster Art überwinden, mussten sich mit aller Kraft denen entgegenstemmen, die sie in ihre traditionellen Rollen zurückdrängen wollten. Mit Geist, Mut und Persönlichkeit stellten sie sich Gesetzen, Waffengewalt und sogar Folter entgegen. Sie erhoben sich gegen gesellschaftliche Strukturen, Vorurteile, Ignoranz und Dummheit, kämpften gegen Armut, Krankheit, Gewalt und Unterdrückung. Sie standen auf gegen Eltern, Ehemänner, Kollegen und Vorgesetzte, stritten gegen Ideologien und Diktatoren. Nichts und niemand vermochte sie daran zu hindern, ihren Weg zu gehen.

Ihr Aufbruch fand auf höchst unterschiedliche Art und Weise statt: still und zurückhaltend oder laut und fordernd, ganz so, wie es dem Charakter der jeweiligen Person entsprach. Wenngleich sie sich in ihren Mitteln und Strategien unterschieden, ihr Ziel war stets dasselbe: Unabhängigkeit und Selbstverwirklichung. Gleich ihren antiken Schwestern definierten sie sich nicht durch Männer, sondern traten selbstbestimmt in Erscheinung.

Die zwölf porträtierten bayerischen Frauen, die exemplarisch für viele „Amazonen" stehen, kommen aus der Stadt oder vom Land, stammen aus reichem Elternhaus oder aus ärmlichsten Verhältnissen, waren Aristokratinnen, Bürgertöchter, Arbeiter- oder Bauernkinder. Ihre Startbedingungen waren so ungleich wie ihre Ausbildung und ihr sozioökonomischer Hintergrund. Dementsprechend individuell verliefen ihre Lebenswege.

Gemeinsam ist ihnen jedoch eins: Alle zwölf ließen ihre Herkunft hinter sich und tauchten in eine Welt ein, die nicht für sie vorgesehen war: Beispielsweise wurde die Wirtstochter zur Dichterin, die Aristokratin zur liberalen Freidenkerin, die Bauerntochter zur Kommunistin, die Bäckerstochter zur Komödiantin, die Lehrerstochter zum umjubelten Bühnenstar, die Kaufmannstochter zur Tänzerin, die Bürgerstochter zur Revolutionärin. Obwohl häufig durch Geschlecht, Herkunft und soziale Stellung benachteiligt, verkehrten sie mit den bedeutendsten Intellektuellen ihrer Zeit, zählten Politiker und Künstler zu ihren Bekannten und Freunden und reiften zu eigenständigen Persönlichkeiten heran.

In einer Zeit, da es Frauen fast unmöglich war, ein autonomes Leben zu führen, kümmerten sie sich nicht um Konventionen, sondern gingen hoch erhobenen Hauptes ihren Weg, traten aus dem Schatten der Anonymität. In diesen Jahren, da Frauen im Bewusstsein der Öffentlichkeit als Handelnde nur ein geringe Rolle spielten, spalteten sie mit ihrem Verhalten die Meinungen und erregten die Gemüter.

Ihre herausragendste Eigenschaft war die Fähigkeit zu handeln, eine Eigenschaft, die zu jener Zeit nicht als weibliche

Eigenschaft verstanden wurde. Als typisch weiblich galten Hingabe und Demut, nicht Stärke und Wille. Doch Amazonen sind immer aktiv, geben sich nie defensiv, agieren statt zu reagieren, sind der Gegenentwurf zum Klischeebild des „ewig Weiblichen".

Zu ihren Lebzeiten waren diese Frauen Berühmtheiten, weit über ihren Lebensbereich hinaus. Doch die Geschichte hat nicht alle im Gedächtnis behalten. Von einigen weiß man noch ein wenig, von anderen kennt man noch den Namen, die meisten aber sind fast völlig in Vergessenheit geraten. Das ist bedauerlich, waren sie doch allesamt Frauen, die einen für damalige Verhältnisse völlig neuen Frauentypus verkörperten: moderne Frauen, Frauen, die sich nicht mit ihrer vorgegebenen Rolle zufrieden gaben und neue Wege ausprobierten.

Nicht immer glückten diese Ausbruchsversuche, oft genug war der Preis, den sie dafür zahlen mussten, hoch. Sie kämpften und sie scheiterten – doch sie standen wieder auf. Mehrmals haben sie verloren, indessen haben sie sich niemals kampflos geschlagen gegeben, sondern alles versucht, sich gewehrt bis zum letzten Atemzug. Selbst wenn ihr Schicksal manchmal wie ein Scheitern anmutet, sie sind nicht gescheitert – keine von ihnen! Im Gegenteil, nur wer alles riskiert, kann alles gewinnen. Die Risiken, die sie mit ihrer frei gewählten Lebensweise eingingen, waren ihnen durchaus bewusst. Keine wurde überrascht von dem, was auf sie zukam, jede ging dem sehenden Auges entgegen. Weder gesellschaftliche Ächtung noch Verfolgung oder Todesdrohung konnten sie von ihrem Weg abbringen.

Obschon einige dieser Frauen Dinge erlebt haben, die manch anderen am Leben hätten verzweifeln lassen, ist es ihnen gelungen, aus ihrem Leben etwas Besonderes zu machen und es mit einer herausragenden Leistung zu krönen. Sie sind weit über sich hinausgewachsen, haben Mut und Courage bewiesen. Die Radikalität, mit der sie Grenzen überschritten und Neues wagten, fasziniert noch heute.

Dass sie dabei nicht immer heldenhaft agierten, ist Teil ihrer Geschichte als Frauen: „Wie also können Frauen gerecht und großmütig werden, solange sie die Sklavinnen der Ungerechtigkeit sind?"[2], fragte bereits Mary Wollstonecraft in ihrem berühmten Plädoyer für die Rechte der Frau. Die Umstände der Zeit verlangten manch negative Entscheidung, die sie in vollem Bewusstsein trafen. In ihrem Kampf für Unabhängigkeit, Gleichberechtigung und Emanzipation scheuten sie keine Mittel.

Dies macht sie nicht zu makellosen Heldinnen, dafür aber zu Identifikationsfiguren auch für die Frau des 21. Jahrhunderts. Sie waren eine Herausforderung für die Gesellschaft, eine Herausforderung an das Leben, sind eine Herausforderung auch für die Nachgeborenen. Es lohnt sich, die zwölf Frauen dem schleichenden Vergessen zu entreißen und sie als Vorbilder zu würdigen. Dann wird man feststellen, dass sie gerade in ihrem Scheitern stolze bayerische Amazonen, würdige Nachfolgerinnen ihrer antiken Schwestern waren.

Denn Amazonen sind nicht immer Siegerinnen – aber immer Kämpferinnen.

Sinke nicht,
Und wenn der ganze Orkus auf dich drückte!
Steh, stehe fest, wie das Gewölbe steht,
Weil seiner Blöcke jeder stürzen will!
Beut deine Scheitel, einem Schlußstein gleich,
Der Götter Blitzen dar, und rufe, trefft!
Und laß dich bis zum Fuß herab zerspalten,
Nicht aber wanke in dir selber mehr,
So lang ein Athem Mörtel und Gestein,
In dieser jungen Brust, zusammenhält.

Heinrich von Kleist: Penthesilea

„Ein eigenes Gesetz in der Brust
zu tragen, dessen Erfüllung das
höchste Glück der Erdenkinder
gewährt, die Persönlichkeit."

Carry Brachvogel:
Die Frauenrechtlerin

1864 München – 1942 Theresienstadt

„Mein Leben ist äußerlich so einfach gewesen, dass es kaum
verlohnt, darüber zu berichten. Es hat sich ganz und gar in
meiner Geburtsstadt München abgespielt, in dieser farbigen,
von Kunst überfluteten Stadt, deren Humor voll Anmut ist
und die es versteht, Gegensätze lächelnd zu versöhnen",[1]
schreibt Carry Brachvogel im Vorwort ihres 1920 in Leipzig
erschienenen Buches „Das Grammophon". Die 1942 verstorbene Frauenrechtlerin sprach nicht gern über sich selbst, gab
stets nur das Allernotwendigste von sich preis. Auch als sie
noch lebte, wussten ihre Leser nur wenig über die Münchner
Autorin. Dies ist bis heute so geblieben. Es gibt nur wenige
Veröffentlichungen über sie, recht viel mehr als Eckdaten sind
aus ihrem Leben nicht bekannt. Das ist schade, denn Carry
Brachvogel war eine außergewöhnliche Frau und zu ihrer Zeit
war die „feingebildete Jüdin, voll gepfefferter Bosheit und
schlagfertigen Geistes"[2], eine der bekanntesten Frauen Münchens.
Carry Brachvogel wird am 16. Juni 1864 als Tochter des jüdischen Kaufmanns Heinrich Hellmann und seiner zwanzig
Jahre jüngeren Frau Zerlinda Karl-Hellmann unter dem Namen Caroline Hellmann in München geboren. Neben Tochter
Caroline, genannt Carry, gibt es noch einen Sohn namens
Siegmund. Die Familie ist sehr begütert und wohnt in den

besten Gegenden Münchens. Carry und Siegmund wachsen zunächst in der Residenzstraße auf, bis die Familie schließlich ein Haus an der Brienner Straße kauft.

Carry ist ein aufgewecktes, intelligentes Kind, dessen Lese- und Lerneifer von den Eltern nach Kräften unterstützt wird. Sie ist kunst- und kulturbegeistert, liebt Literatur und Theater über alles. Schon früh verspürt sie den Drang in sich, selbst etwas Künstlerisches zu schaffen. Vor allem das Schreiben hat es ihr angetan. Doch noch wagt sie es nicht und ist äußerst selbstkritisch mit sich, wie sie in späteren Jahren freimütig gesteht: „Weil ich aber nicht nur zum Pathos und zur Seelen-analyse neige, sondern auch eine sehr kritische Ader habe, misstraute ich lange mir selbst und fühlte selbsterkennend, wie unfähig Jugend ist, Menschen zu gestalten. Denn dies vor allem wollte ich: Menschen schaffen, nicht Kostümpup-pen."[3]

Nach einer standesgemäßen Erziehung zur höheren Tochter heiratet Carry 1887 den schlesischen Schriftsteller und Jour-nalisten Wolfgang Brachvogel. Brachvogel ist Redakteur der *Münchner Neusten Nachrichten* und – er ist Katholik. Auch wenn Carry Brachvogel sehr entspannt mit ihrem jüdischen Glauben umgeht, von zu Hause aus nicht orthodox erzogen wurde, ist eine derartige Ehe doch ein mutiger Schritt und in jeder Hinsicht ein deutliches Bekenntnis zu einem aufge-klärten modernen Judentum. Wie unverkrampft Carry Brach-vogels Verhältnis zur Religion ist, beweist sie nicht zuletzt nach der Geburt ihrer Kinder. 1888 wird die gemeinsame Tochter Fedora geboren, ein Jahr später Sohn Heinz-Udo. Fedora bleibt religionslos, Heinz-Udo wird nach dem Vater römisch-katholisch getauft.

Daraus allerdings zu schließen, Carry Brachvogel leugne ihr Judentum, verdränge ihre Wurzeln wie so viele andere jüdi-sche Intellektuelle jener Zeit dies tun, wäre verfehlt. Sie fühlt sich zwar nicht in erster Linie als Jüdin, verarbeitet die kul-turelle Erfahrung des Judentums aber auf die ihr eigene Weise, als Schriftstellerin. So setzte sie sich beispielsweise in der 1900 erscheinenden Legendensammlung „Die Wiedererstandenen", in der Geschichte „Götter a. D." mit der langen Leidensgeschichte des jüdischen Volkes auseinander.

1892 stirbt ihr geliebter Mann. Carry Brachvogel bleibt allein mit zwei unmündigen Kindern zurück. Jetzt ist sie eine junge Witwe und muss für das Auskommen der Familie sorgen. Zunächst ratlos, wie das vonstatten gehen soll, besinnt sie sich nach längerem Überlegen schließlich auf ihr Talent. Sie gibt ihrer lang gehegten Leidenschaft nach und beginnt zu schreiben. Drei Jahre gehen vorbei, bis sie 1895 ihren ersten Roman „Alltagsmenschen" veröffentlicht. Sie ist nun 31 Jahre alt. Durch die Vermittlung des Münchner Schriftstellers Ernst von Wolzogen wird ihr Manuskript,

Carry Brachvogel

obwohl die Autorin noch völlig unbekannt ist, vom renommierten S. Fischer Verlag angenommen. Bereits in ihrem ersten Buch greift sie eine Thematik auf, die bestimmend für ihr weiteres Leben wird: die sich verändernde Rolle der Frau in einer sich wandelnden Gesellschaftsordnung. „Alltagsmenschen" schildert das Schicksal einer jungen Frau, die trotz größter Bemühungen an der traditionellen Rolle der Ehefrau scheitert und sich aus Langeweile auf eine außereheliche Affäre einlässt. Nach der enttäuschenden Beendigung der Affäre muss sie, schwanger vom Liebhaber, alles ihrem Mann gestehen. Dieser verzeiht ihr zwar, doch der Preis, den die junge Frau dafür zahlen muss, um nicht aus der Gesellschaft ausgestoßen zu werden, ist hoch: ein unerfülltes Leben an der Seite eines ungeliebten Mannes.

Die Literaturkritiker sind mehr als angetan vom Erstlingswerk der jungen Autorin und prophezeien ihr eine große Karriere: „Jedenfalls berechtigt dieses Erstlingswerk zu der Erwartung, dass Carry Brachvogel sich zu einer bedeutenden Kraft auf dem Gebiete ausmachen wird, das sie nach manchen Schwankungen nun wohl endgültig als das Ihre erkannt haben wird, ich meine das Gebiet der Sitten- und Charakterschilderung der so genannten guten Gesellschaft. Ihr Blick ist scharf! Nicht der kleinste Schatten, nicht die unscheinbarste Krümmung der Linie entgeht demselben, und mit der Objektivität des Naturforschers teilt sie uns mit, was sie gesehen."[4]

Auch Carry Brachvogel ist zunächst zufrieden mit ihrer ersten Veröffentlichung – Jahre später wird sie den Roman allerdings für verschollen erklären.

Die Frage nach dem Ausweg für eine Frau aus ihrer traditionellen gesellschaftlichen Rolle beschäftigt sie auch in ihrem zweiten Buch „Der Erntetag", einem Novellenband, der zwei Jahre später erscheint. Die Titelgeschichte handelt von einer Bäuerin, die, gefangen in einer unglücklichen Ehe, ohne Wenn und Aber ihre Pflicht erfüllt. Ihr Mann lässt sie in dem Glauben, die Familie sei bettelarm. Als der Sohn herausfindet, dass der Vater die Familie jahrelang hintergangen hat und ihn als reich entlarvt, wehrt sich die Frau nicht gegen den Vater, sondern tötet den Sohn. Auch dieses Buch wird von der Kritik aufmerksam registriert: „Ein Talent, wie das der Carry Brachvogel, interessiert immer. Der ‚Erntetag' erweist, dass Carry Brachvogel eine reiche Natur von ungewöhnlicher Begabung ist. Ihr scharfer Blick, ihre unumwundene Offenheit frappieren. Imponierend ist ihr Konzentrationsvermögen: ihr Geist ist stets ganz bei der Sache, fasst und erschöpft sie vollkommen."[5]

Die Situation der Frau in der Gesellschaft des beginnenden 20. Jahrhunderts ist nicht nur zentrales Thema ihrer Bücher geworden, sondern bestimmt zunehmend auch ihren Alltag. In Stadt und Land werden Frauen durch überkommene Rollenverständnisse unterdrückt und können sich nur sehr mühsam davon befreien. Der politische Kampf für die Gleichberechtigung der Geschlechter, den viele Frauen um die Jahrhundertwende führen, wird auch Carry Brachvogels Kampf. Als Schriftstellerin kann sie ihre Überlegungen zur Problematik des klassischen Rollenverständnisses einem großen Publikum vermitteln und sie nutzt diese Plattform geschickt zur Agitation.

Die Protagonistinnen ihrer Romane finden sich nicht mit den ihnen zugedachten Rollen ab, sondern begehren auf. Sie entwickeln Selbstbewusstsein und Stolz, Eigenschaften die um die Jahrhundertwende nicht als weibliche Zier verstanden werden. Den verschreckten Männern erklärt Carry Brachvogel, dass derartige Frauen für einen Mann doch wesentlich interessanter seien, als die angepassten hingebungsvollen Hausmütterchen, die der Zeitgeist propagiert. In dem Text „Frau Dr. Faust" beschreibt sie sehr genau, dass ein deutsches Gretchen à la Goethe als Ehefrau wohl kaum etwas anderes als Langeweile verbreiten wird, zu einer selbstbewussten schönen Helena fehle ihr jegliche Begabung: „Nein, zur Helena kann sich Gretchen niemals entwickeln, denn die griechische Herrscherin ist von einer ganz anderen Rasse als das deutsche Kleinstadtmädel."[6]

Die Frauen, die Carry Brachvogel beschreibt, finden ihr höchstes Glück nicht in der Rolle der Ehefrau und Mutter – sie streben nach Selbstverwirklichung. Anders als bei den meisten ihrer männlichen Kollegen endet bei Carry Brachvogel der Roman nicht mit der Heirat der weiblichen Hauptfigur. Sie sieht darin nicht das unvermeidliche Happy End für alle Frauen, sondern beschäftigt sich mit der Frage: Was kommt danach? Was widerfährt Frauen in der Ehe, wie können sie sich auch an der Seite eines Mannes als selbstständige Menschen behaupten? Es ärgert sie maßlos, dass die Frau in der Literatur nur als junges Mädchen, Ehefrau und Mutter wahrgenommen wird, nie als Frau: „Das Frauenschicksal jenseits der Hochzeitsnacht schien keinen Menschen zu interessieren, ja, es schien überhaupt nicht vorhanden."[7]

1901 erscheint ihr Roman „Die große Pagode". Darin prangert sie die Ausbeutung Münchner Schauspielerinnen an. Sie greift damit ein Problem auf, vor dem viele Frauen stehen, die sich dem gängigen Rollenverhalten entziehen und ein selbstbestimmtes Leben wählen: Sie finden zumeist unzumutbare Arbeitsbedingungen vor. Ihre Leistung wird weder angemessen honoriert noch wirklich respektiert; ein Phänomen, das sich auf Bauernhöfen, in Fabriken und eben auch in der Kultur zeigt. Es ist das letzte Buch, das im S. Fischer Verlag erscheint. Autorin und Verlag haben sich in verschiedene Richtungen entwickelt und wollen von nun an in beiderseitigem Einverständnis getrennte Wege gehen. Carry Brachvogel meint, dass es vor allem deshalb zur Trennung kommt, weil sie immer stärker historische Themen aufgreift: „Als ich dann mit meinem alt-byzantinischen Roman ‚Der Nachfolger‘ antrat, war's aus. Fischer setzte mich in höflicher aber unverkennbarer Form vor die Tür seines Verlages."[8]

Schriftstellerin ohne Verlag zu sein ist nicht leicht, zumal für jemanden, der finanziell aufs Schreiben angewiesen ist. Nachdem sie zunächst etwas ratlos ist und nicht so recht weiß, wie es weitergehen soll, erhält sie ein Angebot aus Wien. Sie soll für die Wiener *Zeit* als Feuilletonistin arbeiten. Dort schreibt sie über den Prater, Schönbrunn, verliebte Wiener Mädel und über die Habsburger. Es sind Texte voll Leichtigkeit, Witz und Ironie, aber auch voll Sympathie für das Subjekt. Sie versteht es meisterhaft, ihre Kritik mit einem Augenzwinkern zu servieren. Bald wird man auch in der Heimat auf die begabte Feuilletonistin aufmerksam und holt sie zurück nach München. Hier schreibt sie mit spitzer Feder vor allem gegen das klischeehafte Frauenbild an, das die Blätter des wilhelminischen Zeitalters zeichnen. Sie zeigt die berufstätige Frau, beschreibt Münchner Kellnerinnen oder Trambahnschienen-Putzerinnen. Jahre später veröffentlicht sie diese Texte in einem Sammelband mit dem Titel „Im weiß-blauen Land". Sie sind eine Liebeserklärung an ihre Heimatstadt, in der sie die skurrilsten Figuren beschreibt, die den Englischen Garten bevölkern, oder auf die verwunschenen Gärten Münchens aufmerksam macht. Carry Brachvogel fühlt sich durch und durch als waschechte Bayerin, wird nicht müde, in ihren Texten ihre Heimatverbundenheit zu betonen.

Seit 1903 ist sie Mitglied im „Verein für Fraueninteressen". Dieser, 1894 unter dem Namen „Gesellschaft zur Förderung der geistigen Interessen der Frau" von Ilka Freudenberg gegründete Verein, hat sich zum Ziel gesetzt, das „geistige Niveau der Frauen zu heben". Man will neben der Verbreitung der Ideen der Frauenbewegung die Frauen auf den verschiedensten Gebieten sowohl theoretisch als auch praktisch schulen. Dazu sucht man auch die Zusammenarbeit mit aufgeschlossenen Männern. Mitglieder des Vereins sind zum Beispiel die Dichter Rainer Maria Rilke und Ernst von Wolzogen. Nach dem Tode Ilka Freudenbergs übernimmt 1912 Luise Kisselbach die Leitung des Vereins. Diese gehört, genau wie Carry Brachvogel, zur bürgerlichen Frauenbewegung. Obwohl Carry Brachvogel nicht die Radikalität einer Anita Augspurg besitzt, kann sie trotz allem einiges bewegen. 1913 wird sie in den Vorstand des Vereins gewählt.

Bereits 1912 hält sie dort den Vortrag „Hebbel und die moderne Frau". In ihm setzt sie sich mit dem Frauenbild der Klassiker auseinander und stellt diesem das neue Frauenbild gegenüber, das sie anstrebt: „Die Gretchen, Klärchen, Luisen, Kätchen und wie sie noch alle heißen, die verschiedene Namen tragen und doch immer den gleichen Typ darstellen. Liebe erfasste, verzehrte, verbrannte diese Mädchengestalten, dass nichts von ihnen bleibt als immerfort Liebe. Wenn aber doch einmal in einer Gestalt ein Unverbrennbares, Unlösliches bleiben wollte, dann erschien es nicht wie ein wertvoller asbestener Kern, sondern wie eine garstige Schlacke, welche die Frau, die nicht restlos in Liebesflammen aufging, vom höchsten Erdenglück, der Mannesliebe, ausschloss. Das ganze Wesen der Frau durfte nur aus einer Quelle fließen, aus der Liebe. Dualismus ihrer Seele bedeutete nicht etwa Reichtum, sondern Zwiespalt, denn niemals konnten sich, so schien es den Dichtern, in der Frauenseele mehrere Quellen zu einem Strom verbinden, der ein Frauenbild widerspiegelte, das zugleich ganz Liebe und ganz Selbstbewusstsein, ganz Hingebung und ganz Eigenwille war."[9]

Ihre Forderung nach einem neuen Selbstverständnis der Frau, welches parallel zur Veränderung ihrer gesellschaftlichen Rolle entstehen sollte, untermauert sie mit Beispielen aus der Historie. Es liegt ihr viel daran zu zeigen, dass es schon immer starke, unabhängige Frauen gegeben hat: „Frauen, die in diesem Sinne modern waren, hat es natürlich zu allen Zeiten gegeben, und auch die Klassiker haben sie gekannt, haben sie vielleicht sogar geliebt und umworben, aber es entsprach eben nicht ihrem Geschmack, ihrer Weltanschauung, so ganz wie sie waren und wie sie sie sahen, in das Drama aufzunehmen."[10] Die Beschäftigung mit jenen Frauenpersönlichkeiten der Geschichte bringt sie schon früh auf die Idee, Historienromane zu verfassen. Diese zeichnen sich allesamt durch besonders fundiertes Wissen und akribisches Quellenstudium aus. Doch, auch wenn sie sich sehr für die großen Frauen in der Geschichte, wie Maria Theresia, Katharina die Große oder Madame Pompadour interessiert, vernachlässigt sie niemals die Heldinnen des Alltags. Es ist egal, ob sie über Herrscherinnen, Künstlerinnen oder einfache Bauers- und Bürgersfrauen schreibt, stets verfolgt sie damit ein bestimmtes Ziel: Sie will zeigen, dass es Frauen möglich ist, ihr eigenes Schicksal in die Hand zu nehmen und Großes zu leisten. Ihre Frauenbiografien stellt sie ganz bewusst den klassischen Frauenbeschreibungen der Dichtung gegenüber.

Nach ihrem Abschied vom S. Fischer Verlag ist sie bei Hans von Zobelitz untergekommen. Ein Verlagswechsel, den sie als großen Glücksfall empfindet: „Wer aber bei Zobelitz gelandet war, der brauchte sich nicht weiter zu sorgen. Da war man sozusagen ‚gemacht‘. Da kamen ganz von selbst Redaktionen und Verlage, von denen man bis dahin immer nur den Bescheid erhalten hatte: ‚Unsere Mappen sind leider überfüllt‘ oder ‚wir sind leider durch abgeschlossene Verträge auf Jahre hinaus festgelegt‘.“[11] Diese Zeiten hat sie nun endgültig hinter sich und darüber ist sie froh und dankbar, denn sie weiß genau: „Der Weg zum literarischen Erfolg ist sehr lang, sehr steil und in seinen Anfängen mit viel Misserfolgen und äußerst wenig Geld gepflastert. Wer sein Ziel erreichen will, darf sich nicht nur auf sein bisschen Begabung verlassen, muss rastlos, zäh und flink nicht nur am Schreibtisch, sondern auch an sich selber arbeiten, darf sich nicht ohne weiteres einbilden, dass das Publikum ihm folgen muss, nur weil er es will, sondern muss erst bewiesen haben, dass er das Recht und die Kraft hat, Gefolgschaft zu verlangen. Und Respekt vor der Leistung soll er haben, nicht vor der eigenen, sondern vor der fremden, und Respekt vor dem Ruhm soll er haben, nicht vor dem, den er sich erträumt, sondern vor dem, den andere errangen, weil Ruhm allemal die Quittung über eine Leistung ist.“[12]

Auf Grund ihres schriftstellerischen Erfolges und ihres Einsatzes für die Rechte der Frauen gehört sie schon bald zu den herausragenden Frauengestalten der bayerischen Hauptstadt. Sie avanciert zum strahlenden Mittelpunkt der Münchner Gesellschaft und ihr Salon lockt „sowohl Einheimische als zugereiste Gäste an den Teetisch am Siegstor“[13]. Carry Brachvogel ist berühmt, ihre Gäste sind es auch. Wer in ihrem Hause verkehrt, gehört zur gehobenen Gesellschaft. Ernst von Wolzogen schreibt über ihren Salon: „Im Salon der Brachvogel langweilte man sich niemals. Und da diese Tatsache sich bald herumgesprochen hatte, bemühten sich die Leute von Geist und Talent selber um Einführung in den Salon."[14] Bis in die dreißiger Jahre hinein bleibt ihr Haus ein Ort für kulturellen und politischen Gedankenaustausch.

Teil ihres frauenpolitischen Engagements ist auch die Stärkung der beruflichen Position der Frauen. Die von ihr offen in „Die große Pagode" angesprochene Problematik der schlechten Arbeitsbedingungen für Schauspielerinnen führt zur Gründung der „Kommission für Bühnenangelegenheiten" im Verein für Fraueninteressen. Ausgehend von ihren Erfahrungen als Schriftstellerin ruft sie gemeinsam mit ihrer Freundin Emma Haushofer-Merk den „Verein Münchner Schriftstellerinnen" ins Leben. Auch die Frauen der eigenen Zunft bedürfen des Schutzes, sind doch die Arbeitsbedingungen gerade für weibliche Schriftsteller meist katastrophal. Der Verein soll ein Netzwerk zwischen den schreibenden Frauen bilden und sie aus ihrem Einzelkämpferinnendasein erlösen.

Seine Mitglieder müssen sich laut Satzung dazu verpflichten, ihre Werke nur gegen einen angemessenen Preis zu verkaufen: „Es wird von den Mitgliedern erwartet und gefordert, dass sie im geschäftlichen Verkehr Interessen und Ansehen des Standes in jeder Weise wahren, insbesondere Arbeiten nicht umsonst abgeben, damit endlich mit dem bei vielen Redaktionen herrschenden Vorurteil gebrochen werden kann, dass Frauenarbeit billiger entlohnt werden dürfe als Männerarbeit."[15] Die Frauen wollen mit ihrem Zusammenschluss nicht nur sich und ihre Kolleginnen besser vertreten, sondern auch ein Zeichen dagegen setzen, dass Frauenarbeit noch immer schlechter bezahlt ist als Männerarbeit. Prominente Mitglieder des Vereins sind Ricarda Huch, Elsa Bernstein oder auch Annette Kolb. Für Carry Brachvogel ist die Arbeit im Verein ein wichtiger Baustein in ihrem Kampf um die Gleichstellung der Frau, in die sie viel Zeit und Mühe investiert.

Während des Ersten Weltkrieges verfällt Carry Brachvogel wie viele ihrer männlichen Schriftstellerkollegen dem Trugschluss, dass es nun um die Verteidigung des Vaterlandes geht.

Dementsprechend unterstützt sie die Kriegspolitik des Staates und ordnet den Anspruch auf Selbstbestimmung und Befreiung dem allgemeinen Burgfrieden unter.

Erst nach Ende des Krieges meldet sie sich wieder öffentlich zu Wort. 1920 publiziert sie die Schrift „Eva in der Politik", die auf süffisante Art und Weise die historische Entwicklung der Frau in der Politik nachzeichnet: „Der Staat ist eine Schöpfung des Mannes. Männer haben ihn ausgedacht, haben ihn aufgebaut, haben seine Grenzen gezogen, seine Gesetze bestimmt, haben ihn mit Krieg belastet oder mit Werken des Friedens beglückt. (...) Die Frau, die den Staatsgedanken nicht ausdachte, hat auch, nach dem Gebot der Männer, an seinem Ausbau keinen Anteil haben dürfen. Zum Waffendienst durch ihre körperliche Beschaffenheit untauglich, blieb sie auch von jeglichen politischen Rechten ausgeschlossen, genau so, wie die Unmündigen, Verbrecher und Irrsinnigen."[16] Mit dieser Schrift stellt sie zwei Jahre nach Einführung des Frauenwahlrechts die berechtigte Frage, wie weit die Emanzipation der Frauen in Wirklichkeit geht. Reicht sie über Formalitäten wie das Wahlrecht hinaus oder sind Frauen nicht in der Realität noch immer von den Stellen der Entscheidung ausgeschlossen?

Die Fragen, die sie stellt, sind unbequem, ihr penetranter Einsatz für die tatsächliche Gleichstellung der Frauen stößt auf Widerspruch und Unverständnis. Ihre Hartnäckigkeit macht sie so besonders, auch politisch Andersdenkende suchen ihre Nähe.

Am 16. Juni 1924 wird Carry Brachvogel 60 Jahre alt. Aus der ganzen Republik treffen Glückwünsche ein. Sie ist eine Münchner Berühmtheit und wird dementsprechend geehrt. Der „Verein Münchner Schriftstellerinnen" feiert sie mit einem rauschenden Fest. Unter den Gratulanten sind auch offizielle Vertreter der Stadt München, wie Oberbürgermeister Scharnagel. Die Stadt zeigt sich mächtig stolz auf ihre Schriftstellerin und Frauenrechtlerin Carry Brachvogel.

Nach dem Tod von Emma Haushofer-Merk 1925 wird sie Erste Vorsitzende des „Vereins Münchner Schriftstellerinnen". Trotz ihres fortgeschrittenen Alters setzt sie sich vehement für ihre schreibenden Kolleginnen ein. Mehr als einmal stößt sie dabei wichtige Persönlichkeiten der Stadt vor den Kopf. Doch, berühmt wie sie ist, kann sie es sich leisten anzuecken – noch. Denn die Zeiten ändern sich, auch hier in Bayern. Das Klima in der Stadt wird rauer und schon bald bläst dem ehemaligen Liebling der Münchner Gesellschaft ein eisiger Wind entgegen. An ihrem 65. Geburtstag erinnert nichts mehr an die glanzvollen Feierlichkeiten des 60ten. Keine offiziellen Gratulationen, keine städtischen Abordnungen, niemand ehrt sie mehr. Carry Brachvogel ist längst nicht mehr das beliebte Münchner Kind, nun ist sie vor allem eines – Jüdin.

Der Einfluss der nationalsozialistischen Bewegung macht auch vor dem „Verein Münchner Schriftstellerinnen" nicht Halt. Am 3. Mai 1933 treffen sich in einer geheimen Sitzung einige Mitglieder des Vereins. Ohne davon ihre langjährige Vorsitzende in Kenntnis zu setzen, beschließen sie über ihren Kopf hinweg deren Rücktritt. Ungeachtet ihrer großen Verdienste wird Carry Brachvogel, die Gründerin des Vereins, ohne zu zögern abgesetzt, dem Zeitgeist geopfert. Wie sehr sie sich stets für die Interessen des Vereins stark gemacht hatte, obwohl sie selbst angesichts ihrer Berühmtheit eine derartige Interessenvertretung nicht mehr nötig hatte, kümmert die Frauen nicht. Schriftlich informiert man sie über den einstimmigen Beschluss und dankt ihr gleichzeitig für die geleistete Arbeit. Ein halbes Jahr später wird der Verein aufgelöst. Noch im selben Jahr erhält Carry Brachvogel Publikationsverbot.

Von nun an lebt sie zurückgezogen in der Herzogstraße 55 in München. Die Wohnung in der noblen Ainmillerstraße hat sie längst aufgegeben Die Stadt wird ihr fremd. Falsche Freunde haben sich abgewandt, echte Freunde haben das Land verlassen. Es muss für die couragierte, lebensfrohe Frau eine entsetzliche Erkenntnis gewesen sein. Sie, die so lange sie denken kann hier gelebt und gearbeitet hat, wird nun wie eine Fremde, ja wie eine Aussätzige behandelt. Es geht ihr wie allen jüdischen Mitbürgern, die sich hier zu Hause gefühlt haben und nicht verstehen können, wie ihnen geschieht. Plötzlich sind sie Fremde im eigenen Land. Auch ihr Bruder Siegmund Hellmann muss das erfahren. Er wird als Universitätsprofessor abgesetzt. Isoliert von ihrer Mitwelt rücken die Geschwister nun eng zusammen. Siegmund Hellmann zieht in die Wohnung seiner Schwester. Wie Carry Brachvogel diese letzten Jahre ihres Lebens verbringt, lässt sich nicht mehr rekonstruieren. Es geht ihr wohl wie so vielen, die ums nackte Überleben kämpfen müssen. Lange Zeit sieht es so aus, als würden sie und ihr Bruder der gnadenlosen Vernichtungsmaschinerie der Nationalsozialisten entgehen. Doch am 22. Juli 1942 sind auch sie an der Reihe. An diesem Tag werden die Geschwister auf einen Transport nach Theresienstadt geschickt. Unter

Eingang zum Konzentrationslager Theresienstadt

den vielen Gefangenen im Sammellager Milbertshofen befindet sich beispielsweise auch die Münchnerin Gerty Spies, die nach dem Krieg ihre Erlebnisse aus Theresienstadt zu Papier bringen wird: „Vom Lager Milbertshofen aus, wo man uns eine Nacht festgehalten und unser Gepäck um die Hälfte seines Gewichts erleichtert hatte, fuhr uns ein geschlossener Möbelwagen zur Bahn. Auf einem Nebengleis wurden wir verladen. Aus den umliegenden Häusern richteten sich Ferngläser auf uns. Der Zug fuhr ab. Wer von uns würde München je wiedersehen?"[17]

Carry Brachvogel ist bei ihrer Deportation bereits 78 Jahre alt. Am 23. Juli 1942 trifft der Transport am Bahnhof Bauschowitz in der Tschechoslowakei ein. Zu Fuß müssen die Häftlinge die vier Kilometer nach Theresienstadt zurücklegen. Dort angekommen sieht sich Carry Brachvogel mit dem Grauen konfrontiert. Die hygienischen Zustände sind verheerend, es herrscht Krankheit und Hunger. Vor allem alte Menschen wie Carry Brachvogel haben unter diesen Umständen keine Chance. Überlebende schildern später, unter welchen Verhältnissen die Gefangenen leben, nein vegetieren mussten: „Wer zu alt und zu keiner Arbeit fähig war, siechte langsam dahin und starb. Viele Ältere litten, wie übrigens auch Jüngere und Junge, an Dysenterie und mussten tags und nachts 30–40 mal täglich zur Latrine laufen. Wenn dazu die Kräfte nicht mehr reichten, lagen sie entweder auf dem Fußboden oder in Bettgestellen und ließen Kot und Urin unter sich."[18]

Der Körper und die Seele der nahezu achtzigjährigen Carry Brachvogel sind den Strapazen nicht gewachsen. Ohnehin gezeichnet von den Entbehrungen und Demütigungen der letzten Jahre stirbt sie nur vier Monate nach ihrer Ankunft am 20. November 1942.

Sie hinterlässt 39 eigene Werke und fünf Übersetzungen, die es heute in keiner Buchhandlung mehr zu kaufen gibt. Dabei sind einige ihrer Romane sogar in Engelhorns Allgemeiner Romanbibliothek erschienen, einer Reihe, die es sich zur Aufgabe gemacht hatte, nur die weltbesten Romane zu veröffentlichen. Der Nationalsozialismus hat sein Anliegen, kritische Stimmen mundtot zu machen, im Falle Carry Brachvogels mehr als ganz erfüllt, ihren Namen aus dem kollektiven Gedächtnis getilgt.

Zumindest die biografische Wiederentdeckung dieser mutigen und kämpferischen Frau wäre eine wichtige Aufgabe an die Nachgeborenen.

Vorbildlich in dieser Hinsicht hat sich der Arbeitskreis „Frauenleben in München" dafür eingesetzt, dass Carry Brachvogel wieder ins allgemeine Gedächtnis zurückkehrt. Seinem Einsatz ist es zu verdanken, dass am 11. Dezember 1992 das Damenzimmer der Münchner Seidl-Villa Carry Brachvogel gewidmet wurde und seitdem „Carry-Brachvogel-Salon" heißt. Eine kleine, aber wichtige Geste, die dazu beiträgt, an eine Frau zu erinnern, deren Thesen nicht nur zeitgebunden waren, sondern zum Großteil von immerwährender Aktualität sind. Sie hält die Erinnerung an eine Vorkämpferin der Frauenemanzipation in Bayern wach, die auch der modernen Frau von heute noch einiges zu sagen hat: „Modern sein heißt für die Frau ja nicht etwa nur einen Beruf zu haben, promovieren oder an Wahltagen einen Stimmzettel abgeben wollen, nein, modern sein heißt für die Frau, ihr Leben nicht ausschließlich auf die Liebe festlegen, heißt, dem Manne nicht die Gewalt zu binden und zu lösen zugestehen. Modern sein heißt für die Frau ein eigenes Gesetz in der Brust zu tragen, dessen Erfüllung ihr vielleicht nicht banales Glück, gewiss aber das höchste Glück der Erdenkinder gewährt: die Persönlichkeit."[19]

Emerenz Meier:
Die Bayerwald-Dichterin

1874 Schiefweg/Ndb. – 1928 Chicago

Bayern um die Jahrhundertwende ist reich an ungewöhnlichen Frauen, vor allem an talentierten Literatinnen. Nicht nur die Stadt bringt derartige Begabungen hervor, nein, gerade das Land, in all seiner rauen Schönheit wird zum Nährboden für eigenwillige Schriftstellerinnen. Schiefweg, ein Dorf inmitten des Bayerischen Waldes, nahe dem Städtchen Waldkirchen war vor gut einhundert Jahren ein Anziehungspunkt für Literaten und Kunstsinnige aus dem gesamten deutschsprachigen Raum. Hier lebte eine Frau, die einer vergessenen Landbevölkerung eine Sprache zu geben vermochte und damit zum Sprachrohr des Bayerischen Waldes wurde: Emerenz Meier.

Am 3. Oktober 1874 wird Emerenz als sechste Tochter von Josef und Emerenz Meier, einem Gastwirts- und Bauernehepaar im Unteren Bayerischen Wald geboren. Sie wächst in der bierseligen lauten Atmosphäre eines Dorfwirtshauses auf und nichts deutet darauf hin, dass aus dem Kind, das bei Wirtshausraufereien den Männern von hinten die Maßkrüge durchreicht, einmal eine derart bedeutende Dichterin werden wird. Für feingeistige Unterhaltung, Kunst und Kultur ist die elterliche Wirtschaft beileibe nicht der richtige Ort. Die Lebensbedingungen in diesem Teil Bayerns sind hart, für Erwachsene und für Kinder. Statt Bildung steht schwere körperliche Arbeit

Anwesen der Familie Meier in Schiefweg bei Waldkirchen.
Foto um 1890

auf dem täglichen Stundenplan. Für Gefühl und Schöngeisterei hat hier niemand Verständnis, zu entbehrungsreich ist das tägliche Leben.

1881 beginnt für Emerenz Meier mit dem Eintritt in die Volksschule der Englischen Fräulein in Waldkirchen ein neuer Lebensabschnitt. Die Fähigkeit zu lesen eröffnet dem Kind eine neue unbekannte Welt, eine wunderbare Welt, die sein Zuhause wird. Die gelesenen Geschichten werden zur Flucht aus dem rauen Alltag, erzählen sie doch von ungeahnten und bisher ungekannten aufregenden Dingen. Emerenz ist fasziniert davon. Mit zehn Jahren ist sie sowohl mit den deutschen Klassikern als auch mit Dante und Homer aufs Engste vertraut. Große Teile der „Göttlichen Komödie" oder der „Illias" kann sie auswendig.

Unterstützung in ihrem Leseeifer erfährt sie vor allem durch ihre ältere Schwester Petronilla, einem ebenso aufgeweckten wie intelligenten Mädchen, das die jüngeren Geschwister unterweist und anleitet. Angespornt von den wunderschönen Zeilen, die sie in Petronilles Büchern findet, beginnt Emerenz Meier selbst kleinere Gedichte zu verfassen. Aus den anfangs noch ungelenken Reimen werden bald hübsche Verse. Erste Erfolge lassen nicht lange auf sich warten und das Talent der „Wirts-Senz" spricht sich herum. Immer öfter wird sie gebeten, Gedichte für Hochzeiten und Geburtstage zu verfassen. Diesem Anliegen kommt sie gerne nach, bereitet es ihr doch sichtlich Vergnügen, die Worte zu formen. Die Eltern sehen derlei Verrücktheiten nicht gerne und versuchen ein ums andere Mal vergebens, ihr das Dichten zu verbieten.

Allem Lerneifer und aller offensichtlich vorhandenen Begabung zum Trotz endet für Emerenz, wie für die meisten ihrer Altersgenossinnen, nach fünf Jahren Volksschule die Schullaufbahn. Mädchenbildung ist für kinderreiche Familien ein kostspieliger Luxus, für den zumeist ohnehin jegliches Verständnis fehlt. Auch bei Meiers werden die Töchter zu notwendig für die täglichen Arbeiten in Wirthaus und Hof gebraucht, als dass man noch mehr kostbare Zeit auf der Schulbank vergeuden könnte.

1891 verlässt die Familie Schiefweg. Petronilla hat sich verehelicht und übernimmt den Familienbesitz. Der Rest der Familie übersiedelt ins nachbarliche Oberndorf, wo der Vater einen Hof mit 52 Tagwerk Grund und zehn Stück Vieh erworben hat. Hier, im neuen Haus der Eltern, geht für Emerenz ein lang gehegter Wunsch in Erfüllung: Sie erhält ein eigenes Zimmer, in dem sie nach getaner Arbeit ungestört ihrer großen Leidenschaft nachgehen kann – dem Dichten. In einer Zeit, die geprägt ist von beengten Wohnverhältnissen, in der sich oft mehrere Personen einen einzigen Raum teilen müssen, ist Privatsphäre Mangelware. Die Dichterstube und die damit verbundene Einsamkeit erscheint ihr daher umso kostbarer.

Als Emerenz Meier neunzehn Jahre alt ist, wird zum ersten Mal einer ihrer Texte veröffentlicht. In der Passauer *Donau-*

Zeitung erscheint die Erzählung „Der Juhschroa". Darin schildert sie das Sterben einer unbeugsamen jungen Frau, die sich trotz Not und Pein mit einem Jubelschrei von der Welt verabschiedet. Gleich mit dieser Veröffentlichung stellt sich Erfolg ein. Als Emerenz den Eltern das erste Honorar fürs „Verslschreibn" auf den Tisch blättert wehrt sich der Vater nicht länger gegen das Dichten, sondern ermuntert sie weiterzumachen.

Zwei Jahre später hat sich die junge Schriftstellerin bereits einen guten Ruf erworben und in *Der Sammler,* einer Belletristischen Beilage zur *Augsburger Abendzeitung,* erscheint nicht nur ein Bericht über die junge Dichterin, sondern auch eine ihrer Erzählungen „Die Madlhüttler". Aus der unerfahrenen „Verslmacherin" wird sukzessive eine versierte Dichterin.

Unterstützung auf diesem Weg erfährt Emerenz Meier vor allem durch ihre mütterliche Freundin Auguste Unertl. Die kunstsinnige Frau des Waldkirchner Magistratsbeamten Georg Unertl nimmt sich ihrer an und fördert das junge Talent nach Kräften. Aus der Bekanntschaft erwächst über die Jahre hinweg eine innige Freundschaft, die Emerenz später folgendermaßen charakterisiert: „Ich bin unter Tausenden von Frauen eine der Glücklichen, die behaupten kann und es voller Stolz auch tut: Ja es gibt echte, wirkliche, lebenslängliche Freundschaften zwischen Frauen, an die Schwesternschaft nicht einmal auf Meilen heranreicht. Das ist die geistige Verwandtschaft zwischen zweien Menschencharaktern."[1]

Dank ihrer einflussreichen und umtriebigen Freundin werden die Gedichte der jungen Bayerwald-Dichterin über die Grenzen Bayerns hinaus bekannt. Literaturbegeisterte aus Nah und Fern kommen, um einen Blick auf die schöne Dichterin zu werfen. Emerenz Meier wird bestaunt und bewundert, aber auch gefördert: Karl Weiß-Schrattenthal, Literaturprofessor aus Pressburg und begeisterter Mäzen von „Naturdichtern" publiziert 1897 in der Reihe „Dichterstimmen aus dem Volke" die Sammlung „Aus dem bayrischen Wald", die vier Erzählungen von Emerenz Meier – „Aus dem Elend", „Ein lustiges Weib" (Der Juhschroa), „Der Brechelbrei" und „Die Madlhüttler" – beinhaltet. Dieser Sammelband wird allerdings das einzige Buch bleiben, das Emerenz Meier zu ihren Lebzeiten veröffentlicht.

Das Werk stößt auf begeisterte Rezensionen, man spricht von einem „literarischen Ereignis" von einer „Art Wunder". Sogar die deutschsprachige Presse in den USA nimmt das Buch zur Kenntnis und lobt besonders, dass es sich bei den Texten um Geschichten handelt, „in denen wirklich Bauern geschildert werden, wie sie sind, und nicht, wie sie unter der Lupe eines Auerbach mit allerlei künstlich ‚anempfundenen' Gefühlen erscheinen"[2]. Ihr naturalistischer Stil trifft den Ton der Zeit, und andere Dichter des Naturalismus, wie der steirische Schriftsteller Peter Rosegger oder der Begründer des literarischen Naturalismus Michael Conrad, übersenden ihr enthusiastische Zeilen. Doch ungeachtet all des Lobes aus Kritikermund verkauft sich das Buch so schlecht, dass Emerenz Meier nach Abzug aller Kosten noch 130 Mark an ihren Verleger in Königsberg überweisen muss. Das Schreiben bleibt ein hartes Brot, auch wenn bedeutende deutschsprachige Kulturzeitschriften der damaligen Zeit, wie *Simplicissimus, Die Jugend* oder *Fliegende Blätter*, ihre Gedichte und Erzählungen abdrucken.

1898 wird in Oberndorf ein damals noch unbekannter Medizinstudent vorstellig: Hans Carossa. Er hat in einer Zeitung „Der Juhschroa" entdeckt und sich auf die Suche nach der Verfasserin dieser Zeilen, die ihn so sehr beeindruckt haben, gemacht. Im August nutzt er eine Wanderung im Bayerischen Wald, um Emerenz Meier einen Besuch abzustatten. Die Begegnung mit der schönen Dichterin hält er in seinen Notizen fest, die 1941 unter dem Titel „Das Jahr der schönen Täuschungen" veröffentlicht werden. Hans Carossa findet nach eigenen Worten dort im tiefsten Bayerischen Wald eine junge Frau vor, mit eigenem Kopf, unbändigem Willen und charismatischer Persönlichkeit, welche die Männer verwirrt, selbst aber, wie sie ihm gesteht, nichts von all den „aufgemalten", so genannten braven Männern hält, sondern eher von den „triebhaft wilden" Burschen angezogen wird.[3] Er ist beeindruckt von der „sanften Rebellin"[4], die in „Übereinstimmung mit allem Aufrührerischen" an „die Gründung eines Reiches der Gerechtigkeit durch Worfelung der Gesellschaft"[5] glaubt. Dass sie zudem noch belesener ist als der junge Student selbst, ist ihm fast ein wenig peinlich. Trotzdem genießt er ihre Gesellschaft so sehr, dass er Weihnachten des gleichen Jahres wieder im Bayerischen Wald verbringt.

Eine ähnliche Faszination übt die junge Dichterin auch auf andere Besucher aus. Viele von ihnen, wie der Literaturprofessor Karl Weiß-Schrattenthal oder die Wiener Exzellenzen Kranichstätten und Salensegg, kommen immer wieder und ergänzen den kleinen Kreis heimischer Literaturliebhaber, der sich um Emerenz Meier geschart hat. Als Hans Carossa im Sommer 1899 zum dritten Mal nach Oberndorf fährt, trifft er dort beispielsweise auf Karl Wolfskehl und dessen Frau, die dem Kreis um Stefan George angehören und ebenfalls großes Interesse an der jungen Dichterin haben.

Zu dieser Zeit erscheint im *Neuen Passauer Schreibkalender* der Text „Auf dem Scheibenhofe", der 1901 in modifizierter Form unter dem Titel „Der Scheib'nhofbauer" in der Zeitschrift *Das Bayernland* abgedruckt wird. Gemeinsam mit ihrem Königsberger Verleger Carl Oppermann überlegt Emerenz Meier nun auch die Herausgabe eines weiteren Buches. Doch das Projekt wird letztlich nicht realisiert.

Nach Carossas Besuch fährt Emerenz Meier auf Empfehlung ihrer Freundin Auguste Unertl für einige Zeit nach München. Während ihres Aufenthalts dort trifft sie mit Prinzessin Therese von Bayern, die sich als Naturwissenschaftlerin und Reiseschriftstellerin einen Namen gemacht hat, zusammen. In den 20er Jahren, als sie längst in den USA lebt und sich offen als Sozialistin bekennt, erinnert sie sich mit Grauen an diesen

Besuch: „Glaubst du vielleicht, liebe Gusti, dass ich mich jemals besonders geehrt fühlte durch jenen Empfang beim königlichen Hof in München? Denke doch selbst nach, die Weiber waren verrückte, hysterische Kreaturen, vom religiösen Wahnsinn erfasst, (...) die Herren – na ja, so übergescheit kamen sie mir auch nicht vor, obwohl sie wenigstens höflich ruhig waren. (...) Hui! – Ich habe unterm Volk immer bessere Menschen gesehen."[6]

Die Hoffnungen auf ein Literatur-Stipendium erfüllen sich ohnehin nicht. Als man ihr stattdessen eine Stellung im königlichen Haushalt anbietet, lehnt sie verächtlich ab. Prinzregent Luitpold spendet ihr daraufhin zumindest 200 Mark aus seiner Privatschatulle. Den Aufenthalt in der Landeshauptstadt behält sie insgesamt in keiner allzu guten Erinnerung: „Auf der Reise hatte ich allezeit Umbringungsgelüste, nur dass ich sie verhehlte und ihnen nicht frönte. Wenn ich Letzteres gedurft hätte, lebte jetzt manche erbärmliche, dumme Seele nicht mehr."[7]

Das neue Jahrhundert bringt für Emerenz Meier durch die Bekanntschaft mit der Familie des Würzburger Seminarlehrers Albert Miller die Möglichkeit eines Studienaufenthaltes in Würzburg. In der Residenzstadt, die ihr bald „warme traute Heimat"[8] wird, versucht sie von September bis Dezember 1900 Versäumtes und lange Vermisstes aufzuholen und ist begierig auf alles, was die romantische Kulturstadt ihr zu bieten hat. Sie nimmt Unterricht in Buchführung, Maschinenschreiben, Englisch, Französisch und Geografie und hofft nach Beendigung der halbjährigen Ausbildung auf eine Festanstellung. Zunächst scheint alles bestens, doch es dauert nur knappe zwei Wochen bis ihr die, über die sie zuvor schrieb, dass „es auf der ganzen Welt keine edelherzigeren Menschen gibt, als diejenigen, die ich jetzt wie Vater und Mutter betrachte und von ganzen Herzen liebe"[9], gewaltig auf die Nerven gehen. Nach vierzehn Tagen ist sie soweit, dass sie die Tochter des Hauses, Franziska, „diesen Fratzen (...) alle Tage so durchhauen [möchte] dass sie grün und blau ist."¹⁰ Die Tatsache, dass die ziemlich bigotte Familie Miller in ihr die familieneigene Haus- und Hof-Dichterin sieht und sie stets aufs Neue zum Dichten drängt, macht sie ganz verrückt. Einzig der Sohn der Familie, Hugo Miller, ein Priesteramtskandidat, scheint es ihr angetan zu haben. Die freisinnige Bauerntochter verwirrt den zukünftigen Pfarrer aufs Höchste, worüber sie sich königlich amüsiert. Obwohl die Liaison nur kurz währt, bleibt der Kontakt zwischen beiden lebenslang bestehen. Doch weil die lebenslustige Emerenz Meier von aussichtslosen Sachen nichts hält, verliebt sie sich bald in einen ihrer Lehrer, den sie, wie sie an Auguste Unertl schreibt, schließlich auch „mit vieler Mühe kriegt". Da der Lehrer jedoch genau wie sie selbst ein armer Schlucker ist, überlegt sie zeitgleich den Antrag eines Verehrers mit „anständigem Vermögen" anzunehmen.¹¹ Als sich jedoch die Aussicht auf eine Festanstellung in Würzburg zerschlägt, verlässt sie all ihre Männer, kehrt den von ihr als „Zwetschgenkuchenfresser" bezeichneten Franken den Rücken und fährt heim zu ihren „herrlichen gemütvollen Niederbayern"¹².

Dort erwartet man sie schon: Am 18. Dezember 1900 wird in ihrer Anwesenheit am Passauer Stadttheater die Bühnenfassung ihrer Erzählung „Aus dem Elend" aufgeführt. Das Publikum ist restlos begeistert und feiert Emerenz Meier mit stehenden Ovationen. Sie wird mit Applaus und Blumen überschüttet. Man bekrönt die Dichterin mit einem Lorbeerkranz, den sie lange Zeit aufbewahrt. Sie stört sich zunächst nicht daran, dass sie an der Bühnenfassung ihrer eigenen Erzählung nicht einmal mehr am Rande beteiligt ist, auch wenn die Buchveröffentlichung des Dramas 1902 sie noch als Autorin ausweist. Auch die Erzählung „Der G'schlößlbauer" wird vom Passauer Theaterdirektor Franz Baudrexler, der bei Emerenz Meier sowohl Dramatik als auch Effekt vermisst, so umgeschrieben, dass das Drama „Der Gschlößlbauer. Volksstück mit Gesang in 3 Akten aus dem Bayerischen Walde" letztlich eigentlich dessen Werk ist. Trotzdem wird Emerenz Meier bei der Uraufführung am 3. Januar 1902 im Passauer Stadttheater abermals frenetisch gefeiert. Von der anschließenden Buchveröffentlichung erhält sie von Baudrexler jedoch nicht einmal mehr ein Belegexemplar übersandt.

Während Baudrexler ihre Erzählung umschreibt, arbeitet Emerenz Meier schon in Straßkirchen bei dem Brauerei- und Gutsbesitzer Karl Hellmann. Dieser entwickelt eine unübersehbare Schwäche für sie, und frohen Mutes schreibt Emerenz an Auguste Unertl: „Meine Aussichten für die Zukunft sind die denkbar besten"[13]. Doch so innig ihre Beziehung auch mit dem Herrn des Hauses ist, so wenig verträgt sie sich mit Frau Hellmann, die ihr verständlicherweise nicht viel Zuneigung entgegenbringt.

Mit Hilfe von Karl Hellmann und dem Passauer Oberamtsrichter Anton Niederleuthner übernimmt sie im Juli 1902 die Passauer Schifferkneipe „Zum Koppenjäger". Damit verwirklicht sie sich einen lang gehegten Traum. Schon während ihres Würzburg-Aufenthalts war sie kurz davor gewesen, das Gasthaus „Zur Felsenliesl" in der Passauer Ilzstadt zu übernehmen. Die Idee, ein Wirtshaus zu führen und es zu einer Künstlerkneipe im Stil von Kathi Kobus' „Alten Simpel" zu machen, ist schließlich auch der Versuch, ihre künstlerische Isoliertheit, der sie fernab der großen Zentren ausgesetzt ist, zu überwinden. Denn, obwohl sie durchaus Unterstützung in ihrer engsten Umgebung findet, bleibt die Frau, die ihrer Zeit weit voraus ist, letztlich unverstanden und misstrauisch beäugt. Wie so oft gilt der Prophet nichts im eigenen Land. In der rauen Wirklichkeit des Bayerischen Waldes haben die Leute weder Zeit noch Interesse an den schönen Künsten. Wenn sie abends von der Arbeit nach Hause kommen, sind sie müde und Dichten ist in ihren Augen keine ebenbürtige Arbeit. Emerenz Meier bleibt einsam, eine Außenseiterin in der eigenen Heimat. Später schreibt sie, sie hätte damals „weder Freundschaft noch irgendwelche Freunde" gehabt: „Von meiner eigenen

Klasse wie ein Monstrum ausgestoßen, von der nächsten schief angesehen."[14]

Doch auch in der Stadt Passau findet sie keine Ruhe. Die Scheinheiligkeit der wohlanständigen Gesellschaft stößt die junge Frau, die ihr Leben in jeder Hinsicht offen und frei gestaltet, ab: „Diese tugendhaften Schweinekerls und die nach außen hin so wohlanständigen Frauenziefer, die, während sie sich errötend vor sittl[icher] Entrüstung über ihre Stickereien beugten, nichtsdestoweniger bittern Neid fühlten, weil ich mich, wenn alles wahr war, was man von mir behauptete, so ausleben hatte können, während sie nur [träumen dürfen davon]".[15]

Das Experiment mit der Künstlerkneipe scheitert und im Oktober 1903 verlässt Emerenz Meier Passau fluchtartig „mit Hinterlassung einiger Schulden", wie sie später aus München an Hans Carossa schreibt.[16] Den neuerlichen Münchenaufenthalt nutzt sie, um die Kunst und Kultur der Landeshauptstadt in sich einzusaugen. Sie trifft Michael Conrad wieder und Heinrich Lautensack. Ihren kärglichen Lebensunterhalt verdient sie mit kleineren Artikeln für die *Münchner Neusten Nachrichten*, der Veröffentlichung von Erzählungen wie „Der Bua" oder Texten für die katholische Wochenzeitschrift *Deutscher Hausschatz*. Dort unterbreitet man ihr auch das Angebot als zweite Redakteurin zu arbeiten. Doch Emerenz Meier lehnt ab, will sich sowohl künstlerische Freiheit als auch persönliche Unabhängigkeit bewahren. Auch wenn sie manches Mal hungert und friert, sie genießt das Leben, vielleicht gerade deswegen, weil sie so lange nicht wusste, „dass das Leben doch schön ist. D. h., dass man, wenn man keck genug ist, es sich schön machen kann, so schön wie man will. Ich *hab* es mir schön gemacht, u. werde es tun, so lang ich kann. Zu jener Zeit hatte ich mir ja nicht einmal getraut, die Kirsche anzuschauen, die mir vor dem Mund hing, viel weniger sie zu essen. Jetzt lache ich, mit dem vollen Teller in der Hand"[17].

Rastlos wie sie ist, kehrt sie jedoch bald nach Hause zurück und übernimmt den Hof des Vaters in Simplon bei Fürsteneck. In dieser Abgeschiedenheit schreibt sie einige ihrer schönsten Gedichte und Erzählungen. Doch die Geschäfte laufen schlecht und auch persönlich muss Emerenz Meier einen Rückschlag einstecken: die Heirat mit dem Tittlinger Kaufmann Nikolaus Sedlmayer zerschlägt sich. Nicht nur, dass sich die Eltern Sedlmayers gegen eine Heirat mit der mittellosen Emerenz stellen, bekommt die elterliche Magd der Sedlmayers urplötzlich auch noch ein Kind vom „braven Nicky"[18].

Jahrzehnte später wird Nikolaus Sedlmayer an Emerenz Bettelbriefe nach Amerika schreiben, die diese höhnisch zurückweist.

Obwohl nun schon eine angesehene Dichterin, kann sich Emerenz Meier nicht mit Schreiben über die Runden bringen. Die Familie verarmt zusehends und teilt damit das Schicksal vieler Waldler. Die Zeiten sind schlecht und aus den Armen sind längst Elende geworden, die nicht mehr wissen, wie sie den nächsten Tag überstehen sollen. Die Perspektiven werden sukzessive weniger und viele sehen alsbald keinen anderen Ausweg mehr als ihre Heimat zu verlassen und ihr Glück in einem fernen Land zu versuchen – in Amerika.

Nachdem die Schulden immer drückender werden, packen die Meiers, gemeinsam mit Tausenden anderer Leidensgenossen, ihre wenigen Habseligkeiten zusammen und lassen voller Hoffnung Hunger und Not hinter sich. Zunächst wagen nur Vater Josef Meier und einige der Schwestern die Reise über den großen Teich, während Emerenz und ihre Mutter nahezu mittellos im Bayerischen Wald zurückbleiben. Im Frühjahr 1906 aber machen auch sie sich auf den Weg und folgen dem Rest der Familie nach Chicago. Für die Bayerwald-Dichterin, die Hans Carossa „für immer an ihre Heimat gebunden wie einen Geist an seinen Berg oder eine Nymphe an ihren Quell"[19] sah, bedeutet dies die Abtrennung von ihren dichterischen Wurzeln und den Verlust ihrer schöpferischen Umgebung.

In Amerika schließt Emerenz Meier zweimal den Bund fürs

Leben. Unmittelbar nach der Ankunft in Chicago heiratet sie Josef Schmöller, einen Auswanderer aus der Nähe von Wald-kirchen. Sie gebiert ihm einen Sohn, Josef, doch die Ehe ver-läuft unglücklich. Ihr Mann misshandelt sie jahrelang so schwer, dass sie ihn schließlich anzeigt. 1910 stirbt Josef Schmöller an Schwindsucht. Kurz darauf heiratet die Witwe den Schweden John Lind-gren, Expedient in einer Fabrik. Emerenz Meier macht aus dem ehema-ligen Trinkkumpan ihres verstorbenen Mannes ei-nen treu sorgenden Gat-ten, dem sie bis zu sei-nem Tod eng verbunden bleibt: „Er ist ein guter, tüchtiger Mann, belesen und geistig gebildet. Mei-nen Buben liebt er wie sein eigen Kind und so leben wir, abgesehen von zeitweiligen Tempera-

Emerenz Meier in den 1890er Jahren

mentsausbrüchen meinerseits und entsprechendem Reagieren seinerseits, sehr glücklich mitsammen"[20].

Amerika ist für die Dichterin eine herbe Enttäuschung. Statt Freiheit und Wohlstand findet sie die Probleme einer schnell-lebigen kapitalistischen Gesellschaft ohne Solidarität und Ge-meinsinn vor. Der Neuanfang wird zur Qual – aus der freien Emerenz wird eine Lohnarbeiterin: „Eine Schriftstellerin, eine freigesinnte Waldlerin war ich gewesen und habe hier (...) jungen, gummikauenden Frauen den Fußboden geschroppt, dass mir die Knie und Hände schmerzten, habe in Fabriken geschafft, wo alle Mädel über mich kicherten (...) während die Männer mich bei jeder Gelegenheit betasteten und kniffen."[21]

Sie wird zu einer heftigen Kritikerin der kapitalistischen Herrschaft, in der ihrer Ansicht nach „auch der menschlich gesinnteste Anhänger derselben (...) schlauerweise immer dafür sorgen [wird], dass es ein Proletariat gibt, – und uns ungebildeten Massen, die sich nach Belieben zur Verteidigung der Vorrechte und des Besitzes etlicher weniger verwenden lassen, zu Schlächtern und als Schlachtvieh"[22].

Während des Ersten Weltkrieges wächst ihre Kritik an den USA, aber auch an den politischen, wirtschaftlichen und sozialen Bedingungen in Europa. Mit dem Kriegseintritt der Vereinigten Staaten 1917 beginnt sie offen gegen die USA und den Imperialismus zu agitieren. In Versen wie dem Gedicht „An Wilson" schreibt sie gegen Krieg und Militarismus an. Sie wandelt sich offen zu einer „überzeugten Kommunistin"[23], die ihre Pflicht darin sieht, „nie aufhören zu streiten bis zum letzten Stündlein", gegen „Religion, Patriotismus, Nationalismus und Imperialismus", den Völkern „künstlich eingepflanzte Begriffe", die nur dazu dienen würden, die Menschen zu unterdrücken.[24] Inniglich sehnt sie die Weltrevolution herbei und begrüßt die ersten revolutionären Veränderungen in Europa gegen Ende des Krieges voll Freude: „Wir leben im tiefsten Mittelalter. Darum gucken und lauschen wir auch so sehnsüchtig nach dem neuen Deutschland hinüber, das, obwohl noch in schweren Wehen liegend, doch der Freiheit schon die Wiege bereitgestellt hat. Darum beneiden wir Russland, über welchem die Sonne schon so herrlich aufgegangen ist."[25] Die Dichterin wird zu einer Verfechterin der sozialistischen Idee und bewundert Lenin und Trotzki, die „beiden Herkulesse": „Ich bin fürchterlich radikal gesinnt, war es eigentlich immer, insgeheim."[26] Ihre Vorbilder sind nun Rosa Luxemburg, Karl Liebknecht und Kurt Eisner.

Die Not, unter der die Bewohner des besiegten Deutschlands leiden müssen, bekümmert sie sehr: „Das Herz möchte einem brechen, wenn man von dem Elend liest, welches besonders in den Großstädten draußen herrscht. Von den verhungernden Kindern und hilflosen Alten." Sie versucht, soweit es ihre bescheidenen Mittel zulassen, zumindest die Not der Freunde zu lindern und die ihr in der Vergangenheit erwiesene Großzügigkeit zu vergelten. Mehr als ein, von ihr so genanntes „Liebespaket", geht in Richtung der alten Heimat ab, gefüllt mit Tabak, Seife, Bohnenkaffe und vielen anderen Dingen, die in Deutschland Mangelware sind. Für diverse arme Waldkirchner Familien sammelt sie Kleidung und Decken. Sie schickt Stoff und bittet Auguste Unertl, daraus Kleider für die armen Inwohnerkinder zu nähen, die „bei hungrigen Mägen und schlechter Kleidung einen weiten Weg zur Schule zu machen haben"[27]. Mehr zu tun ist ihr bei der eigenen angespannten Finanzlage zu ihrem großen Bedauern nicht möglich.

Wirkliche Rettung für die geplagten Menschen in der Heimat sieht sie, ganz im Gegensatz zu Auguste Unertl, ohnehin allein im Sieg des Sozialismus. In ihren Briefen versucht sie immer wieder, die Freundin zu überzeugen: „Liebe Gusti, warum schauderst du denn so vorm Bolschewismus? Glaubst du auch die kapitalistischen Lügen über ihn, von denen die Zeitungen strotzen? (...) Man sollte doch eine Sache, die unabwendbar kommt in nächster Zeit und die schicksalsbestimmend für alle Völker der Erde sein wird, einmal vorurteilslos betrachten und ihre Lehren und Lehrer studieren, von Marx, dem armen stets gehetzten Menschlichkeitsapostel angefangen, bis zu Lenin, dem wunderbaren Mann, der, obwohl er zur Zeit das Oberhaupt eines großen Reiches ist, doch wie der ärmste Arbeiter wohnt und lebt"[28]. Sie wird nicht müde, die Errungenschaften des sozialistischen Russlands zu loben und ihrer Freundin die „wirkliche Wahrheit über das bolschewistische Russland"[29] nahe zu bringen.

Obwohl diese Thematik Unstimmigkeit in die Beziehung der beiden Freundinnen bringt, ist Emerenz Meier nicht gewillt, davon abzulassen, so sehr ist sie diesbezüglich überzeugt: „Wenn aber einmal Begriffe wie Nationalismus, Imperialismus zu den toten Mumien gelegt worden sind, wenn dann die ganze Menschheit unter der Flagge des Weltkommunismus lebt, dann wird es nicht mehr vorkommen, dass ein Volk das andere verzehrt, weil sie eben anders erzogen worden sind, zu wirklichen Menschen."[30]

Sie wendet sich in diesen Jahren ferner endgültig von der Kirche ab, wenn auch keineswegs vom Glauben: „Ein bissel Religion haben wir doch, trotz unseres ehrl[ichen] Hasses gegen alle stabilisierten Konfessionen und deren Priester, den augenverdrehenden Zuhältern jener kriminellen Gewalten, unter deren Fuchtel die ganze Menschheit stöhnt. Katholisch oder protestantisch, jüdisch oder methodistisch oder okkultistisch und weiß der Teufel noch was, sie alle tanzen ums goldene Kalb herum und schlachten Menschen oder segnen wenigstens die Schlächterei, wie der verteufelte Papst, der schon nicht mehr weiß wo er die Monstranz hinhalten soll"[31]. Ihre verächtlichen Zeilen über die „Paffen", die nichts anderes zu tun hätten als die neuen Zeiten solange wie möglich zu verhindern, zeugen oft auch von ihrem beißenden Spott: „Als der Papst an Luftröhrenentzündung erkrankte, tat ich das Gleiche – aber beileibe nicht aus Sympathie. Und während der ‚hl. Vater' ins Gras beißen musste, genas ich. Der liebe Herrgott dachte wohl selber, dass eine Mutter notwendiger ist auf Erden, als ein Papst, denn für diesen Posten warten ja schon wieder mehr als ein halbes Hundert, während eine Waise verflucht wenig Chancen hat, vollgültigen Ersatz zu kriegen."[32] Als letzte Konsequenz ihrer Kritik tritt Emerenz Meier aus der Kirche aus.

In ihren Briefen wird auch immer wieder deutlich, wie sehr ihr die Heimat und die wenigen Freunde, die sie zurückgelassen hat, fehlen. Um ihnen wenigstens gedanklich nahe zu sein und auch aus der Ferne an ihrem Leben teilhaben zu können, lässt sie sich von Auguste Unertl Tageszeitungen wie den *Waldkirchner Anzeiger* oder die *Augsburger Abendpost* schicken.

Neben den Freunden und dem geistigen Austausch vermisst

sie vor allem den Bayerischen Wald. Die Großstadt Chicago kann der Dichterin keine wirkliche Heimat werden: „So heiß sehn ich mich oft nach meinem alten Oberndorf, ich träume noch immer beinahe jede Nacht davon. Hätte ich bloß ein Stücklein Land davon hier, etliche Tannen und Moosboden. Diese amerikanische Großstadt ist etwas fürchterliches, hässliches, freudloses"[33]. Sie wünscht sich innig, die alte Heimat wiederzusehen, doch die Kosten für die Überfahrt übersteigen ihre finanziellen Möglichkeiten bei weitem und so bleibt es ein Traum.

Bitter beklagt sie sich oft über die „geistige Unterernährung"[34], der sie sich in den USA ausgesetzt fühlt. Mehr als einmal sendet sie Geld an ihre Freundin mit der Bitte, ihr Literatur zukommen zu lassen: „Romane bedeutender Schriftsteller, Wissenschaftliches und Unterhaltendes, ein paar alte Bände irgendeiner guten Zeitschrift, politische Werke, Kunst – eine Auswahl aus der neuen Literatur Deutschlands."[35] Sie ist begierig auf europäische Literatur, liest Strindberg, die von ihr schon immer hoch verehrte Selma Lagerlöf und Jean Paul. Selbst verfasst sie kaum mehr etwas.

Ansonsten ist sie hier in den USA auch von anderen gewohnten Genüssen abgeschnitten. Es ist die Zeit der Prohibition. Emerenz Meier, die in ihren Briefen wahre Schimpftiraden gegen das Alkoholverbot loslässt, braut fleißig selbst Bier, Wein und Schnaps, denn „Tee kann ich immer noch nicht trinken, ich hasse ihn"[36]. Später macht die Wirtstochter aus Bayern daraus sogar ein einträgliches Geschäft.

Als die wirtschaftliche Lage in Deutschland immer verzweifelter wird, erreichen sie manche Bettelbriefe aus der Heimat – Briefe von Menschen, die sie gut von früher kennt und denen zu helfen sie nicht bereit ist: „Die Leute sollen mich in Ruhe lassen, mir hat ja auch niemand was geschenkt, als wir einst recht arm und verlassen waren. Verachtet haben sie uns nur und schlecht gemacht."[37]

Am 18. Januar 1925 stirbt ihr Mann nach kurzer schwerer

Krankheit. Emerenz Meier bleibt verzweifelt zurück: „Der beste Kamerad, den ich je im Leben besaß und besitzen werde (...) ist tot. Mein Liebling John, unser treuer Gatte und Vater tot!"[38] Sie erleidet einen Nervenzusammenbruch und nur ihr über alles geliebter Sohn hilft ihr, die nächsten Monate zu überstehen. Von nun an muss sie, die schon seit längerem an einem schlechten Gesundheitszustand leidet, immer öfter das Bett hüten. In den letzten Jahren ihres Lebens kämpft sie mit der Wassersucht und verschiedenen Herz-, Lungen-, und Leberbeschwerden sowie schwerem Asthma. Trotz alledem gibt sie niemals auf. Jetzt, da sie wieder allein auf sich gestellt ist, will sie noch einmal mit dem Schreiben beginnen: „Ich bin nun 53 Jahre und möchte den Rest meines Lebens ans Schriftstellern verwenden, meine so lange gewaltsam unterdrückte Leidenschaft."[39]

Doch ihr bleibt keine Zeit mehr, diesen Wunsch zu verwirklichen. Am 28. Februar 1928 stirbt Emerenz Meier, noch keine 54 Jahre alt in Amerika. Sie stirbt in einem Land, das ihr immer fremd geblieben ist, ohne die Heimat je wiedergesehen zu haben.

Ihr literarischer Nachlass wird 1929 nach Waldkirchen zurückgebracht und in die Hände von Auguste Unertl gegeben, die sich bemüht, das Vermächtnis der Freundin zu wahren. Sie übergibt die Unterlagen an Max Peinkofer, der eine erste Ausgabe von Gedichten der Bayerwald-Dichterin initiiert: „Emerenz Meier hat es verdient, dass sie der Vergessenheit entrissen werde und das Schönste von dem, was sie uns hinterlassen hat, wieder an den Tag komme. Damit könnte der Toten nachträglich ein Teil jenes Dankes gezollt werden, welcher der Lebenden versagt blieb."[40] Im Laufe der Jahre wächst das Interesse an der ungewöhnlichen Frau aus dem Unteren Bayerischen Wald und zu ihrem 100. Geburtstag, 1974, erscheint im Grafenauer Morsak Verlag eine erste Werkauswahl der Dichterin, der 1991 die lang erwartete Gesamtausgabe folgt.

Mitte der 80er Jahre erobert das Schicksal der Emerenz Meier durch das Stück „Emerenz" von Josef Berlinger die Theater-Bühnen und schließlich interessieren sich auch Filmemacher für den Stoff. Der Münchner Drehbuchautor und Regisseur Jo Baier dreht den zweiteiligen Fernsehfilm „Schiefweg", in dem die harte Kindheit von Emerenz Meier beschrieben wird. 1991 folgt mit dem Kinofilm „Wildfeuer", in dem Baier die erwachsene Emerenz thematisiert, die Fortsetzung der Geschichte.

Heute ist Emerenz Meier fest verwurzelt in der bayerischen Literaturgeschichte und ihre Gedichte und Erzählungen leben auch in jüngeren Generationen weiter, sind sie doch nicht nur Zeugen einer vergangenen Zeit, die längst der Verklärung anheim gefallen ist, sondern lebendige Erinnerung an eine rebellische Frau, deren Horizont immer größer war als das Denken ihrer Zeit dies zulassen wollte: „Im freien Wald bin ich groß geworden, auf Bergeshalden, wo der Böhmerwind, der übermütige, sich mit Tannen balgt, wo Hirtenbuben um die Feuer rennen, nicht achtend ihrer weit verstreuten Herde. Das Wild war mir befreundet im Revier, das Eichhorn floh nicht, wenn ich es beschlich, der Geier sah froh kreischend auf mich nieder, der über Wipfeln beutesuchend hing. Ich kannte keine andere Macht als Gott, und die war göttlich, wo sie sich mir zeigte, im Abendrot, mit finsterer Brau umwölkt, im Morgengold, das durch die Nebel glühte, im Sturm, der wütend sauste durch die Forste, im Bach, der tosend lief dem Tale zu. Da warf ich oft mich an die Brust der Erde und schrie und schwor, nie würd ich andere Fesseln dulden von irgendeinem, der aus Fleisch und Blut, der gleich mit mir des Lebens Bürde trägt. Nur keinen Herrn, und mag er sein wie immer, denn gleichen Rechts glaub ich mit ihm zu sein, ob er auch einst viel Tausende beherrscht. Ich bin des freien Waldes freies Kind."[41]

„Liebe zum Vaterhaus und
Liebe zur Muttersprache,
einen anderen Patriotismus
gibt es für mich nicht."

Mechthilde Lichnowsky:
Die kluge Fürstin

1879 Schönburg/Ndb. – 1958 London

„Anlässlich des mich tief erschütternden Ablebens der Fürstin Mechthilde Lichnowsky möchte ich nicht verfehlen, zum Ausdruck zu bringen, dass ich diesem Menschen unendlich viel verdanke. Ich habe ihr ein Gedicht ‚Die Fürstin' gewidmet, aber das drückt nur schwach aus, wie groß ihr Verdienst ist an all dem, was ich seither geschaffen habe. Sie hat mich zunächst buchstäblich vom Hunger gerettet und dann in Umstände gebracht, in denen ich arbeiten und mich entwickeln konnte. Das wird ihr nie vergessen sein, und ich fühle es schon lange als eine große Schuld, darüber nicht so geschrieben zu haben wie es sich gebührt. In tiefem Mitgefühl für den schweren Verlust, den so viele Menschen durch ihr Ableben erleiden mussten, bin ich Ihr Johannes R. Becher."[1]

Diesen Kondolenzbrief vom Kulturminister der DDR erhielt die Tochter von Fürstin Mechthilde Lichnowsky nach dem Tod ihrer Mutter. Es mag verwunderlich erscheinen: Ein Mann, der Lobeshymnen auf Josef Stalin verfasst hatte, betrauerte den großen Verlust einer deutschen Fürstin? Was für eine außergewöhnliche Frau musste die Verstorbene gewesen sein?

Geboren wird diese ungewöhnliche Frau am 8. März 1879 als Mechthilde Christiane Marie von und zu Arco-Zinneberg, Urenkelin der bayerischen Kurfürstin Maria Leopoldine, auf

Schloss Schönburg in Niederbayern. Ihre Eltern, Maximilian II. von Arco-Zinneberg und Olga Freiin von Werther, Tochter aus protestantischer Diplomatenfamilie, haben Schloss Schönburg vier Jahre zuvor erworben, um dort eine Pferdezucht aufzubauen. Während der Wintermonate lebt die Familie in München, doch in den Ferien und vor allem im Sommer, geht es zurück nach Schönburg. Hier auf dem Land verlebt Mechthilde gemeinsam mit ihren acht Geschwistern eine recht sorgenfreie Kindheit, die sie in ihrem 1934 erscheinenden autobiografischen Roman „Kindheit" beschreibt: „Eine große Freude für die Kinder war es, in einem braunfließenden Nebenfluss des Inn zu baden. (…) Die Rott floss durch Weideland, und zum Schluss der Fahrt gab es nur mehr kurzgeweidete Wiesen, keine Wege. (…) Während die Kinder badeten, richtete der Vater ein Kartoffelfeuer her, Brot, Butter und Kartoffeln waren von zu Hause mitgenommen worden. (…) Wenn das Kartoffelfeuer lustig brannte, sprang der Vater durch Rauch und Flammen hinüber, die Kinder natürlich auch."[2] Sie liebt die Natur des Rottals und ist eine wahre Tiernärrin. Im Garten des Schlosses gründet sie drei Städte für Tiere: Schattenheim, Nesselfelden und Distelhofen: „Die Bewohner waren Igel, Mäuse, Hummeln, Schnecken, Eidechsen, je nach Lage. (…) Bretter wurden herangeschleppt, Pfosten in den Boden gehauen, Zement beim Gärtner Woldan gestohlen, dito Fensterkitt und Bast, alte Sackleinwand und Tuffstein. Auf einem Schild konnte man die Worte lesen: ‚Hier werden Tiere nicht getötet!'."[3]

Bis 1892 wird Mechthilde Lichnowsky, den Sitten ihres Standes entsprechend, zu Hause erzogen, dann kommt sie in die Klosterschule des Ordens Sacré-Coeur nach Riedenburg in Vorarlberg. Hier herrschen strengere Regeln als auf dem Schloss und Mechthilde fällt es zunächst nicht leicht, sich diesen anzupassen. Sie ist ein Freigeist und als sie einmal im Unterricht ihre historischen Vorbilder nennen soll, nennt sie zum Entsetzen der Nonnen Galileo Galilei, den sie wegen seiner Unbeugsamkeit bewundert. Auf die Frage, welche herausragenden Herrscher sie kennt, fällt ihr keiner ein: „Herrscher ... Herrscher ... ich hab immer die andern lieber gehabt, (...) die, die nicht von einem Thron aus geherrscht haben."[4] Obwohl sie im Rückblick gnädig an ihre Schulzeit zurückdenkt, ist sie froh, als diese zu Ende ist.

Nach der vierjährigen Internatszeit lebt Mechthilde Lichnowsky die meiste Zeit in München, wo die Familie ein Palais in der Barerstraße besitzt. Dort finden viele gesellschaftliche Ereignisse statt, werden Empfänge und Bälle gegeben, trifft sich alles, was Rang und Namen hat. Mechthilde, hübsch und gescheit, entwickelt sich rasch zum Liebling der Münchner Gesellschaft: „Schon in ihren Mädchenjahren traten ihre ungewöhnliche Begabung und ihr Hang zu einer eigenwilligen Originalität deutlich hervor. Die merkwürdige Schwabinger Boheme, die ihre Züge dem damaligen künstlerischen München aufgeprägt hatte, war auch an Mechthilde nicht spurlos vorübergegangen. Zweifellos war sie ein Charakter."[5]

Mechthilde Lichnowsky ist die begabteste der Töchter des Grafen Max. Musikalisch und künstlerisch talentiert wird sie von den Eltern in ihren Neigungen unterstützt und gefördert. Zu ihrer Lieblingsbeschäftigung wird alsbald das Schreiben. Eine ihrer besten Freundinnen ist Annette Kolb, mit der sie die Liebe zur Literatur teilt. Die große Dichterin schwärmt noch Jahre später von ihr: „Mechthilde Lichnowsky ist eine Meisterin der deutschen Sprache. (...) Eine kluge Frau – aber sie war schon als junges Mädchen in München so gescheit."[6]

Die junge Frau, deren einnehmendes Wesen von allen bestätigt wird, die sie kannten, wird von den Männern umschwärmt. Einer ihrer Verehrer ist der Medizinstudent Wilhelm von Stauffenberg, der später ein bekannter Neurologe wird. Der allseitig gebildete Humanist wird ihr bis zu seinem frühen Tod 1918 ein enger Freund und Förderer bleiben.

Sie aber verliebt sich in den Militärattaché der englischen Gesandtschaft in München Ralph Harding Peto of Somerleytin. Die Verliebtheit ist groß, man spricht von Heirat. Im Februar 1901 kommt es zu einer heimlichen Verlobung. Da sich jedoch die Eltern gegen diese Verbindung aussprechen, löst sie auf deren Drängen die Verlobung letztlich wieder auf.

Drei Jahre später vermählt sie sich am 20. August 1904 mit Karl Max Fürst von Lichnowsky. Der Fürst ist nicht nur ein schwerreicher Industriemagnat, sondern entstammt auch einem alten schlesischen Adelsgeschlecht. Seine kulturbegeisterten Vorfahren waren mit Beethoven, Goethe und Liszt bekannt und zu Karl Max' engeren Freunden zählt die Tochter Franz Liszts und Frau von Richard Wagner, Cosima. Kein Wunder, dass sich die intellektuelle Mechthilde rasch für den Fürsten, den sie 1904 auf dem Georgiritterfest kennen lernt, begeistern kann. Für den Betrachter sind die beiden ein interessantes Paar: „Ihre kernige bayrische Art stach eigentümlich ab gegen das liebenswürdig-nervöse österreichisch-schlesische Wesen des Botschafters"[7], erinnert sich Richard von Kühlmann, späterer deutscher Botschaftsrat an der Londoner Botschaft. Während der Fürst durchaus dem Bild des vornehmen Aristokraten entspricht, sind seiner Frau derlei Attitüden völlig fremd.

Am 1. Juli 1905 wird der erste Sohn geboren, für den sich Kaiser Wilhelm selbst als Pate anbietet, weshalb man ihn wohl oder übel nach dem Kaiser benennen muss. Weil Mechthilde Lichnowsky den Kaiser jedoch nicht ausstehen kann, wird Wilhelm zu Hause nur „Wulli" gerufen. Ein Jahr später, am 28. August 1906, erblickt Tochter Leonore das Licht der Welt, am 9. Dezember 1907 folgt Sohn Michael.

1912 wird Karl Max von Lichnowsky, der seit 1884 im diplomatischen Dienst steht, Botschafter in London. Dies kommt den Wünschen seiner Frau sehr entgegen, denn so sehr sie München liebt, es zieht sie doch hinaus in die Welt: „Vollendete Damen, geschmückt mit allen weiblichen Reizen, fanden sich vereinzelt in Familien des hohen Adels; glänzen sie auch noch durch

Geist und Talent wie etwa die Fürstin Lichnowsky, geborene Gräfin Arco, so halten sie es in Oberbayern nicht lange aus."[8]

Das glamouröse Fürstenpaar macht das Londoner Carlton House Terrace No. 9 zum Mittelpunkt des gesellschaftlichen Lebens der britischen Hauptstadt. Die Gesellschaften dort sind bald legendär, man reißt sich um Einladungen. Mechthilde Lichnowsky geht in ihrer Aufgabe als Botschaftergattin auf, gibt Empfänge und Gesellschaften am laufenden Band. Nach kurzer Zeit verkehrt der gesamte englische Hochadel in ihrem Haus. Daneben tritt sie auch als Kunstmäzenin auf. Sie fördert Künstler wie Pablo Picasso oder Franz Marc, die in diesen Jahren noch heftig umstritten sind. Unzählige bekannte Intellektuelle treffen sich in der deutschen Botschaft, George Bernhard Shaw und Rudyard Kipling gehören zum engeren Freundeskreis des Botschafterpaares.

Die Botschaftergattin beginnt nun auch selbst zu schreiben. Bei ihren ersten Gehversuchen wird sie von ihrem Mann tatkräftig unterstützt. Er ist stolz auf seine schöne, begabte Frau und als 1912 ihr erstes Buch auf den Markt kommt, ist er unter ihren echten Bewunderern. Es handelt sich um eine Art Reisetagebuch, geschrieben nach einer Ägyptenreise 1911, und trägt den Titel „Götter, Könige und Tiere in Ägypten". Es wurde vom Ernst Rowohlt Verlag angenommen, fünf Monate bevor Kurt Wolff den Verlag übernimmt. Sie schreibt dazu an Hermann Graf Keyserling: „Mein Vertrag mit Rowohlt lautet auf 5 Jahre, also muss ich mich höllisch anstrengen, damit er nicht merkt, dass ich nichts kann!"[9] Doch die Sorge ist unbegründet, das Buch wird ein großer Erfolg, geht innerhalb von drei Jahren in die fünfte Auflage.

Schon bei diesem ersten Buch stellte sie unmissverständlich klar, dass sie nicht als Fürstin Lichnowsky schreiben will, sondern nur unter dem Namen Mechthilde Lichnowsky. Sie verlangt von Kurt Wolff, den Adelstitel auf dem Buchumschlag zu streichen.

Durch dieses Buch macht sie die Bekanntschaft von Rainer

Maria Rilke. Dieser ist kurz zuvor in Ägypten gewesen und von der Lektüre des Buches so angetan, dass er über den Rowohlt Verlag Kontakt mit der Autorin aufnimmt. Aus der ersten Annäherung wird eine enge Freundschaft, ohne dass beide sich jemals persönlich begegnen. Als Rilke um 1914 in eine große Schaffens- und Sinnkrise gerät, ist es Mechthilde Lichnowsky, der er sein Leid klagt. Denn nicht nur seelisches Leid quälte Rilke, auch materielle Not bedrängt ihn. Im Juni 1914 bittet Mechthilde deshalb, in Abstimmung mit Kurt Wolff, Freunde und Bekannte, diskret aber deutlich, den Dichter finanziell zu unterstützen: „Ich (...) erhoffe einen Kreis von 30–40 Menschen, die sich bereit erklären, jährlich einen Beitrag nicht unter 100 Mark zu leisten. Soll (...) unsere Absicht, den Dichter durch Befreiung

Mechthilde Lichnowsky

von Sorge und Zwang einer Zeit freieren Schaffens zuzuführen, wirklichen Wert haben, so müsste die Hilfe sich über eine Reihe von mehreren Jahren ausdehnen. (...) Des Dichters Name ist Rainer Maria Rilke. Es ist nicht beabsichtigt, ihm zu sagen, wem er das Geschenk einer größeren Freiheit verdankt."[10]

Die Teilnahme von Verleger Kurt Wolff am Rilke-Hilfsprojekt führt fast zu einem Bruch zwischen Rilke und dessen Verleger Anton Kippenberg vom Inselverlag. Nur die großzügige Spende des Philosophen Ludwig Wittgenstein verhindert eine größere Krise. Dieser lässt Rilke anonym 20 000 österreichische Kronen zukommen. Rilke erfuhr niemals, wer sein großzügiger Spender war.

Während ihrer Londoner Zeit schreibt Mechthilde Lichnowsky emsig, wenn auch mit einigen Schwierigkeiten, wie ihr Briefwechsel mit Kurt Wolff zeigt. Am liebsten sitzt sie im Lesesaal des British Museum. Die bunte Menschenmenge, die sich dort einfindet, fasziniert die genaue Beobachterin. Hier hat sie ihre besten Ideen. Trotzdem zweifelt sie oft an ihren Texten und benötigt immer wieder die Aufmunterung durch den Verleger: „Ihr Besuch und Ihr Brief waren ein köstlicher Ansporn für mich; ich bin oft mutlos und verliere den Glauben, und der Gedanke, dass Sie so gut aus dem Unfertigen die Idee, die Seele erkannten, hat etwas Beglückendes für mich. Ich mache mich mit neuen Energien an das Werk und habe noch einmal so viel Freude daran."[11]

1914 veröffentlicht sie ihr erstes Gedicht. „Der letzte Traum des Traurigen" erscheint in Kurt Wolffs „Weißen Blättern" und handelt vom Sterben eines Menschenverächters. Das Motiv des Todes greift sie auch in dem Marionettenspiel „Ein Spiel vom Tod" auf. Inmitten des Ersten Weltkriegs ist die Beschreibung des Todes für sie ein nur allzu nahe liegendes Thema. Nach der Uraufführung im März 1916 in Berlin schreibt Alfred Kerr in *Der Tag*: „Kein gehalten bleichsüchtiger Seltenheitspoet kommt hier als Vorbild in Betracht. Bei der oft so laienhaften, formlosen Mechthild ist ja nicht etwas Geschmäckerisches durch Können ein bisschen verinnerlicht – sondern die Innerlichkeit klimmt und wandelt und fliegt ... frei vom Geschmack (...) Hier ist ein Frühlingsmensch, unbeirrbar."[12]

Ganz anders urteilt Karl Kraus in *Die Fackel*. Ihm sind weder die Fürstin noch der Fürst besonders sympathisch. In einer Kritik zu Max Reinhards Macbeth-Aufführung greift er auch Mechthilde Lichnowsky scharf an: „Wie es mit den geistigen Aussichten einer Nation bestellt sei, (....) deren Hochadel auf

den Privatbällen des zum Diktator aufgedunsenen Theater-
händlers die Komparserie stellt, das konnte bloß dem politischen Blick verborgen bleiben. Dass die deutsche Botschaf-
terin aus London in solchem Milieu sich sowohl dramatisch
wie gesellschaftlich bewegt, ist ein Symbol, das sich einer
Dichterin erschließen könnte, wenn sie ein Dichter wäre.
Aber in dieser mechanischen Wunderwelt, die in ihrer ganzen
Auflage ein Generalanzeiger des Weltuntergangs ist, grast die
Fürstin neben Literaten (...)."[13]

Kaum zu glauben, dass aus dieser Abneigung eine innige
Freundschaft wird, wie unzählige Besuche und ein jahrzehnte-
langer Briefwechsel bezeugen.

So ergeht es ihr oft mit Freundschaften. Zumeist beginnen sie
in gegenseitiger Abneigung, wie auch die Bekanntschaft mit
Hugo von Hoffmannsthal, den sie 1909 kennen gelernt hat
und von dem sie alles andere als begeistert war: „Eigentlich ist
er ordinär u[und] nichtssagend; aber er hat, gleichsam wie ein
Auswuchs, irgendwo eine dichterische Begabung. Er ist im
Grunde eine nicht vornehme Natur, was deutlich hervortritt,
wenn man ihn näher kennen lernt."[14] Doch auch er wird ein
Freund. 1910 besuchte er sie auf Schloss Grätz. Es folgen ein
zehn Jahre dauernder Briefwechsel und viele weitere Besuche.

Der Erste Weltkrieg beendet die schöne Zeit in London. Karl
Max von Lichnowsky spricht sich bei Kaiser Wilhelm offen
gegen den Krieg aus. Nach Ausbruch des Krieges reicht er
seine Entlassung ein. Als er es wagt, in einer privaten Denk-
schrift die Kriegsschuldfrage offen anzusprechen, wird er nach
einem Ermittlungsverfahren aus dem Preußischen Herrenhaus
ausgeschlossen. Für die Nationalsozialisten wird er deshalb
später zu den „Novemberverbrechern" zählen. 1916 verlassen
die Lichnowskys London und ziehen sich auf die schlesischen
Güter der Familie zurück.

Im selben Jahr hilft die Fürstin einem verzweifelten jungen
Mann, der später noch viel von sich reden machen wird:
Johannes R. Becher. Der morphiumsüchtige Dichter ist am

verhungern und Harry Graf Kessler, der den noch völlig unbekannten Schriftsteller entdeckt hat, bittet Mechthilde Lichnowsky, ihn zu unterstützen. Sie veranlassen Bechers Verlegung in ein Sanatorium, damit er sich „die Schlafmittel wieder *ab-* und das Essen wieder *an*gewöhnen"[14] kann. Die Fürstin setzt Becher für drei Jahre eine monatliche Rente von 300 Mark aus, wofür sich dieser überschwänglich bei der Frau, die ihm wie ein rettender Engel erscheint, bedankt: „Ich habe Sie sehr lieb (...). Lass mich ein wenig von dir gestreichelt werden, nimm die grünen Hungernächte, die Brückenunterstände, die Asyle, die Huren, die Fabriken aus den Falten meines Gesichts oder verwandle sie du mit deinen Lilienfinger[n], strenger Engel, in große Sonngärten, flimmernd und mailich."[15] Im gleichen Jahr noch verfasst er das Gedicht „Ode an eine Fürstin", mit dem er seine Wohltäterin lobpreist.

Seine Gönnerin ist jedoch nicht nur eine hilfsbereite Herbergsmutter und spendable Geldgeberin. Sie ist auch eine moderne Frau, die sich nur wenig um Konventionen kümmert. Zu ihren Vorlieben gehört es, sich als Mann zu verkleiden. Mehrmals lässt sie sich auch so fotografieren. Ihre alte Freundin Annette Kolb bringt sie damit einmal richtig in Verlegenheit: „Als du mich vergangenen Herbst als Mann verkleidet besuchtest, habe ich auf deine Bitte hin es niemanden zu sagen, mein Wort gehalten und zweifelte nicht, dass du deinerseits dein Versprechen erfüllen und dem Polizeipräsidenten deinen Scherz, auf dessen eventuellen Folgen ich dich aufmerksam machte, gestehen würdest (...). Mir selbst aber wurde in Folge deiner Handlungsweise der Pass entzogen und Postsperre über mich verhängt."[16]

Dies bedauert Mechthilde Lichnowsky zwar, doch wirklich zu beeindrucken ist sie dadurch nicht. Derartige Normenverletzungen sind ihre Art, mit ihrer Diskriminierung als Frau umzugehen. Die gesellschaftliche Stellung der Geschlechter steht in krassem Gegensatz zu ihrer eigenen Weltanschauung, nach der nicht das eine Geschlecht dem anderen überlegen ist, sondern der schöpferische und denkende wahre Mensch die Krone der Schöpfung ist: „Übrigens wiederhole ich, dass Männer und Frauen bei weitem nicht das gleiche Interesse in mir erwecken wie Menschen und Menschen."[17] Sie als Schriftstellerin versucht, diesem Ideal so nahe wie möglich zu kommen, entgegen aller Widerstände, die sich manchmal vor ihr auftun. Damit kann sie umgehen, denn sie hat ihren eigenen Kopf und beharrt stets auf ihrem Willen.

Wie eigensinnig die Dichterin ist, zeigt sich zum Beispiel in der Auseinandersetzung um ihr Buch „Der Stimmer", das sie 1917 wiederum bei Kurt Wolff verlegt. Das Buch erzählt die Geschichte des Klavierstimmers Raymund Egger und seiner Umgebung während der drei Stunden, die er braucht, um einen Flügel zu stimmen. Bei der Veröffentlichung kommt es zum Streit mit dem Verleger bezüglich des von Mechthilde Lichnowsky entworfenen Umschlags. Dieser gefällt Kurt Wolff überhaupt nicht: „Endlich liegt nun der Ausdruck dieses Umschlages von der Lithografischen Anstalt vor. Und nun erscheint mir dieser Umschlag als der Gipfel aller Scheußlichkeiten und Geschmacklosigkeiten. Ich finde ihn in Zeichnung, Farbe, Schrift, Ornament, im Ganzen wie in jedem Einzelnen so undiskutierbar schlecht und unerhört, dass ich nicht annehmen kann, dass Ew. Durchlaucht ernstlich seine Ausführung wünschen. (…) Ich bin überzeugt, dass Ew. Durchlaucht sich eine ganz andere Wirkung gedacht haben, die eben nicht erzielt worden ist."[18] Mechthilde Lichnowskys telegrafische Antwort ist eindeutig: „bin entzueckt von geschmackvollem gottlob unästhetischen einband und bitte ihn (…) beizubehalten".[19]

Kurt Wolff ist entsetzt und unterbreitet ihr den Vorschlag, nur die ihr zustehenden Freiexemplare mit ihrem Umschlag zu versehen und die anderen mit seinem Umschlag. Falls sie doch auf ihrem Umschlag bestehen sollte, würde er den Büchern einen Vermerk beifügen, dass dies gegen seinen Willen auf ausdrücklichen Wunsch der Autorin geschehen sei. Mechthilde Lichnowsky antwortet ihm mit einem äußerst temperamentvollen Schreiben, denn „das anständige graue Papier mit künstlich angebrachten Butterflecken (...) System: Handgemachte Schlichtheit – verursacht mir leichte Fieberschauer, sodass ich mich noch zu Lebzeiten umdrehe, nicht erst auf mein Grab warten kann."[20] Sie entscheidet sich für Wolffs zweiten Vorschlag und ist gerne bereit, die Verantwortung für den Umschlag zu übernehmen. In jedes Buch lässt sie einen Zettel legen mit einem Hinweis auf ihre Eigenverantwortung und dem Zusatz „Um Kritik wird gebeten".

Im Februar 1918 verlässt sie den Kurt-Wolff-Verlag und wechselt zum Münchner Erich-Reiß-Verlag. Obwohl sie vorgibt, die Entscheidung habe vor allem mit der geographischen Nähe des neuen Verlages zu tun, ist es neben den vorangegangenen Auseinandersetzung um „Der Stimmer" vor allem ihr Ärger über den, ihrer Ansicht nach, völlig überzogenen Preis einer Vorzugsausgabe ihres neuen Gedichtbandes. Wolff bedauert zwar, kann sie aber nicht halten.

Die Fürstin ist künstlerisch äußerst vielseitig. Sie malt und komponiert auch. 1922 vertont sie Texte aus Johann Nestroys „Der Zerrissene", „Die beiden Nachtwandler" und „Weder Lorbeerbaum noch Bettelstab" für Lesungen von Karl Kraus. Die Vorstellungen werden ein riesiger Erfolg, wie ihr Karl Kraus schreibt: „Es war ‚enorm'. Ich wurde – für die Komponistin – zum Schluss mindestens 28 Mal gerufen. (...) Jedes einzelne Stück entzückte".[21]

Im selben Jahr wird das Buch „Die Geburt" veröffentlicht. Wieder ist es Alfred Kerr, der es hymnisch lobt: „Eine Erzählung? Nein! Ein Wesensausschnitt? Ja. Ein Daseinsgefühl? Das vor allem! (...) Ein schwer trächtiges Buch. Auch darum ein schwer lesbares. Das bis heut' stärkste der M. Lichnowsky."[22]

1924 erscheint ihr Buch „Der Kampf mit dem Fachmann", in dem sie sich nicht nur mit Rechthabern und Besserwissern auseinandersetzt, sondern deutlich gegen irrationale Autoritäten und die herrschende Autoritätshörigkeit anschreibt: „Seit

Jahren sinne ich nach einem Mittel, den Zauber der Schwerhörigkeit, der Blödheit, der Bosheit, der grundlosen Erbostheit von vornherein, oder was immer die Art des Zaubers sein mag, zu brechen, ich versuche alle Gegenzauber der Sprache, der Deutlichkeit, der sorgfältigen Vorwegnahme aller Gegenargumente, arbeite mit Milde, mit Bescheidenheit, mit Suggestion, mit Courtoisie, umsonst, ein Fachmann wankt nicht, ein Fachmann verschanzt sich, der Fachmann bleibt eine uneinnehmbare Festung."[23] Sie verlegt nun bei Jahoda & Siegel in Wien, wo auch Karl Kraus *Die Fackel* drucken lässt.

Am 27. Februar 1928 stirbt Karl Max von Lichnowsky. Sein Tod trifft sie hart. Um ihn besser verarbeiten zu können, nimmt sie einen Ortswechsel vor. Die nächsten Jahre verbringt sie an der französischen Riviera in der Villa des Fleurs in Cap d'Ail , die sie nach dem Tod ihres Mannes anteilig erwirbt. Ihre angeschlagene Gesundheit – sie leidet unter heftiger Arthritis – zwingt sie nun immer wieder zu längeren Kuraufenthalten und schöpferischen Pausen.

1930 wechselt Mechthilde Lichnowsky zum S. Fischer Verlag und bringt dort ihr Buch „An der Leine" heraus, das von der wechselseitigen Abhängigkeit zweier Protagonisten, die beide an einem Ende der Leine stehen, symbolisiert durch Herr und Hund, handelt.

Ihre Ablehnung von Autoritarismus und Gehorsam macht sie folgerichtig zu einer entschiedenen Gegnerin der Nationalsozialisten. Nicht zuletzt durch ihren verstorbenen Mann politisiert und kritisch gegenüber jeglicher Form von politischer Ideologie, verweigert sie den neuen Herren die Gefolgschaft. Mit der Weigerung, Mitglied in der Reichsschrifttumskammer zu werden, wird sie gezwungen, in die innere Emigration zu gehen. Sie hört zwar nicht auf zu schreiben, doch an eine Veröffentlichung in Nazi-Deutschland ist nicht mehr zu denken. 1936 wird sie offiziell mit einem Publikationsverbot belegt. Es ist der Versuch des Regimes, ihr die große Liebe ihres Lebens zu nehmen: die Liebe zur Sprache, wie sie in einem Brief an

Brigitte Bermann Fischer, die Frau ihres Verlegers, schreibt: „Gut, ich schweige, aber niemand kann mir die Liebe zu der schönen, unsagbar schweren deutschen Sprache nehmen. Was immer ich geschrieben habe, wurde ihr zuliebe geschrieben."[24]

Gottfried Bermann Fischer emigriert noch im gleichen Jahr nach Wien. Mechthilde Lichnowsky bleibt dem Verlag mit all ihren Werken treu und lässt sie nun zunächst von Wien aus verlegen. Doch die Bücher gehen schlecht und ihre finanzielle Lage wird immer angespannter. Ihr verstorbener Mann hat ihr nur eine kleine monatliche Rente vermacht, das gesamte Vermögen ging an den Erstgeborenen Wilhelm. Mehr schlecht als recht hält sie sich mit dem Verkauf einzelner Bilder über Wasser.

Es ist ein hartes Jahr für die Fürstin. Am 12. Juni 1936 stirbt ihr langjähriger Freund Karl Kraus in Wien: „Das größte Herz unserer Zeit hat aufgehört zu schlagen. Wir müssen stumm die Zeit ohne dieses Herz weiter ertragen",[25] schreibt sie in tiefer Traurigkeit an ihren ehemaligen gemeinsamen Verleger Jahoda. Karl Kraus' Wunsch gemäß erhält Mechthilde Lichnowksy alle ihre Briefe zurück.

Im Juli 1937 trifft sie ihren ehemaligen Verlobten Ralph Harding Peto wieder. Diesmal lässt sie sich nicht dreinreden und heiratet ihn. Durch diese Ehe wird sie britische Staatsbürgerin.

1938 vollendet sie ein Buch, das sich mit der deutschen Sprache beschäftigt, dabei besonders aber die Sprache der Nationalsozialisten analysiert und deren Missbrauch der deutschen Sprache thematisiert, „Worte über Wörter": „Ich weiß, dass die Sprache einem Strom gleicht; dass sie, selbst in der Eindämmung, unberechenbar wie ein Strom dahinrollt, anschwillt, dass sie hier versiegt, dort Zuflüssen Einlass gewährt; weiß, dass ihr nichts unmöglich ist; was gestern noch seicht und gemein anmuten mochte, kann morgen sublim wirken."[26] Sie greift damit eine Thematik auf, die der Dresdner

Mechthilde Lichnowsky und Karl Kraus

Germanist Viktor Klemperer später in seiner Lingua Tertii Imperii (LTI) eindringlich schildert. Eine von Fischer und ihr gewünschte Publizierung bei Suhrkamp in Berlin lässt sich aufgrund der politischen Entwicklung nicht mehr verwirklichen.

Die ersten sechs Monate des Jahres 1939 verbringt sie auf der Farm ihres Bruders Alois in Südafrika, dann kehrt sie nach Deutschland zurück. Während sie auf Schloss Grätz in Schlesien weilt, bricht der Zweite Weltkrieg aus. Obwohl sie britische Staatsangehörige ist, verweigern ihr die deutschen Behörden die Ausreise nach London zu ihrem Mann. Ralph Harding Peto stirbt am 3. September 1945, kurz nach Ende des Zweiten Weltkrieges, ohne dass sie ihn noch einmal wiedergesehen hat.

Die streitbare Fürstin wird unter Polizeikontrolle gestellt. 1943 muss sie Grätz verlassen. Sie geht nach München zu ihrer Schwester Helene. Im Sommer 1944 erreicht sie die Nachricht, dass der Mann ihrer jüngeren Schwester Anna,

Graf Rudolf Marogna-Redwitz, als einer der Männer des 20. Juli hingerichtet worden ist. Im März 1945 flieht sie mit ihrem Sohn Wilhelm, dessen Familie und Tochter Leonore nach Schloss Schönburg, wo sie bis zum Mai 1946 bleibt. Von hier aus kehrt sie nach London zurück, lebt dort die nächsten Jahre zurückgezogen und einsam. Ihre Söhne wandern nach Brasilien aus, die Tochter geht als Journalistin nach Rom. Nur ab und zu wird Mechthilde Lichnowsky noch von Schriftstellern aufgesucht, die ihren Rat suchen. Da sich ihre finanzielle Situation nicht entspannt hat, versucht sie 1948 das bewegliche Vermögen der Familie, wie Bilder, Möbel etc., aus Schlesien zurückzubekommen. Doch einzig ihre Manuskripte kann sie mit Hilfe der Britischen Botschaft zurückerhalten.

Anfang der 50er Jahren beginnt der S. Fischer Verlag mit einer Neuauflage ihrer Bücher und auch im Esslinger Bechtle Verlag werden ihre Werke neu publiziert. Jetzt endlich kann auch „Worte über Wörter" erscheinen. Damit erfüllt sich ihre Hoffnung für die deutsche Sprache, die sie 1938 so formulierte: „Die deutsche Sprache ist so jung, so unbändig jung noch, dass sie gefährdet ist. Aber wenn sie sich manchmal auch wie ein Füllen gebärdet, abwechselnd wild und zutraulich, so wird ihr doch hoffentlich nichts geschehen. Sie wird länger leben als wir, wird sich befestigen, wird erlittene Schmach und Misshandlung mit unerbittlicher Strenge ahnden."[27]

In ihren letzten Lebensjahren wird die Fürstin Mitglied der Bayerischen Akademie der Schönen Künste, der Deutschen Akademie für Sprache und Dichtung sowie der Mainzer Akademie der Wissenschaften und Literatur. Sie wird geehrt und geschätzt. Diese Jahre sind jedoch auch gezeichnet von schwerer Krankheit, die ihr das Reisen erschwert und es ihr unmöglich macht, zu den Feierlichkeiten ihres 75. Geburtstages nach München zu fahren: „Ich leide unter einer schweren Arthrose. Im Übrigen müssen Sie mich nicht bedauern! Wer so lange auf der Sonnenseite des Lebens stand, muss auch mit den Dunkelheiten fertig werden."[28] Sie nutzt die verbleibende Zeit, um in ihrem letzten Buch „Heute und Vorgestern" Rückschau zu halten.

Am 4. Juni 1958 stirbt die Frau, die Erich Kästner zusammen mit Ricarda Huch und Annette Kolb als das „Dreigestirn" der zeitgenössischen deutschen Literatur bezeichnet hatte, im Alter von 79 Jahren in einem Londoner Krankenhaus: „Wir Glücklichen besaßen drei bedeutende Schriftstellerinnen, drei im Naturell eigenwillig weibliche, drei im Charakter entschlossen männliche Frauen,"[29] sagte Kästner damals.

Mechthilde Lichnowsky wird auf dem Waldfriedhof von Brookwood in der Nähe von London beigesetzt. Heute ist die kluge Fürstin nahezu vergessen. Dabei waren Ziel und Zweck ihres Schreibens von bleibender Aktualität: „Liebe zur Sprache zu wecken, eine Liebe, die wie jede wahre Liebe sehend und selig macht und nicht blind: dann wäre mein Ziel erreicht."[30]

Lena Christ: Die Überflüssige

1881 Glonn/Obb. – 1920 München

Am 30. Oktober 1881 gebiert die ledige Magd Magdalena Pichler in Glonn bei Ebersberg in Oberbayern ein Kind, das auf den Namen Lena getauft wird. Als Vater des Mädchens gilt trotz fehlender Nachweise der Schmiedegeselle Karl Christ.

Die kleine Lena wird in eine Gesellschaft hineingeboren, in der Unehelichkeit ein schwerer Makel ist, ein Makel, an dem sie ihr ganzes Leben lang schwer zu tragen haben wird. Allerdings wird es nicht in erster Linie die Umwelt sein, die sie diesen Makel spüren lässt, sondern die eigene Mutter. Für diese wird das Kind zur ewigen Erinnerung an eine jugendliche Dummheit, die sie sowohl gedanklich als auch gefühlsmäßig gerne hinter sich lassen würde. Sie ist fest entschlossen, trotz des unehelichen Kindes etwas aus ihrem Leben zu machen. Um der Enge des Landlebens, wo jedermann von ihrem Fehltritt weiß, zu entfliehen, packt sie ihre Sachen und geht als Dienstmädchen nach München. Ihre kleine Tochter, zu der sie keine besonders enge emotionale Bindung hat, überlässt sie ihren Eltern. Dort im „Hansschusterhaus" wächst Lena gemeinsam mit anderen Kostkindern, denen sich die Großeltern angenommen haben, auf. Es ist eine glückliche Kindheit, mit allen Freuden und Abenteuern, die das Landleben zu bieten hat. Sie wird „geliebt von den Großeltern (...) gefürchtet von jenen Kameraden, die mich einmal in meiner Wildheit verspürt hatten, gesucht von denen, die meine Streiche verstanden."[1] Gerade mit ihrem Großvater, dem Kleinbauern Mathias Pichler, dem sie später im Titel der gleichnamigen Erzählung ein Denkmal setzt, verbindet Lena eine tiefe Zuneigung.

Als sie sechs Jahre alt ist endet diese glückliche Zeit abrupt. Magdalena Pichler, die sich bisher kaum um ihre Tochter gekümmert hat, erscheint im Hause des Großvaters und nimmt das Kind mit nach München. Nach ihrer Heirat mit dem Schankkellner Josef Isaak sieht sie sich nun in der Lage, selbst für ihre Tochter zu sorgen; zudem braucht sie Hilfe im eigenen Wirtshaus – eine Motivation, die sie wohl eher antreibt als übergroße Mutterliebe. Für Lena ist es ein schmerzvoller Abschied von den Großeltern und der vertrauten Umgebung und auch die Großeltern lassen das Kind nur ungern gehen. Doch die Möglichkeit, nun endlich mit der zwar nicht vertrauten, aber doch geliebten Mutter zu leben, tröstet das Kind über den Trennungsschmerz hinweg, hat sie sich doch in ihrer Phantasie dieses Zusammenleben in den schillerndsten Farben ausgemalt. Die Realität jedoch enttäuscht das kleine Mädchen bitter. Sie spürt bald den wahren Grund für das plötzliche Interesse der Mutter. In den nächsten Jahren erwerben die Isaaks nacheinander mehrere Wirtshäuser mit Metzgerei in München und überall muss Lena kräftig mit anpacken. Sie teilt damit das Los vieler ihrer Altersgenossinnen, die schon in frühen Jahren zu harter körperlicher Arbeit herangezogen werden. Dabei ist es keineswegs etwa der Stiefvater, der Lena so viel zumutet, sondern die Mutter. Magdalena Isaak ist eine schwer arbeitende Frau, außerstande, ihrer Tochter irgendwelche zärtlichen Gefühle entgegenzubringen.

Dies merkt Lena, der es nicht leicht fällt, sich an das Leben in der Großstadt zu gewöhnen, bald. Zu Hause fühlt sie sich ungeliebt, in der Schule wird sie von den Mitschülern wegen ihres bäuerlichen Dialekts als „Dotschen" oder „Gscherte"[2] verspottet. Sogar die Mutter schämt sich für ihr Kind, das so gar nicht in die ach so vornehme Großstadt München passen will. Noch dazu lässt man Lena nun auch den Makel der

Unehelichkeit, für jedermann offensichtlich durch ihren Namen „Lena Christ", spüren. Aus dem aufgeweckten, fröhlichen Kind wird ein unglückliches, in sich gekehrtes Kind.

Ist das Verhältnis zur Mutter zunächst einfach nur kühl, wird es schon bald zur Tortur. Das Jahr 1890 markiert den Beginn eines unglaublichen Leidensweges. Nach der Geburt des ersten Sohnes beginnt die Mutter damit, Lena systematisch zu misshandeln. Es scheint, als ob die Belastung des unehelichen Kindes sich durch das ehelich geborene Kind verstärkt. Obwohl die Mutter ihr Leben trotz unehelichem Kind in geordnete Bahnen lenken konnte, erinnert sie Lenas Anblick immer wieder aufs Neue an den jugendlichen Fehltritt und ihre Abneigung gegen das Kind scheint grenzenlos. Von nun an fühlt sich Lena Christ wirklich als „Überflüssige". Sie spürt, wie sehr die Mutter den Stiefbruder liebt und wie wenig von diesem Gefühl für sie selbst da ist: „Geliebt hat mich meine Mutter nie; denn sie hat mich weder je geküsst noch mir irgendeine Zärtlichkeit erwiesen; jetzt aber, seit der Geburt ihres ersten ehelichen Kindes, behandelte sie mich mit offenbarem Hass".[3] Das Mädchen wird immer verschlossener, ist mürrischer als je zuvor. Der Mutter hingegen fehlt jegliches Einfühlungsvermögen für die Nöte und Ängste der Tochter. Statt ihr zu helfen, verliert sie immer öfter die Geduld. Ihre Strenge schlägt nun in psychische und physische Gewalt um, von der verschiedene Schilderungen Lena Christs berichten: „Bei Tisch hatte ich dann laut das Tischgebet zu beten. Als ich einmal beim Vaterunser statt auf das Kruzifix zum Fenster hinaussah, schlug mich die Mutter ins Gesicht, dass mir das Blut zu Mund und Nase herauslief; auch bekam ich nichts zu essen und musste während der Mahlzeit am Boden knien".[4] Sie wird mit einem Totschläger oder dem „Ochsenfiesel, in den ringsherum kleine Bleikugeln eingegossen waren"[5], oftmals so blutig geschlagen, dass sie tagelang das Haus nicht verlassen kann. Als man in der Schule auf die Misshandlungen aufmerksam wird und Lena zur Rede stellt, rächt sich die Mutter bitter und zwingt sie, eine ganze Nacht hindurch auf einem Holzscheit zu knien.

Kaum zu glauben, dass das Kind trotz dieser Grausamkeiten eine so gute Schülerin ist. Lena schreibt ausgezeichnete Noten, doch die Mutter nimmt dies kaum zur Kenntnis. Ist Lena hingegen irgendwo schwach, wie etwa in Handarbeit, wird sie sofort mit Essensentzug bestraft. Da es der Mutter immer wieder einfällt, das Kind hungern zu lassen, behält Lena in ihrer Not Geld von Besorgungen zurück, um sich damit etwas zu essen kaufen zu können. Wird dies entdeckt, hat es stets schlimme Konsequenzen zur Folge.

Mehr als einmal läuft Lena Christ davon, irrt durch München auf der Suche nach einem Fluchtweg. In einer eiskalten Winternacht kommt sie bis ins zwanzig Kilometer entfernte Zorneding und holt sich dabei eine schwere Lungenentzündung.

Nach einem Schularrest wegen „unkeuscher Handlungen" der Elfjährigen, dreht die Mutter durch: „Hinter der Tür aber lehnte schon der Totschläger; und als ich eintrat, empfing mich die Mutter mit einem wuchtigen Schlag. Hierauf gebot sie mir, mich auszuziehen. Als ich im Hemd war, schrie sie mich an: ‚Nur runter mit'n Hemd! Nur auszogn! Ganz nackat!' Darauf musste ich niederknien, und nun schlug sie mich und trat mich mit Füßen wider die Brust und den Körperteil, mit dem ich gesündigt hatte. Da schrie ich laut um Hilfe, worauf sie mir ein Tuch in den Mund stopfte und abermals auf mich einschlug. Dabei trat ihr der Schaum vor den Mund, und keuchend schrie sie mich während der Züchtigung an: ‚Hin muaßt sein! Verrecka muaßt ma!'".[6]

Alarmiert durch die kindlichen Hilfeschreie greift schließlich eine Nachbarin ein und bringt das mit Wunden übersäte, blutende Mädchen nach Glonn zum Großvater. Hier bleibt Lena ein ganzes Jahr lang, erholt sich und kommt wieder zu Kräften. Als sie nach München zurückkehrt, erwartet sie dort ein zweites Brüderchen, Maxl. In der ersten Zeit läuft es nun besser zwischen Mutter und Tochter. Beide bemühen sich um ein entspannteres Verhältnis. Doch mit der Zeit kehrt der Alltag zurück und die Auseinandersetzungen beginnen von vorn.

Im Dezember 1894 stirbt der geliebte Großvater. Für die dreizehnjährige Lena ist dies ein harter Schlag und sie ruht nicht eher, als bis man ihr gestattet, den Toten noch einmal zu sehen. Als sie bei der Beerdigung erfährt, wie verzweifelt der Großvater in seinen letzten Stunden nach ihr verlangt hatte und die Mutter sie trotzdem nicht zu ihm geschickt hatte, macht sie der Mutter schwere Vorwürfe und schleudert ihr zum ersten Mal offen all ihre angestaute Wut entgegen.

Die nächsten Wochen erlebt sie voll Trauer und Bitterkeit. Einzige Freude ist ihr die Arbeit als „Pilgermädchen" in der Heiliggeistpfarrei, bei der sie im weißen Kleid mit Pilgerstab an verschiedenen Wallfahrten teilnimmt. Die Hingabe an diese Aufgabe sowie die schwärmerische Zuneigung für einen jungen Priester führen dazu, dass sie wieder fröhlich wird. Doch so schön die Stunden in der Pfarrei sind, so schlimm ist es zu Hause. Der Alltag bleibt geprägt von Streitereien, Schlägen, Ausbruchsversuchen und Erkrankung. Weil es hier unmöglich scheint, auf Dauer Frieden zu finden, entschließt sie sich, dem Vorbild einer Freundin folgend, in ein Kloster einzutreten.

Dies stellt sich ihr als die lange verzweifelt gesuchte Fluchtmöglichkeit dar – Flucht von zu Hause, Flucht vor den Schlägen und Grausamkeiten der Mutter. Diese hat keine Einwände gegen das Begehren ihrer Tochter. Im Dezember 1898 bringt sie Lena eigenhändig nach Kloster Ursberg in Schwaben. Dort soll die 17-Jährige als Novizin leben und geistig verwirrte Menschen betreuen. Sehr rasch aber erkennt Lena Christ, dass sie damit vom Regen in die Traufe gekommen ist: „Es war alles nur Drill und von wahrer Güte wenig zu finden: Bigotterie paarte sich mit Stolz, Selbstsucht mit dem Ehrgeiz, vor den Oberen schön dazustehen und als angehende Heilige bewundert zu werden."[7] Sie wird konfrontiert mit Leibfeindlichkeit und Kälte, aber sie gewinnt auch eine wahre und enge Freundin: Schwester Cäcilia, die ihr Gesangs- Klavier- und Violinenunterricht erteilt. Als sie jedoch nach eineinhalb Jahren vor der Entscheidung steht – gehen oder bleiben – gibt es für sie nur eine Entscheidung: Sie packt ihre Sachen und kehrt am Aschermittwoch des Jahres 1900 nach Hause zurück. Dies

war nicht der Ausweg gewesen, den sie gesucht hatte, weder waren dadurch ihre Probleme gelöst noch ihr Leidensweg beendet. Sie wird wieder „die Wirtsleni", die von der Mutter getriezt wird.[8]
Denn auch diesmal geht das Zusammenleben der beiden Frauen nur eine kurze Zeit gut. Am Geburtstag der Mutter eskaliert die Situation erneut. Lena, die ihr zum Geburtstag eine Freude machen will, gibt eine gehäkelte Spitze, die sie

Lena Christ im Alter von etwa 17 Jahren

einer Magd abgekauft hat, als ihre eigene aus. Die Mutter durchschaut den kleinen Schwindel sofort und wirft die Spitze mit den höhnischen Worten „verlogenes Luder" ins Herdfeuer. Angesichts der Tobenden gerät das Mädchen in Todesangst und schneidet sich im Keller des Wirtshauses mit einem großen Tranchiermesser beide Pulsadern auf. In allerletzter Sekunde wird sie entdeckt und gerettet. Als sie nach der ärztlichen Notversorgung nach Hause kommt, wird sie von der Mutter mit den Worten: „Hat di jatz der Teufi no net gholt! Bist no net hin?"[9] begrüßt.

Nach ihrer Genesung verlässt sie das Haus erneut und verbringt einige Wochen bei einer Cousine, die sie dazu überredet als „Verdingerin" zu arbeiten. Nach kurzer Suche tritt sie in der „Floriansmühle", einem Ausflugslokal im Münchener Norden, in den Dienst als zweite Köchin. Sie wird freundlich aufgenommen und drei Monate lang arbeitet sie hier ungestört und frei. Dann erscheint plötzlich die Mutter und fordert sie auf, nach Hause zurückzukehren. Obwohl die Wirtin sie vor diesem Schritt eindringlich warnt, folgt Lena der Mutter. Eine von vielen Episoden, die in aller Deutlichkeit zeigt, in welch denkwürdiger Hass-Liebe die beiden Frauen einander verbunden sind. Die Mutter, die sie schlägt und hasst, holt sie immer wieder nach Hause zurück und lässt sie niemals los. Und Lena Christ, die vor ihrer Mutter und deren Schlägen flieht, kehrt ein ums andere Mal wieder nach Hause zurück.

Mit den Jahren ist aus dem wilden Kind eine hübsche junge Frau geworden, und unterstützt durch das ansehnliche Vermögen der Eltern geben sich die Verehrer in der Isaakschen Wirtschaft die Klinke in die Hand. Lena Christ entscheidet sich schließlich für den Buchhalter Anton Leix, einen Sohn aus wohlhabendem Hause, den sie im November 1901 heiratet. Obwohl die Mutter zunächst ganz angetan von dieser Entwicklung scheint, verliert sie am Hochzeitstag angesichts des bevorstehenden Weggangs der Tochter die Nerven und verflucht Lena: „Mein Wunsch will i dir aa no sagn: Du sollst koa glückliche Stund habn, so lang'st dem Menschn g'hörst und jede guate Stund sollst mit zehn bittere büaßn müaßen!"[10]

Wie es dem eigentümlichen Verhältnis von Mutter und Tochter entspricht, erhält Lena neben diesen Verwünschungen auch die stattliche Mitgift von 38 000 Mark. Eine hohe Summe, die wohl nicht zuletzt die Bedenken der Eltern des Bräutigams ob der ledig geborenen Braut zerstreuen soll.

Selbst nach der Hochzeit bleibt Lena Christ in der Nähe ihrer Mutter. Mit ihrem Ehemann bezieht sie eine Wohnung im Hause der Schwiegereltern, direkt gegenüber der Wirtschaft der Isaaks. Das junge Paar ist wohlhabend, leistet sich einen flotten Lebensstil. Doch all der Luxus verhindert nicht, dass die Ehe unglücklich wird. Lena liebt ihren Mann nicht wirklich, seine Nähe ist ihr bald zuwider: „Es währte nicht lange, da empfand ich tiefe Angst vor der Fortsetzung dieser Ehe, und die Zärtlichkeiten meines Mannes verursachten mir körperlichen Schmerz."[11] Nur der Wunsch nach einem Kind lässt sie die Ehe aufrecht erhalten. Am 1. November 1902 geht dieser Wunsch endlich in Erfüllung, glücklich wird Lena trotzdem nicht. Dem Sohn Anton folgen noch zwei Mädchen: Magdalena und Alexandra Eugenie. Insgesamt sechs Kinder bringt Lena Christ in den Jahren ihrer ersten Ehe zur Welt, davon drei Totgeburten.

Bei der Mutter findet sie kein Verständnis für ihre Situation. Bald gibt es zudem finanzielle Probleme; diverse Wohnungswechsel, die das Paar in immer schlechtere Gegenden und immer ärmlichere Behausungen führen, zeugen davon. Anton Leix verspekuliert sein Erbe und die Mitgift seiner Frau an der Börse, das eigene Geschäft läuft nicht gut. Lena Christs Schilderungen nach beginnt er in diesen Jahren zu trinken und misshandelt sie mehr als einmal schwer. 1909 trennt sie sich von ihrem Mann, der kurz danach in die Psychiatrie eingeliefert wird.

Nach acht Jahren Ehe steht Lena Christ mittellos, mit drei Kindern, hohen Schulden und einer angeschlagenen Gesundheit auf der Straße. Auf die Mutter kann sie nicht zählen, das weiß sie. Auch die Schwiegereltern sind durch die Spekulationsverluste des Sohnes nicht mehr in der Lage, ihr finanziell zu helfen. Sie bieten ihr jedoch an, wenigstens den erstgeborenen Sohn Anton bei sich aufzunehmen. Angesichts ihrer verzweifelten Lage willigt Lena Christ schließlich ein. Später wird sie diesen Schritt bitter bereuen, denn die Schwiegereltern entfremden ihr das Kind völlig und gegen Ende ihres Lebens hat sie keinerlei Kontakt mehr zu ihrem Sohn. Sie selbst versucht, sich mit den beiden Mädchen durchzuschlagen und findet in einer feuchten Neubauwohnung in Haidhausen eine notdürftige Unterkunft als „Trockenwohnerin". Das „Trockenwohnen" eines neu erbauten Hauses erlaubte zu dieser Zeit obdachlosen Menschen, umsonst in den feuchten Mauern zu leben. Kälte und Feuchte machen Lena und ihren Kindern schwer zu schaffen. Ihre Gesundheit ist ohnehin bereits schwer angeschlagen und bald diagnostiziert man bei ihr eine fortgeschrittene Tuberkulose: „Oft war die Versuchung in mir aufgestiegen, dem Leben ein Ende zu machen; oft hatte ich am Abend den Hahn der Gasleitung zwischen den Fingern; doch die Hoffnung auf eine bessere Zukunft ließ mich das nicht vollbringen, was die Verzweiflung mir eingab."[12] Irgendjemand macht schließlich die Behörden auf die Mutter und ihre beiden Kinder aufmerksam und die Stadt München veranlasst Lenas Verlegung in ein Krankenhaus sowie die Unterbringung der Mädchen in einem katholischen Internat in Moosburg.

Nach ihrer Genesung beginnt sie 1911 bei Peter Jerusalem, einem Schriftsteller, der sich später Peter Bendix nennt, als Diktatschreiberin. Ihm erzählt sie ihre traurige Lebensgeschichte und Bendix ist sensibel genug, um zu begreifen, was für ein ungewöhnlicher Mensch hier vor ihm sitzt: „Ich hatte gar manchen erzählen hören, (...) aber das war immer der Bericht von etwas Vergangenem; was diese Frau jedoch erzählte, das geschah überhaupt erst im selben Augenblick, da es von ihren Lippen kam (...). Die Personen ihrer Erzählung nahmen von selber Gestalt an, erschienen leibhaftig, sprachen und handelten, jede in der ihr eigentümlichen Art, offenbarten darin ihr Wesen, wurden sichtbar mit einer so unheimlichen Deutlichkeit, dass man sie greifen konnte."[13] Bendix erkennt, welch erzählerisches Potenzial diese junge Frau besitzt und drängt sie, das Erlebte durch Schreiben zu verarbeiten. Lena Christ folgt seinem Rat und in den nächsten Monaten wird Schreiben für die Dreißigjährige zur Therapie. Auf einer Bank vor der Neuen Pinakothek sitzend, umgeben von spielenden Kindern und Straßenbahnlärm schreibt sie sich all den Schmerz und das Leid, das auf ihr lastet, von der Seele. Sie taucht noch einmal ein in ihre Kindheit, durchlebt all die Qualen aufs Neue, unterzieht sich einem schmerzhaften aber auch heilenden Selbstreinigungsprozess. Dabei entsteht ihr wohl berühmtestes Buch „Erinnerungen einer Überflüssigen". Die eindringlichen Schilderungen ihres Leidensweges sind ganz und gar unsentimental, aber so intensiv, dass es einen schaudern lässt. Josef Hofmiller beschreibt in einem Aufsatz über Lena Christ ganz deutlich, was die Faszination an diesem Text ausmacht: „Nicht *sie* schreibt, *es* schreibt."[14] Für Lena Christ ist die Reise in die Vergangenheit nicht leicht. Sie leidet unter nervösen Erschöpfungszuständen und Sinnestäuschungen – Folgeerscheinungen der erlittenen Qualen. Auch für Bendix, der ihr bereits sehr nahe steht, ist diese Zeit nicht einfach, obwohl er von ihrem starken Willen und ihrer ungebrochenen Lebenskraft fasziniert ist.

Die seelische Anspannung entlädt sich bald auch körperlich. Wiederum wird sie wegen ihres Lungenleidens ins Schwabinger Krankenhaus eingeliefert. Dort gelingt es ihr, trotz angeschlagener Gesundheit, umgeben von den anderen Patienten, ihr Buch zu beenden. Auf Vermittlung einer Bekannten nimmt sich Ludwig Thoma des Manuskripts an und bringt es beim renommierten Albert Langen Verlag unter.

1912 wird für Lena Christ ein Jahr der großen Ereignisse. Ihr Buch wird angenommen und ein paar Monate später heiratet sie Peter Bendix. Nun holt sie auch ihre beiden Töchter heim in die Mansardenwohnung nach München Gern. Im September 1912 erscheinen die „Erinnerungen einer Überflüssigen". Auf Anraten ihres Mannes hatte Lena Christ zwar Namen und Orte verändert, doch ihre Schilderungen sind so detailgetreu, dass sich die Handelnden sofort wiedererkennen. Die Mutter ist außer sich und reicht Klage gegen die Tochter ein. Vor Gericht wird diese jedoch abgewiesen. Die Kritik lobt das Buch, es erscheint so manche wohlmeinende Rezension: „Die Einfachheit der Erzählung hat etwas unmittelbar Überzeugendes; man schenkt der Verfasserin sofort Zutrauen, so scharf, fest, hart und stimmungslos steht alles da", schreibt Josef Hofmiller in den *Süddeutschen Monatsheften*.[15] Trotzdem bleibt der große Erfolg, vor allem finanziell, aus. Da aber sowohl Bendix als auch Lena Christ nur ungern auf ihr angenehmes Leben verzichten möchten, sind sie auf einen publizistischen Erfolg angewiesen. Bringen soll diesen ein anderes Buch, welches sie in Anlehnung an Ludwig Thomas „Lausbubengeschichten" „Lausdirndlgeschichten" nennt. Doch auch das führt sie nicht aus der finanziellen Krise. Zudem nimmt es die Kritik kaum zur Kenntnis, ist es doch selbst nach Lena Christs eigener Einschätzung kein wirklich gutes Buch.

Im März 1913 beginnt Lena Christ mit der Arbeit an einer neuen Erzählung. Die Titelfigur nennt sie nach dem geliebten Großvater „Mathias Bichler". Inhaltlich beschreibt sie darin das Leben eines Findelkindes, aus dem zwar ein berühmter Herrgottsschnitzer wird, dem sein privates Glück aber letztlich verwehrt bleibt. Wie schon bei den „Erinnerungen einer Überflüssigen" gelingt ihr eine beeindruckende Darstellung des Lebens in einem Dorf Anfang des 19. Jahrhunderts. Viele Jahre nach dem Tod von Lena Christ wird ein Kritiker über „Mathias Bichler" schreiben: „Dieser Roman ist ein Naturwunder, gewachsen wie eine Blume, eine reine Blüte der deutschen Seele, schlicht und doch von bezauberndem, unvergesslichen Duft. Man denkt an

Lena Christ um 1914

76

Eichendorff, denkt von fern an Keller und denkt doch zuletzt, dass es ein ganz eigenes Gewächs und die schönste Prosadichtung ist, die die deutsche Frauendichtung bisher hervorgebracht hat. Lena Christ muss allein schon dieses Romans wegen neben die großen Dichterinnen unserer Sprache gestellt werden."[16] Bei seinem Erscheinen aber wird das Buch kaum beachtet, weder von der Kritik, noch vom Leser.

Wenngleich also auch dieses Buch nicht der große finanzielle Wurf ist, führen Lena Christ und Peter Bendix ein angenehmes Leben. Bedeutende Literaten und Künstler der Zeit sind Gäste in ihrem offenen Haus. Selbst wenn das Geld knapp ist, verstehen sie zu feiern, auch wenn dabei oft improvisiert werden muss.

Im Sommer 1914 endet die schöne Zeit abrupt. Im Juli beginnt der Erste Weltkrieg und das Leben von Millionen Menschen gerät aus den Fugen – bald auch das Leben der Lena Christ.

Sie versucht auf ihre Weise das Geschehen zu begreifen, als Schriftstellerin zu beschreiben, was um sie herum geschieht. Dazu sucht sie den nahen Kontakt zu den Truppen, beobachtet, hört zu, schreibt auf. Alles was sie dabei erlebt, verarbeitet sie zu den so genannten „Kriegsskizzen". Bereits zu Weihnachten erscheint das Buch unter dem Titel „Unsere Bayern anno 14". Drei Bände dieser Skizzen erscheinen während des Krieges im Albert Langen Verlag. Sie werden wahre Verkaufsschlager und bringen Lena Christ endlich den ersehnten Durchbruch. Die Kritiker überschütten sie mit Lob, denn „die Szenen Lena Christs atmen eine Unmittelbarkeit, die den Leser in das Erlebnis sozusagen mit hineinstellt."[17] Sie wird schließlich so populär, dass sie sogar von der königlichen Familie zum Tee gebeten wird.

Im September 1915 erhält Peter Bendix den Gestellungsbefehl. Zwar bleibt er vorerst in München stationiert, aber der Krieg ist damit unmittelbar in Lena Christs Leben eingebrochen. Im Februar 1916 wird Bendix nach Landshut abkommandiert.

Seine Frau pendelt monatelang zwischen München, Landshut und Lindach bei Glonn, wo sie mit den Töchtern das Landleben genießt, hin und her.

In den wenigen Augenblicken der Ruhe beginnt sie an einem neuen Werk zu arbeiten: „Rumpelhanni". Zunächst als Theaterstück konzipiert, formuliert sie den Text auf Bendix Anraten hin um und macht eine Erzählung daraus. Ein Großteil der „Rumpelhanni" entsteht in Lindach. Viele Momente, die sie dort erlebt, fließen in das Buch ein und bringen wieder die für sie so typische Unmittelbarkeit hervor. Sie ist eine besessene Arbeiterin und es dauert nur wenige Monate bis das Buch im Herbst 1916 erscheint. Wiederum löst ihre realistische Milieuschilderung Begeisterung bei der Kritik aus und Josef Hofmiller vergleicht ihre bäuerliche Sprache mit der des berühmten Schweizer Erzählers Jeremias Gotthelf. Sein Urteil über das Gespräch zwischen der Rumpelhanni und dem Metzgerburschen Hans fällt eindeutig aus: „Ein urwüchsiger, echterer Dialog ist in altbayrischer Mundart niemals geschrieben worden."[18]

Derweil wird die politische Lage immer schwieriger. Zwei lange Jahre dauert der Krieg nun schon und ein Ende ist nicht abzusehen. An der Front wird gestorben und auch in der Heimat nimmt das Elend zu. Vor allem in den Städten verschlechtert sich die Versorgungslage zunehmend. In München sind die Lebensmittel längst knapp geworden und auch bei Lena Christ und ihren Töchtern ist die Lage ernst. In dieser Situation zeigt sich die praktische und zupackende Seite der auf dem Land aufgewachsenen Lena Christ. Sie besorgt sich vier Schweine und hält diese zunächst in ihrer Stadtwohnung in München verborgen. Im Herbst 1916 zieht sie mit ihren Töchtern in ein kleines Landhäuschen am Würmkanal um. Dort entsteht unter ihrer fachkundigen Anleitung ein kleiner Bauernhof mitten in der Stadt. Sie erweitert ihre Schweinezucht und hält bald auch Gänse, Geißen, Kaninchen, Enten und Hühner. Aus der Schriftstellerin wird eine Bäuerin, die aus der Not eine Tugend macht. Und sie macht ihre Sache so gut, dass es ihr gelingt, nicht nur ihre Familie, sondern auch viele Freunde heil über die kargen Zeiten zu bringen. Der kleine Bauernhof ist in den grauen Kriegstagen eine beliebte Anlaufstation für allerhand buntes Volk. Lena Christ verkehrt mit vielen, die klangvolle Namen tragen. Ludwig Thoma, Kiem Pauli und Weiß Ferdl gehören zu ihrem Bekanntenkreis. Unzählige interessante Gespräche finden im Schatten der alten Obstbäume statt. Dazu kommt, dass die „Rumpelhanni" ein voller Erfolg ist. Die erste Auflage des Buches ist rasch vergriffen.

Obwohl es sich unter diesen Umständen in München ganz gut leben lässt, fühlt sich Lena Christ einsam und im Herbst 1917 verlässt sie die Hauptstadt. Zu lange schon ist sie von ihrem Mann getrennt, nun will sie zu ihm nach Landshut. Sie fürchtet sich vor den dunklen einsamen Wintermonaten, die sie schon so oft in tiefe Depressionen gestürzt haben. In Landshut wird die bekannte Schriftstellerin freudig aufgenommen und in gelöster Stimmung verfasst sie einige Theaterstücke. Doch die gemeinsame Zeit währt nicht lange. Im Januar 1918 muss Peter Bendix nach Frankreich an die Front. Für seine Frau ist die Trennung eine Katastrophe, wie aus ihren verzweifelten Briefen an Bendix deutlich wird: „Und wenn der Krieg noch lang dauert, dann werde ich ein Opfer desselben. (...) Ich war nur durch dich was und bin nix mehr, seit ich dich nicht mehr hab. Ich bin haltlos, kraftlos und leblos. (...) Mein eigenliches Leben ist wie in einem Sarg verschlossen, und nur du kannst es wieder zum Leben bringen."[19]

Nach drei Monaten, im April 1918, kehrt Bendix zum ersten Mal nach Hause zurück. Er ist in großer Sorge um seine Frau, die er in einem schlechtem Gesamtzustand vorfindet. Als er wieder zu seiner Einheit zurückmuss, bittet er deshalb einen jungen Unteroffizier, den Lena bei einem Vortragsabend im Landshuter Lazarett kennen gelernt hat, auf seine Frau Acht zu geben. Ludwig Schmidt, ein charmanter junger Mann, gebildet und witzig, scheint ihm genau der Richtige zu sein, um seine Gattin aus den Depressionen zu holen. Schmidt ist Sänger von Beruf und durch eine Kriegsverletzung an der Hand nicht mehr in der Lage, sich selbst auf der Gitarre zu begleiten. Lena Christ, die tiefes Mitleid mit dem jungen Mann empfindet, hat schon vor Wochen damit begonnen, täglich mit dem Verletzten zu üben, damit er seine Fingerfertigkeit wiedererlangt. Nebenbei macht sie sich auch erste Notizen zu ihrem neuen Roman „Madam Bäuerin". Als Bendix wieder an die Front zurückkehrt ist er einigermaßen beruhigt, glaubt er doch seine Ehefrau in guten Händen. Wie soll er ahnen, dass er, wie er später selbst schreibt, „den Bock zum Gärtner gemacht" hat?[20]

Die Ausnahmesituation des Krieges, die Angst, die Einsamkeit treiben Lena Christ in die Arme des deutlich jüngeren Mannes. Zum ersten Mal seit langem fühlt sie sich unbeschwert. Seine Jugend reißt sie mit, seine offenkundige Oberflächlichkeit übersieht sie. Als Bendix im November 1918 aus Frankreich zurückkehrt, ist es zu spät. Lena ist ihm verloren, der Bruch längst vollzogen. Gemeinsam mit Ludwig Schmidt verlässt sie Landshut und Bendix und geht 1919, getrieben vom Hunger nach Leben, nach München zurück.

Peter Bendix ist geschockt, hält aber dennoch lange an ihr fest. Er wartet ab, fährt immer wieder nach München, um ihr und den Kindern, soweit es geht, finanziell unter die Arme zu greifen. Ein Jahr hält er durch, dann zieht er von sich aus den Schlussstrich. Die Trennung wird besiegelt und er kehrt allein nach Landshut zurück.

Mit der endgültigen Trennung von Peter Bendix gerät Lena Christs Leben völlig aus den Fugen. In den nächsten Monaten geht es steil bergab. Die neue Liebe hält nicht lange. Als die erste Verliebtheit vorbei ist, stellt sich rasch heraus, dass die schwärmerische Leidenschaft nicht alltagstauglich ist. Vor allem als das Geld knapp wird, muss sie erkennen, dass sie nur eine von vielen ist. Die Erkenntnis, für eine kurze Affäre ihre

Ehe geopfert zu haben, ist bitter. Doch die Angst vor dem Alleinsein ist übermächtig und so hält sie, auch nachdem die Liebe längst erloschen ist, an Ludwig Schmidt fest. Sie lebt über ihre Verhältnisse, ist gesundheitlich und finanziell binnen kurzem am Ende. Als Ludwig Schmidt im Frühjahr 1920 ein Engagement als Sänger in Frankreich annimmt, folgt der emotionalen Trennung auch die räumliche.

Zur totalen Einsamkeit kommt für Lena Christ nun auch noch der finanzielle Zusammenbruch hinzu. Die Zeiten sind schlecht und für eine Schriftstellerin, die von Honoraren lebt, gar eine Katastrophe. Die Verlage weigern sich, weitere Honorarvorschüsse zu leisten, verkaufen lässt sich ohnehin keine Zeile mehr. In dieser auswegslosen Situation fasst sie einen verzweifelten Entschluss, um an Geld zu kommen: Sie fälscht die Signaturen auf Gemälden mit den Unterschriften bekannter Maler und verkauft diese zu horrenden Preisen. Doch die Fälschungen sind stümperhaft und der Betrug fliegt auf. Nun ist sie in echten Schwierigkeiten. Nur wenn sie das gesamte Geld umgehend zurückgibt, könnte sie eventuell einer Anzeige entgehen. Doch das ist nicht möglich, da sie schon einen Großteil des Geldes ausgegeben hat. Einer der Geschädigten erstattet schließlich Anzeige.

Mit dieser Entwicklung konfrontiert, sieht Lena Christ für sich nur noch einen Ausweg, um weitere Folgen von ihrer Familie abzuhalten: Sie will in den Freitod gehen. Ob sie damit ihre Schuld sühnen, die Schmach von ihren Kindern abwenden will oder ob ihr labiler Gesundheitszustand sie dazu treibt, wer will das beurteilen? In dieser verzweifelten Situation wendet sie sich an den Menschen, auf den sie sich schon oft verlassen hat: Peter Bendix. Am Abend des 25. Juni 1920 lässt sie ihn zu sich holen. Sie bittet ihn um Vergebung, versöhnt sich mit ihm und nimmt ihm schließlich das Versprechen ab, ihr bei ihrem Freitod zu helfen. Nachdem er einsieht, dass sie fest entschlossen ist, diesen Schritt zu tun, erklärt er sich bereit, Gift zu besorgen.

Die nächsten Tage verbringt Lena Christ damit, ihre Angelegenheiten zu regeln. Unterstützung dabei erhält sie von ihrer ältesten Tochter Magdalena, die sie in ihre Pläne einweiht. Obwohl das Mädchen entsetzt ist über das Vorhaben der Mutter, erweist sie ihr einen letzten Dienst und arrangiert für die Beerdigung alles ganz so, wie die Mutter es sich wünscht. Niemand kann Lena Christ jetzt noch von ihrem Entschluss abbringen. Die wunderbare Schriftstellerin, die in ihrem Leben so viel erdulden musste und ertragen hat, hat genug. Sie will endlich ihren Frieden finden und selbstbestimmt das Leben, das ihr so schwere Prüfungen auferlegt hat, beenden. In aller Ruhe ordnet sie ihren Nachlass, macht ihr Testament und schreibt einige Abschiedsbriefe an Freunde, wie zum Beispiel an Ludwig Thoma: „Ich habe meinen Fehltritt freiwillig mit dem Opfer meines Lebens gesühnt, damit die Ehre meiner Kinder bewahrt bleibt. Bitte, bewahren Sie der Frau, die gleich Ihnen Bauerntum studierte, liebte und beschrieb, ein gutes Andenken!"[21]

Am Abend vor ihrem Tod macht sie gemeinsam mit Bendix noch einen letzten Spaziergang durch den nahe gelegenen Park. In ihr ist tiefe Ruhe eingekehrt. Frühmorgens geht sie aus dem Haus zum Münchner Waldfriedhof. Hier wartet sie auf Bendix, der ihr das Zyankali übergibt. Mit einem letzten Kuss nehmen beide voneinander Abschied. Kurze Zeit später schluckt Lena Christ das Gift und bereitet ihrem Leben ein Ende. Sie ist kaum 39 Jahre alt und mit ihrem Tod scheint sich der letzte Teil einer Prophezeiung, die ihr Jahre zuvor von einer alten Frau gemacht wurde, zu erfüllen: „I werd von mei'm ersten Mann getrennt und ein'n zweiten findn. Durch den wird i so berühmt, dass mi Könige empfangen, aber mit achtadreißg Jahr wird i sterbn!"[22]

Lena Christ hinterließ ein Werk, das sie zu einer der bedeutendsten deutschsprachigen Schriftstellerinnen des 20. Jahrhunderts macht. Obschon ihr Leben nur von kurzer Dauer war, hat ihr Werk überdauert, ganz so wie Peter Bendix schrieb: „Das Wesentliche war das Werk. Es lebt, wenn wir längst vermodert und vergessen sind. Ich glaube, dass das Beste davon weiterleben wird über den kurzen Tag hinaus, einfach, weil es naturgewachsen ist. Die Moden wechseln, die Natur bleibt."[23] Bis heute sind Lena Christs Milieuschilderungen unübertroffen. Sie sind einmalige unmittelbare Momentaufnahmen eines vergangenen bäuerlichen Lebens, ohne Sentimentalität, ohne Heimatkitsch, dafür voller Mitgefühl und Verständnis. Ihre drei großen Werke, „Erinnerungen einer Überflüssigen", „Mathias Bichler" und „Rumpelhanni" zeugen von einer tiefen Achtung und Liebe für die „Verfolgten und Verachteten, die keine Heimstatt haben und deren Herkunft dunkel ist und unrühmlich, die aber allen Widerständen zum Trotz sich durchbeißen und hinaufgelangen, dorthin, wo es dem Menschen besser geht."[24] Sie sind Spiegelbild einer Seele, die viel ertragen hat, und, anders als ihre Figuren, letztlich daran zerbrochen ist. Dass Lena Christ es trotz alledem vermochte, ein Werk zu schaffen, das den Leser bis heute gefangen nimmt, ist umso höher einzuschätzen.

Emmy Noether:
Die Mutter der Neuen Algebra

1882 Erlangen – 1935 Pennsylvania/USA

Als Emmy Noether am 14. April 1935 in Pennsylvania/USA stirbt, ist sie eine der berühmtesten Mathematikerinnen der Welt. Die einzige Tochter des Mathematikers Max Noether hat ihre Brüder weit hinter sich gelassen und ist zu einer der bedeutendsten Wissenschaftlerinnen aller Zeiten geworden.
Dabei sah die Zukunft für die am 23. März 1882 in Erlangen geborene Emmy Amalie durchaus nicht so rosig aus. Zwar ist ihr Vater Max Universitätsprofessor und die Mutter Ida Amalie Kaufmann stammt aus reichem jüdischem Elternhaus, sodass es keine finanziellen Schwierigkeiten gibt, trotzdem sind die Startbedingungen nicht für alle Noether-Kinder gleich. Neben Emmy, der Ältesten, gibt es noch zwei Brüder: den ein Jahr jüngeren Alfred einen späteren Chemiker, der bereit 1918 stirbt, und Fritz, der in des Vaters Fußstapfen tritt und als Mathematiker während des Ersten Weltkrieges eine steile Karriere an den Technischen Hochschulen in Karlsruhe und Breslau macht.
Während die akademische Karriere der Brüder in dem Mathematikerhaushalt Noether vorherbestimmt ist, liegt die Sache bei Emmy nicht ganz so einfach. Emmy Noether wird in eine Zeit hineingeboren, in der die gesellschaftlichen Strukturen Frauen mit Bildungsambitionen vor ungeheure Probleme stellen. Auch wenn im Zuge der bürgerlichen Emanzipations-

bewegung die Diskussion um Frauenbildung und Frauenstudium begonnen hat, scheint die Verwirklichung gleicher Bildungschancen für beiderlei Geschlechter in Bayern noch in weiter Ferne zu liegen. Während andere europäische Länder wie Frankreich (1863), die Schweiz (1864) oder England (1869) bereits vor Jahren das Frauenstudium eingeführt haben, gilt hierzulande die Heranbildung eines Mädchens zur guten Ehefrau und Mutter noch immer als erklärtes Erziehungsziel. Eine mathematisch-naturwissenschaftliche Ausbildung, der Besuch eines Gymnasiums, ja gar einer Universität ist undenkbar. Auch Emmy kann nur die höhere Töchterschule in Erlangen besuchen und danach den höchsten Bildungsgrad, den man Frauen zugestehen will, anstreben: das Lehramt. Im April 1900 legt sie achtzehnjährig mit hervorragendem Ergebnis die Staatsprüfung für Lehrerinnen an weiblichen Erziehungs- und Unterrichtsanstalten in Französisch und Englisch ab.

Bis dahin ist ihr Leben denkbar unspektakulär verlaufen. Sie ist ein unauffälliges junges Mädchen, das gerne tanzt, aber nicht durch irgendeine außergewöhnliche Begabung auf sich aufmerksam macht. Trotzdem denkt sie nach Beendigung der Ausbildung nun ernsthaft über ein Universitätsstudium nach. Ein ganzes Leben lang junge Mädchen zu unterrichten, erscheint ihr plötzlich nicht mehr allzu erstrebenswert. Stattdessen beginnt sie sich mehr und mehr für die Mathematik zu interessieren. Weil Frauen noch immer vom regulären Studium ausgeschlossen sind, meldet sie sich im Wintersemester 1900/1901 als Gasthörerin an der Universität in Erlangen an. Da die Diskussion um das Frauenstudium mittlerweile jedoch so weit fortgeschritten ist, dass über kurz oder lang mit einer ordentlichen Zulassung von Frauen an den bayerischen Universitäten zu rechnen ist, versucht sie nebenbei auf privatem Wege als so genannte Externe am Königlichen Realgymnasium in Nürnberg das Abitur nachzuholen. Am 14. Juli 1903 erlangt sie die Hochschulreife. Nicht zu früh, denn am 23. September desselben Jahres erteilt Prinzregent Luitpold

Universität Erlangen: Kollegienhaus. Foto 1. Hälfte 20. Jahrhundert

von Bayern die lang ersehnte Genehmigung für die Zulassung von Frauen zum Universitätsstudium. Damit wird in Bayern als zweitem deutschen Land nach Baden offiziell das Frauenstudium eingeführt. Bis Mecklenburg als letztes der deutschen Länder gleichzieht, vergehen noch sechs lange Jahre.

Für Emmy Noether bedeutet diese Entwicklung, dass sie ihr Berufsziel als Mathematikerin nun konkret ins Auge fassen kann. Zunächst geht sie für ein Semester nach Göttingen, kehrt danach aber in ihre Heimatstadt Erlangen zurück und immatrikuliert sich am 24. Oktober 1904 als einzige weibliche Studentin für das Fach Mathematik an der Friedrich-Alexander-Universität. Hier studieren auch ihre Brüder Alfred und Fritz, hier lehrt auch der Vater, dessen Kollegien sie besucht. 1907 beendet sie ihr Studium mit einer Dissertation „Über die Bildung des Formensystems der ternären biquadratischen Form", die mit der Note „summa cum laude" bewertet wird. Sie verfasst diese Arbeit unter dem Einfluss von Paul Gordan, einem Kollegen ihres Vaters, dessen Vorlesungen und Seminare sie mit Begeisterung besucht: „Meine Dissertation und eine weitere Arbeit ... gehören noch dem Gebiet der formalen Invariantentheorie an, die mir als Schülerin Gordans nahe lag."[1] Jahre später, als sie sich längst der abstrakten Seite der Algebra zugewandt hat, erklärt sie die Arbeit, die sie selbst als „Mist" bezeichnet, für verschollen.

Nun ist Dr. phil. Emmy Noether promovierte Mathematikerin. Voller Eifer beginnt sie am Mathematischen Institut in Erlangen unentgeltlich zu arbeiten. Von 1909 an ist sie Mitglied der Deutschen Mathematikervereinigung und übernimmt dort bis 1932 eine rege Vortragstätigkeit. Sie lebt schon jetzt für die Mathematik, doch erst das Zusammentreffen mit Ernst Fischer, der 1911 nach Erlangen kommt, und seine Forschungsideen geben den Anstoß zu ihren bahnbrechenden Forschungen und zur Schaffung der „Neuen Al-

Emmy Noether. Foto 1907

gebra". Fischer wird ihr Mentor und unter seinem Einfluss schwenkt sie vom Rechnerischen und Formelhaften ab und wendet sich der abstrakten Algebra in arithmetischer Auffassung zu, frei nach der Maxime: „Alle Beziehungen zwischen Zahlen, Funktionen und Operationen werden erst dann durchsichtig, verallgemeinerungsfähig und wirklich fruchtbar, wenn sie von ihren besonderen Objekten losgelöst und auf allgemeine begriffliche Zusammenhänge zurückgeführt sind."[2] In Fischer findet sie einen, der wie sie in Begriffen, nicht in Formeln denkt, und mit dem sie, wie sie sich ausdrückt, „Mathematik reden" kann. Zahlreiche Postkarten, die zwischen den beiden trotz nahezu täglichem persönlichem Kontakt hin und her gehen zeugen davon, dass Körper, Ring, Ideal und Modul von nun an ihre wichtigsten Begriffe sind.

Im April 1915 wird sie von David Hilbert, einem der führenden Mathematiker auf dem Gebiet der algebraischen Invarianten, nach Göttingen geholt. Die dortige Universität, ein Mekka für Mathematiker, ist sehr daran interessiert, die hochbegabte Mathematikerin in ihren Reihen zu wissen. Emmy Noether, die mittlerweile zu einer Expertin auf dem Gebiet der Invariantentheorie geworden ist, arbeitet dort eng mit David Hilbert und Felix Klein zusammen, die ihre Fachkenntnisse wohl zu schätzen wissen und die Kollegin mehr als einmal um Rat bei der Klärung schwieriger Fragen bitten. Sie beginnt an einer Habilitation zum Thema „Invariante Variationsprobleme" zu arbeiten, doch für eine Professorin ist die Zeit noch nicht reif. So weit ist die Universität noch nicht, zu groß ist die patriarchale Hausmacht der Ordinarien. Eine Frau als Professorin? Unmöglich! Emmy Noethers Arbeit wird von einem ausschließlich männlich besetzten Habilitationsgremium wegen „Fehlens der gesetzlichen Voraussetzungen" abgelehnt. Ihr Mentor David Hilbert lässt daraufhin dem Kultusminister erbost ausrichten, dass er nicht nachvollziehen könne, warum das Geschlecht eines Kandidaten ein Argument gegen dessen Zulassung sei, schließlich handle es sich um eine Universität und nicht um eine Badeanstalt.

Natürlich ändert dieser Einwand nichts daran, dass Emmy Noether das Schicksal vieler weiblicher Wissenschaftlerinnen teilt, denen man zwar den Zugang zur Forschung, nicht jedoch den Zugang zur Lehre bewilligt hat. Erst 1918, nachdem die Revolution die gesetzliche Stellung der Frau verändert haben wird, wird es der Medizinerin Adele Hartmann gelingen, sich als erste Frau in Bayern zu habilitieren. Bis dahin aber sind Frauen wie Emmy Noether gezwungen, ihre Vorlesungen und Seminare offiziell unter dem Namen eines männlichen Kollegen anzubieten. Unentgeltlich übernimmt Emmy Noether Übungen und Kurse von David Hilbert, um sich auf diese Weise an der Lehre zu beteiligen.

In den Jahren 1917/18 beschäftigt sie sich vorwiegend mit Differentialvarianten, wozu sie auch einen Vortrag bei der Mathematischen Gesellschaft hält: „Über Invarianten beliebiger Differentialausdrücke". An ihrem Wunsch, Professorin zu werden, hält sie jedoch unbeirrbar weiter fest. Ende September 1918 reicht sie ihre Habilitationsschrift „Invariante Variationsprobleme" ein. Diese beschäftigt sich, wie sie selbst schreibt, „mit beliebigen endlichen oder unendlichen kontinuierlichen Gruppen, im Lieschen Sinne und zieht die Folgerungen aus der Invarianz eines Variationsproblems gegenüber einer solchen Gruppe. In den allgemeinen Resultaten sind als Spezialfälle die in der Mechanik bekannten Sätze über erste Integrale, die Erhaltungssätze und die in der Relativitätstheorie auftretenden Abhängigkeiten zwischen den Feldgleichungen enthalten, während andererseits auch die Umkehrung dieser Sätze gegeben wird."[3] Ein halbes Jahr später erhält sie endlich die lang ersehnte Genehmigung zur Habilitation. Dem Kolloquium im Mai folgt am 4. Juni 1919 die Probevorlesung an der Philosophischen Fakultät in Göttingen. Doch auch wenn sie nun endlich habilitiert ist, ist es ihr noch immer nicht möglich, eine Professur zu erhalten. Erst 1920 wird der preußische Kulturminister Carl Heinrich Becker der Habilitation von Frauen auch offiziell zustimmen. Zumindest kann sie nun aber unter ihrem eigenen Namen eigenverantwortlich Vorlesungen anbieten. Die erste, die sie hält, thematisiert die analytische Geometrie, es folgen Algebraische und Differentialinvarianten, Elementare Zahlentheorie und Algebraische Zahlkörper. 1921 veröffentlicht Emmy Noether in den *Mathematischen Annalen* eine Arbeit über die „Idealtheorie in Ringbereichen". Mit dieser Arbeit legt sie den Grundstein für die axiomatische Idealtheorie, eine der wichtigsten Theorien der modernen Algebra.

1921 stirbt ihr Vater. Nachdem sie bereits Alfred und die Mutter verloren hat, ein weiterer harter Schlag für Emmy, die sehr am Vater hängt. Im April 1922 erhält sie eine außerordentliche Professur – ohne Bezahlung! Erst ein Jahr später lässt man ihr zumindest einen gering dotierten Lehrauftrag für Algebra plus den dazugehörenden Übungen zukommen. Damit ist es ihr nun möglich, auch Examenskandidaten und Doktoranden zu betreuen. Viele, die später bedeutende Mathematiker werden, wie Heinrich Gell oder Max Deuring, legen ihre Promotion bei ihr ab. In den nächsten Jahren zeigt sich deutlich, welch herausragende Mathematikerin Emmy Noether ist. Sie verfasst bahnbrechende Arbeiten wie: „Abstrakter Aufbau der Idealtheorie in algebraischen Zahl- und Funktionenkörpern" (1927), „Hyperkomplexe Größen und Darstellungstheorie in arithmetischer Auffassung" (1928), oder „Hyperkomplexe Systeme in ihren Beziehungen zur kommunikativen Algebra und zur Zahlentheorie" (1932). Ihre Überlegungen erweisen sich für die Algebra als derart fortschrittsweisend, dass man sie später als „Mutter der Neuen Algebra" bezeichnen wird.

Sie wird zu einer gefragten Rednerin auf Kongressen, ihre Vorträge interessieren, ihre Leidenschaft fasziniert. Daneben werden ihre Vorlesungen bald legendär, wenn auch nicht jedermanns Sache, da sie keinerlei didaktische Begabung hat. Ihre abstrakte Auffassung der Algebra bereitet vielen ihrer Zuhörer große Schwierigkeiten. Sie fordert die Studenten, die von ihr nie eine fertige Theorie serviert bekommen, sondern immer Zeuge einer Entwicklung, eines Werdens sind.

B. L. Waerden beschreibt ihre Denk-, Arbeits- und Lebensweise als Mathematikerin später in einem Nachruf: „Ein unerhört energisches und konsequentes Streben nach begrifflicher Durchdringung des Stoffes bis zur restlosen methodischen Klarheit; ein hartnäckiges Festhalten an einmal als richtig erkannten Methoden und Begriffsbildungen, auch wenn diese den Zeitgenossen noch so abstrakt und unfruchtbar vorkamen;

ein Streben nach Einordnung aller speziellen Zusammenhänge unter bestimmte allgemeine begriffliche Schemata."[4] Sie ist keine leichte, dafür aber eine außergewöhnliche Dozentin. Obwohl offensichtlich eine mathematische Jahrhundertbegabung, gelingt es ihr nicht, die patriarchalischen Strukturen der Universität aufzubrechen: Sie wird weder ordentliche Professorin noch Akademiemitglied. Obwohl sie zum festen Kreis der Göttinger Mathematiker gehört und die männlichen Kollegen ihre Arbeit wohl zu schätzen wissen, verkörpert sie doch für viele genau den Blaustrumpf, den sie sich unter einer weiblichen Wissenschaftlerin vorstellen: Sie ist klein, dicklich, trägt eine Brille, ist oft laut und polternd. Sie hält nichts von vornehmer Zurückhaltung, sondern zeigt ihre Leidenschaft für die Materie auch äußerlich durch verrutschte Kleidung und zerzaustes Haar, das widerspenstig nach allen Seiten hin absteht, sobald sie sich ereifert.

Die Frau mit der außergewöhnlichen Begabung will niemandem gefallen, sie ist gut und das weiß sie! So freundlich und hilfsbereit sie ist, so kurz angebunden, ja abweisend kann sie gegenüber Menschen sein, die ihre mathematische Auffassung nicht teilen oder sie langweilen. Diese Rigorosität beeinflusst auch ihr Privatleben. Die Arbeit ist ihr ganzer Lebenszweck. Tag und Nacht sitzt sie über mathematischen Formeln, kennt kein anderes Vergnügen als Zahlen und immer wieder Zahlen. Sie lebt in bescheidenen Verhältnissen, zehrt in den langen Jahren, in denen sie nichts verdient, vom Erbe. Es macht ihr nichts aus, denn sie hält nicht viel von Luxus und Konsum, stellt in dieser Hinsicht keine großen Ansprüche ans Leben. Ihre Kleidung ist einfach, häufig verschlissen, ihre Schuhe sind oft ein paar Nummern zu groß. Essen und Trinken sind für sie nur lebenserhaltend, Genuss ist ihr fremd. Doch gerade diese absolute Hingabe und Besessenheit fasziniert ihre Umgebung und führt dazu, dass sich ein Kreis von treuen Verehrern um sie schart. Nach den Vorlesungen und manchmal auch am Wochenende wandern diese Studenten mit ihrer

Dozentin durch die Natur, um dabei „Mathematik zu reden". Oft sieht man die „Noether-Knaben", wie sie spöttisch genannt werden, gemeinsam mit ihrer verehrten Vordenkerin irgendwo am Wegrand sitzen und diskutieren. In ganz Göttingen berühmt sind ferner jene Abende, an denen bei riesigen Mengen von Pudding in der kleinen Mansardenwohnung mathematische Probleme erörtert werden. Sogar im Göttinger Freibad bespricht die begeisterte Schwimmerin mathematische Theorien mit ihren Studenten, die voll Hingabe an ihr hängen. Man sagt ihr nach, sie sei „warm wie ein Laib Brot: von ihr ging eine umfassende, beruhigende und vitale Wärme aus".[5]

Auch im Ausland wird man auf sie aufmerksam. Studenten aus aller Welt pilgern in ihre Vorlesungen und international eilt Emmy Noether inzwischen der Ruf als Neugestalterin der Mathematik voraus. Ihre Arbeiten beeinflussen Forscher in Japan, Frankreich, den USA und der Sowjetunion. Nicht zuletzt ihre Studenten sorgen dafür, dass ihre Gedanken in die ganze Welt hinausgetragen werden. Sie erhält das Rockefellerstipendium, ein Stipendium der Notgemeinschaft Deutscher Wissenschaften, und wird korrespondierendes Mitglied der Akademie der Wissenschaften in Berlin. Gastprofessuren in Moskau (1928/29) und Frankfurt a. M. (1930) folgen, und 1932 wird sie gemeinsam mit dem Österreicher Emil Artin mit dem Alfred-Ackermann-Teubner-Gedächtnispreis zur Förderung Mathematischer Wissenschaften ausgezeichnet. Eine ordentliche Professur in Göttingen erhält sie nicht. Dies liegt wohl nicht zuletzt daran, dass die nun Fünfzigjährige für ihre Zeitgenossen all das verkörpert, was man für eine derartige Position nicht sein darf: Frau, Sozialdemokratin, von 1919 bis 1922 sogar Mitglied der USPD, bekennende Pazifistin und – seit einiger Zeit vor allem Jüdin. Dass sie bereits Ende Dezember 1920 zum evangelischen Glauben übergetreten ist, ändert daran nichts.

Mit dem verstärkten Aufkommen des Nationalsozialismus nimmt auch der Antisemitismus an den Universitäten zu.

Dabei sind viele der bedeutenden Professoren Juden, die nicht nur akzeptiert, sondern hoch verehrt werden. Mit den Januarwahlen 1933 ändert sich das schlagartig. Durch die Machtübernahme der Nationalsozialisten wandelt sich auch die Universität von heute auf morgen. Emmy Noether ist eine der Ersten, die durch das Reichsgesetz zur Wiederherstellung des Berufsbeamtentums Berufsverbot erhält. Ein Schreiben aus dem preußischen Kultusministeriums setzt sie davon in Kenntnis: „Auf Grund des § 3 des Berufsbeamtentums vom 7. April 1933 entziehe ich Ihnen hiermit die Lehrbefugnis an der Universität Göttingen."[6] Vordergründiger Anlass für die Suspendierung ist ihre angebliche Unterstützung linker studentischer Gruppen, denen sie ihre Wohnung als Versammlungsraum zur Verfügung gestellt hat. Auch viele ihrer Kollegen, wie der Nobelpreisträger Max Born oder Richard Courant, sind von der Verfügung betroffen, die Beamtenstellen nur noch für Arier vorsieht. Damit wird der Startschuss für den großen Exodus der Intelligenzija gegeben. Dem Land geht auf diese Weise ein Humankapital verloren, das es nie mehr ersetzen kann. Es sind die besten, die gehen, und die meisten werden nicht zurückkehren.

Im Oktober 1933 geht auch Emmy Noether. Hermann Weyl, Institutsvorstand in Göttingen und bereits in die USA emigriert, hat ihr eine Gastprofessur am Womens' College Bryn Mawr in Pennsylvania/USA verschafft. Obwohl sie eine herausragende Mathematikerin ist, ist dies nicht einfach gewesen. Zu viele hervorragende Köpfe verlassen das Land und suchen ein Auskommen in den USA. Es ist unmöglich, alle in adäquaten Positionen unterzubringen und für so manchen Emigranten wird die Ankunft im Exil eine herbe Enttäuschung. Emmy Noether hat Glück, man empfängt die Mathematikerin mit offenen Armen, die Studenten sind begeistert von ihrer neuen Dozentin. So ergibt sich für die Mathematikerin nicht nur die Möglichkeit, sich finanziell über Wasser zu halten, sondern auch nahtlos an ihre Forschungen anzuknüpfen. Im Februar 1934 wird sie ans Flexner-Institut der renommierten Princeton Universität gerufen. Dort gelingt es ihr, einen neuen Schüler-Kreis um sich zu scharen. Viele ihrer ehemaligen Kollegen sind auf Vermittlung Weyls inzwischen ebenfalls in Princeton eingetroffen, sodass auch der wissenschaftliche Diskurs fortgesetzt werden kann.

Im Sommer desselben Jahres kehrt sie noch einmal nach Deutschland zurück, um sich von ihrem Bruder Fritz, der mit seiner Familie in die UdSSR emigriert, zu verabschieden. Fritz Noether, Professor an der Technischen Hochschule in Breslau, ist ebenfalls entlassen worden und geht als Professor ans Forschungsinstitut für Mathematik und Mechanik an der Kubischev-Universität in Tomsk, Sibirien. Wie so viele andere Emigranten fällt er später den Säuberungen Stalins zum Opfer.

Kurz nach ihrer Rückkehr in die USA erkrankt Emmy Noether an einem lebensbedrohlichen Tumor. Sie ist trotz des schmerzlichen Verlusts der Heimat auf dem Höhepunkt ihrer mathematischen Karriere. Ihre Forschungen sind längst als bahnbrechend anerkannt, zu ihrer Fortführung hat sie jegliche Unterstützung. Doch obwohl Zeit ihres Lebens von robuster Natur, erholt sie sich nicht mehr von der schweren Tumoroperation. Am 14. April 1935 stirbt sie mit 52 Jahren kurz nach einer weiteren Operation.

Nachrufe aus der ganzen Welt betrauern den Tod einer großen Mathematikerin in ihrer „sich jedem Vergleich entziehende[n] Einzigartigkeit"[7]: „Ihre Eigenart erschöpft sich auch keineswegs darin, dass es sich hier um eine F r a u handelt, die zugleich eine hochbegabte Mathematikerin war, sondern liegt in der ganzen Struktur dieser schöpferischen Persönlichkeit, in dem Stil ihres Denkens und dem Ziel ihre Wollens", schreibt B. L. Waerden im einzigen in deutscher Sprache erscheinenden Nachruf.[8] Die *Herald Tribune* nennt sie eine der „größten Mathematikerinnen der Welt". Albert Einstein selbst verfasst den Nachruf in der *New York Times* auf das bedeutendste mathematische Genie, das es seiner Ansicht nach seit Einführung der höheren Schulbildung für Frauen gegeben hat.[9] Emmy Noether ist zum lebenden Beweis für die Nichtigkeit aller Zweifel an der mathematisch-naturwissenschaftlichen Begabung von Frauen geworden. Dass sie kein Einzelfall ist, hat Emmy Noether immer wieder durch die Förderung von jungen begabten Wissenschaftlerinnen zu beweisen versucht. Der seit kurzem an herausragende Nachwuchswissenschaftler vergebene Emmy-Noether-Preis der Deutschen Forschungsgemeinschaft erinnert nicht nur an eine der bedeutendsten Wissenschaftlerinnen des 20. Jahrhunderts, sondern unterstützt junge Wissenschaftler, die sich aufgemacht haben, ihrem Beispiel folgend, all ihre Kraft für Forschung und Lehre einzusetzen. Und damit ist dieser Preis ganz gewiss im Sinne dieser unvergleichlichen Wissenschaftlerin.

„Lieber ein Sturz von der Sonne zur Erde als ewig daran zu kleben."

Zenzl Mühsam:
Die unbeugsame Witwe

1884 Haslach/Ndb. – 1962 Ost-Berlin

„Ich bin die Witwe von Erich Mühsam, des revolutionären Dichters u[nd] Schriftstellers, der 1934 im Konzentrationslager ermordet wurde, bin seit dem 17. November 1938 verhaftet, bin zu 8 Jahren Lager verurteilt, wurde ins Lager transportiert, bin seit dem 3. Dezember wieder hier, weiß nichts über meine Lage. Ich bin 56 Jahre alt, durch alles, was ich erlebt habe, nicht mehr gesund und habe kein Geld, um nur ein wenig Lebensmittel zu kaufen."[1] Diese Zeilen schreibt Zenzl Mühsam aus dem Gefängnis in Moskau, in dem sie auf ihre Abschiebung nach Deutschland wartet. Die Flucht vor den Nationalsozialisten zu Mütterchen Russland hat sich als Weg vom Regen in die Traufe erwiesen und die am 28. Juli 1884 als Kreszentia Elfinger in Haslach bei Freising geborene Zenzl Mühsam sitzt dort seit Jahren in der Falle.

Welch erschütternde Ereignisse liegen hinter ihr, welch eine lange Wegstrecke hat sie zurückgelegt auf dem Weg von Haslach nach Moskau.

Ihr Vater, Augustin Elfinger, ist ein einfacher Bauer und Gastwirt gewesen. Sie selbst wächst mit fünf Brüdern und einer Schwester auf; die Mutter Kreszentia stirbt, als Zenzl acht Jahre alt ist, im Kindbett. Nach sechs Monaten heiratet der Vater erneut. Nachdem Zenzl die übliche einfache Schulausbildung der meisten Kinder auf dem Land durchlaufen hat, geht sie Anfang des Jahrhunderts als Dienstmädchen nach München. Über ihr Leben in der großen Stadt ist nicht viel bekannt. Ihre Stellungsbücher allerdings zeigen, dass sie oft den Dienstplatz wechselt, was zur damaligen Zeit für ein Dienstmädchen höchst ungewöhnlich ist. Es mag wohl daran liegen, dass sich ihr rebellischer Geist nur schwer unterordnen kann und die junge Frau zu Widerspruch neigt. Mit siebzehn ist sie schwanger und am 16. Oktober 1902 kommt Sohn Siegfried zur Welt. Das Kind stellt die junge ledige Mutter vor große Probleme, und um ihren Lebensunterhalt weiter zu sichern, muss sie es zur Großmutter väterlicherseits in Pflege geben. Ein Schritt, der ihr Verhältnis zu Siegfried prägt. Der Kontakt wird zunächst spärlich aufrechterhalten, dann reißt er für Jahre ab. Erst als sie die Frau Erich Mühsams wird, kann sie den Sohn zu sich holen. Doch das Verhältnis der beiden bleibt so distanziert, dass der Junge bald zur Ausbildung an den Bodensee geht. Die Wirrungen im Leben der Zenzl Mühsam bringen es mit sich, dass sich Mutter und Sohn erst in den 50er Jahren wiedersehen, als Siegfried Elfinger längst Kunstprofessor an der Akademie in Washington geworden ist.

Bei der Entbindung lernt Zenzl den Arzt Dr. Fritz Brunner kennen. Dieser kümmert sich um das Mädchen vom Land und macht sie mit Literatur und Kunst vertraut. Damit rennt er offene Türen bei der jungen Frau ein, die schon bald beschließt: „Ich nehme mir einen Künstler zum Mann, nur ein Künstler versteht das, was ich will."[2]

Künstler gibt es anfangs des 20. Jahrhunderts mehr als genug im München. Die Stadt ist ein Mekka für Kulturschaffende und Bohemiens. Hier leben russischen Revolutionäre, bedeutende Schriftsteller und Künstler. Für das Mädchen vom Lande ist es eine bunte aufregende Welt, in die sie tief eintaucht. In den nächsten Jahren wird sie auf diese Weise mit allerlei Ideen konfrontiert, beginnt zu lesen und sich langsam aber sicher ihre eigene Meinung über das Weltgeschehen zu bilden. Hier lernt sie mit 24 Jahren den Maler und Bildhauer Ludwig Engler kennen. Die beiden werden ein Paar und Zenzl zieht zu ihm. Offiziell als seine Haushälterin, denn das „Konkubinat", sprich die uneheliche Lebensgemeinschaft, wird in Bayern schwer bestraft. Das Leben mit dem Künstler ist ein hartes, armes Leben. Oft wissen beide nicht, woher sie das Geld für Miete, Heizung und Essen nehmen sollen. Trotzdem mögen sie sich und das bleibt auch so, nachdem sich Zenzl längst Erich Mühsam zugewandt hat. Bis zum Ende ihres Lebens ist sie Engler freundschaftlich verbunden und hilft ihm aus so mancher Verlegenheit.

Ihre große Liebe aber wird der anarchistische Schriftsteller Erich Mühsam. Der in Lübeck geborene Apothekerssohn lebt seit 1909 in München und ist der Prototyp des Schwabinger Bohemien. Er gehört zu den Stammgästen im Cafe Stefanie und in Kathi Kobus' Künstlerkneipe Simpl. Politisch ist er ein Freigeist, der die absolute Selbstbestimmung des Menschen fordert und gegen Monarchie und Militarismus kämpft. Er ist Herausgeber der Zeitschrift *Kain* und Mitbegründer der anarchistischen Gruppe „Tat", der auch Oskar Maria Graf angehört. Die einfache Frau verliebt sich mit Haut und Haaren in Mühsam wie einer der anrührenden Liebesbriefe zeigt, den sie Mühsam nach Lübeck schickt: „Ich habe so Sehnsucht nach dir, wenn du da wärst, mein Teurer, ich würde dich liebhaben, meine Haare täte ich frisch waschen, mich baden und dann zu dir legen (...). Probiere deine nicht angenehme Lage dir damit zu verschönern, dass du ans Meer gehst und dich von dem Lachen und Weinen des Meeres überzeugst, wie es in meinem Herzen aussehen würde, wenn ich dir ein Kindlein schenken könnte."[3]

Erich Mühsam wiederum erkennt schnell, welch ungewöhnliche Frau ihm in der Bäuerin aus der Holledau begegnet ist: „Diese Frau hat mir der Himmel selbst geschickt. Wüsste sie nur, wie ich das weiß. Ihre Klugheit, Natürlichkeit, Güte, Derbheit, Ehrlichkeit, verbunden mit Kraft, Mutterwitz, Anmut und Schönheit, ihre unbestechliche Hingabe an die Aufgabe, die sie sich gestellt hat, der Kunst zu dienen, indem sie den Künstler pflegt, ihr klares Verständnis für meine Ideen und ihre schöne, keusche und starke Liebe – welche Perle von Frau habe ich."[4] Zenzl wird ihm „alles" – „Kamerad", „Frau", „Liebe"[5], und durch ihre persönlichen Erfahrungen als Mitglied der Unterschichten auch Inspiration und Beweis für die Bedeutung seiner revolutionären Ideen. Sie, „die schöne, zärtliche Frau mit der derben bayrischen Mundart, den praktischen Händen und Augen und dem herrlichen Haar und Wuchs"[6], ist die praktische Ergänzung zum revolutionären Theoretiker Mühsam. Im September 1915 heiraten sie. Doch trotz großer gegenseitiger Zuneigung gibt Erich Mühsam seine Promiskuität, die er stets politisch untermauert, nicht auf. Dies führt zu hässlichen Szenen zwischen beiden, da Zenzl sehr unter Mühsams notorischer Untreue leidet.

Ihre Hochzeit fällt mitten hinein in den Ersten Weltkrieg. Erich Mühsam wird einer der führenden Propagandisten für die antimilitaristische revolutionäre Einheitsfront, die den Krieg beenden und das alte System hinwegfegen soll. Im Frühjahr 1918 wird er deshalb nach Traunstein verbannt und erst im November, kurz vor Ausbruch der Revolution, kehrt er nach München zurück. Am 7. November 1918, dem Tag an dem in Bayern die Revolution ausbricht, marschieren Zenzl und Erich Mühsam in der ersten Reihe der Aufständischen. Begeistert heißen sie die neue Zeit willkommen, wie aus einem Brief Zenzls an den dänischen Schriftsteller Martin Andersen Nexö hervorgeht: „Jetzt mein lieber Nexö, sind wir Republikaner. (...) Wir Bayern oder vielmehr wir in der Hauptstadt München machten in der Nacht vom 7. auf den 8. November Bayern zur Republik."[7]

Doch die Revolution entwickelt sich bald in eine Richtung, die Mühsam nicht gefällt und so wird er zum Gegner des ersten bayerischen Ministerpräsidenten Kurt Eisner, dessen Systemveränderung ihm nicht weit genug geht. Nachdem Kurt Eisner im Februar 1919 von einem nationalistisch ge-

Zenzl und Erich Mühsam

sinnten Offizier erschossen wird, versucht Mühsam die Revolutionierung der Gesellschaft weiterzutreiben und wird am 7. April 1919 Mitglied der Ersten Bayerischen Räterepublik, der auch der Sozialist Gustav Landauer und der expressionistische Schriftsteller Ernst Toller angehören. Da die Kommunisten um Max Levin und Eugen Leviné allerdings jegliche Beteiligung an diesem „anarchistischen Experiment" ablehnen, ist ihre Regierung nicht von langer Dauer. Nach einem Putschversuch reaktionärer Truppenteile übernimmt die bayerische KPD die Regierung und ruft die Zweite Räterepublik, diesmal unter kommunistischen Vorzeichen, aus. Nach nur wenigen Tagen rücken die Weißen Garden in Bayern ein und bereiten der Revolution ein blutiges Ende. Wie alle Anführer wird Erich Mühsam nach dem Sturz der Revolution verhaftet. Lange Zeit weiß Zenzl nicht, ob er noch am Leben oder wie so viele andere dem weißen Terror zum Opfer gefallen ist. Mühsam selbst lauscht voller Angst um seine Frau auf die Nachrichten, die ihn in der Zelle erreichen: „Ich zittere um meine Zenzl".[8] Doch sie haben beide Glück und überleben den Zorn der Sieger. Am 12. Juli 1919 wird Erich Mühsam zu 15 Jahren Festungshaft verurteilt.

Für Zenzl Mühsam beginnt damit eine schwere Zeit. Sie kann sich kaum mehr auf die Straße wagen, wird von der aufgehetzten Menge bedroht, beschimpft und gerät sogar selbst kurzzeitig in Haft. Ludwig Thoma, der Zenzl Mühsam bereits 1910 in einem Artikel als „ein Weib, verruchter als gewöhnlicher Sinn zu fassen vermag, Mörtelweib von Beruf, Verbrecherin aus Neigung"[9] beschimpft hatte, gießt im *Miesbacher Anzeiger* kübelweise Schmutz über sie, sodass Mühsam im Gefängnis empört in sein Tagebuch notiert: „Ein kraftbaierisches Schwein hat jetzt seine schmierigen Borsten für ein entsprechendes Zeilenhonorar an meiner lieben, armen Zenzl gerieben."[10]

Wie groß ihre Isolation ist, lässt sich aus den Zeilen eines Briefes an Nexö entnehmen: „Ich sehne mich nach Menschen, die mich lieben, ich kann nirgendswo hier im Lande in Frieden leben, wo ich auch hingehen werde, wird man erschreckte Augen machen, wenn man hört, ich bin die Gattin Erich Mühsams. Sie, mein Freund Nexö, werden das nicht begreifen. Sie lieben das deutsche Volk genauso, wie ich meine Heimat liebe, aber diese meine Heimat liebt mich nicht mehr."[11]

Trotz aller Schwierigkeiten hält das Paar an seinen politischen Idealen fest und führt den Kampf nun unter den gegenwärtigen Bedingungen weiter. Erich Mühsam setzt sich aus der Haft heraus unermüdlich für bessere Haftbedingungen ein, während Zenzl seinen Kampf von außen unterstützt. Sie wird eine der Gründerinnen der Internationalen Roten Hilfe in Deutschland, hält Vorträge, sammelt Spenden und prangert die Haftbedingungen der politischen Gefangenen an. Um die Freilassung ihres Mannes zu beschleunigen, wendet sie sich sowohl an den päpstlichen Nuntius Pacelli als auch „mit kameradschaftlichen Grüßen" an den „Genossen Lenin", bei dem sie anfragt „ob es möglich wäre, meinen Mann, Erich Mühsam, auf irgendeine Art nach Russland zu bringen."[12] Doch der unbequeme, unorthodoxe Denker Mühsam, der sich niemals vereinnahmen lässt und neben die Solidarität immer auch die Kritik stellt, hat nur wenig Freunde, ist für manche Kommunisten gar ein „Lump, Schuft, Verräter, Konterrevolutionär".[19]

Fünf lange Jahre dauert der Kampf um seine Freilassung, fünf Jahre, in denen Zenzl neben der politischen Agitation auch ganz praktisch versucht, ihren Mann von außen mit dem Notwendigsten an Essen, Kleidung und Büchern zu versorgen. Es sind Jahre, in denen die seltenen Begegnungen, die wenigen gemeinsamen Stunden, kostbar wie ein Juwel sind. Die vielen Briefe, die zwischen beiden hin und her gehen zeugen von der engen Bindung, aber auch vom politischen Engagement, das längst nicht mehr vom Privaten zu trennen ist. Beide müssen in dieser Zeit viel ertragen, Demütigungen und Verleumdungen sind an der Tagesordnung. Trotz all dieser Schwierigkeiten

hält Zenzl treu zu ihrem Mann, der ihr in Dankbarkeit einen in der Haft entstandenen Gedichtband widmet: „Es soll Zenzl gewidmet sein, deren Liebe über alle Begriffe schön ist."[14]
Am 20. Dezember 1924 wird Erich Mühsam entlassen. Schwer herzkrank und auf einem Ohr taub, folgt er seiner Frau nach Berlin. Seit Januar lebt sie bereits dort, obwohl ihr die Stadt nicht wirklich zusagt.
Während Mühsam wieder an seinen politischen Kampf anknüpft, zieht sich Zenzl aus der Öffentlichkeit zurück. Sie, die praktisch Veranlagte, macht das Haus in der Dörchläutingstraße 48 zu einem Anziehungspunkt für linke Oppositionelle. Beunruhigt durch die politische Entwicklung im Lande versucht Erich Mühsam unter anderem als Herausgeber der Zeitschrift *Fanal* vergeblich, die Opposition auf eine Volksfront gegen den Faschismus einzuschwören. Seine offene Agitation gegen den Nationalsozialismus macht ihn den Nazis noch mehr verhasst, als er es als Anarchist und Räterepublikaner ohnehin schon ist. Als die NSDAP im Januar 1933 die Macht übernimmt, sind die Tage Erich Mühsams gezählt. Die geplante Flucht ins Ausland scheitert, nicht nur am Geldmangel, sondern wohl auch am echten Willen, das Land und seine Menschen angesichts der drohenden Gefahr im Stich zu lassen.
Am 27. Februar 1933 brennt der Reichstag. Die Nationalsozialisten nutzen dies als Vorwand, viele ihrer Gegner zu verhaften, darunter auch Erich Mühsam. Im März 1933 kommt er ins Konzentrationslager Oranienburg. Seine Frau setzt Himmel und Hölle in Bewegung, um ihn zu retten. Mehr als ein Jahr kämpft sie um die Freilassung ihres geliebten Mannes, der vor ihren Augen „langsam zu Tode gequält wird"[15]: „Ich bin müde zum Sterben, doch schlafen kann ich nicht. In den langen Nächten steht seine zerschundene und blutüberströmte Gestalt vor meinen Augen, die keine Ruhe finden können. Manchmal schreie ich wie eine Wahnsinnige. (...) Die Angst bringt mich um. Jeden neuen Tag die grauenvolle Vorstellung,

dass man ihn vielleicht schon totgetrampelt hat. Ich bin so schwach, so elend und darf doch nicht schwach sein. Wenn ich draufgehe, verliert er ja das Letzte. Nein, ich muss aushalten, es geht nicht anders."[16]

Doch trotz der aufopfernden Unterstützung durch seine Frau hat Erich Mühsam keine Chance zu überleben. Nachdem er sich weigert, Selbstmord zu begehen, wird er in der Nacht vom 9. auf den 10. Juli 1934 von bayerischen SS-Leuten erhängt. Für Zenzl Mühsam bricht mit der Ermordung ihres Mannes eine Welt zusammen. Sie, die jahrelang nur für ihn gelebt, ihn „gepflegt und vergöttert"[17] hat, ist nun allein. Doch zum Trauern bleibt keine Zeit, ist doch auch sie selbst längst nicht mehr sicher, weil sie den Mord lautstark anprangert und eine öffentliche Untersuchung fordert. Nach einer Warnung von Freunden, dass ihre Verhaftung im Anschluss an die Bestattung Mühsams auf dem Berliner Waldfriedhof erfolgen soll, taucht sie unter.

Am Tag der Beerdigung gelingt ihr mit Hilfe der amerikanischen Journalistin Dorothy Thompson die Flucht über die tschechische Grenze. Bei ihr ist Peps Elfinger, ihr 17-jähriger Neffe, um dessen Leben sie angesichts seiner engen Beziehung zu ihr fürchtet. Ein Jahr lang bleibt sie in Prag. Seelisch gebrochen weiht sie ihr ganzes Leben fortan zwei wichtigen Aufgaben: der Welt die Wahrheit über den Tod Erich Mühsams zu verkünden und die Publikation seiner Werke zu erreichen.

Das erste Vorhaben setzt sie unmittelbar nach ihrer Ankunft in die Tat um. Sie verfasst eine Broschüre, in der sie die Wahrheit über den Tod ihres Mannes im Konzentrationslager schildert. 1935 wird dieser Text unter dem Titel „Der Leidensweg Erich Mühsams", im Moskauer Verlag der MOPR [Internationale Organisation zur Unterstützung der Kämpfer der Revolution] veröffentlicht und anschließend in drei weiteren Übersetzungen publiziert. Die deutschen Machthaber entziehen ihr daraufhin die Staatsbürgerschaft.

Wesentlich schwieriger ist die Erfüllung der zweiten Aufgabe,

die Herausgabe der Schriften Erich Mühsams: „Ich muss weiterleben, weil doch vom Erich etwas übrig geblieben ist, was
sie nicht totschlagen können und konnten."[18] Sein Nachlass,
den sie bei der Flucht zurücklassen musste, ist mit Hilfe
des tschechoslowakischen Presseattaches Camill Hoffmann
mittlerweile nach Prag gebracht worden. Diese Werke zu publizieren, wird in den kom-
menden Jahren ihr ganzer
Lebensinhalt – Sinn und
Zweck ihres Daseins:
„Wenn ich nicht einen
Menschen verloren hätte,
der einen Nachlass hin-
terlassen hat, hätte ich
weder den Mut noch die
Freude weiterzuleben, so
aber hat mir Erich die
Pflicht auferlegt, ich muss
weiterleben und seine
Arbeit in die Welt brin-
gen."[19]
Doch ebenso wie Erich
Mühsam zuvor, gerät nun
seine Witwe mitten hi-
nein in die Flügelkämpfe

Zenzl Mühsam, Ende der 20er Jahre

zwischen Kommunisten und Anarchisten. Gerade die KPD tut
sich schwer im Umgang mit Mühsam, den sie einerseits als
prominentes Opfer des Naziterrors für sich reklamiert, andererseits aber als Anarchisten verachtet. Der Versuch der Kommunisten, Mühsams revolutionäre Politik als idealistische
Schwärmerei abzutun, erbost Zenzl Mühsam, die sich daraufhin energisch gegen die Vereinnahmung Mühsams durch die
Kommunisten wehrt. Wie immer nimmt sie bei ihrer Kritik
kein Blatt vor den Mund, ist offen und ehrlich bis hin zur
Selbstgefährdung.

Hier in Prag begegnen ihr viele andere Politemigranten, wie die aus der KPD ausgeschlossene Ruth Österreicher oder Ada Lessing, die Frau des von den Nazis ermordeten jüdischen Philosophen und Pazifisten Theodor Lessing, mit denen sie eine Schicksalsgemeinschaft bildet. Trotzdem ist sie meist einsam und deprimiert.

Auch Mitstreiter aus den Münchner Revolutionstagen haben in Prag Zuflucht gesucht. Die Begegnung mit Erich Wollenberg, 1919 Kommandant der Roten Armee in Bayern, wirkt sich schicksalhaft auf ihr weiteres Leben aus. Dieser ist, nachdem er wegen schwerer Differenzen aus der KPD ausgeschlossen worden ist, von Moskau nach Prag geflohen. Er sieht in der Machtübernahme der Faschisten die absolute Niederlage der Arbeiterbewegung und hat vergeblich versucht, seine Genossen davon zu überzeugen, die Sozialfaschismustheorie aufzugeben und den bewaffneten Kampf gegen den Faschismus aufzunehmen. Weil er die Kommunistische Partei öffentlich als Verantwortliche für die größte Niederlage der deutschen Arbeiterbewegung gebrandmarkt hatte, ist er nun ein Geächteter. Zenzl Mühsam, die sich niemals in derartige Richtungskämpfe verwickeln lässt, hilft dem mittellosen Wollenberg mit ihren bescheidenen Mitteln. Später wird ihr dieser Kontakt mit Wollenberg als Teilnahme an einer konterrevolutionären trotzkistischen Verschwörung ausgelegt. Dabei überwirft sie sich noch in Prag mit Wollenberg, der in ihrer Wohnung homosexuelle Kontakte hat, worauf sie ihn kurzerhand rauswirft, wie sie in einem Brief an den berühmten Anarchisten Rudolf Rocker und seine Frau Milly schreibt: „Ich bin ein g'schertes Viech, das gebe ich restlos zu. Macht was ihr wollt. Aber ich bin keine Kupplerin und lass mir mein Hirn nicht vermuddeln durch Dinge, die mich zwar nichts angehen, aber in meiner Nähe nicht wünsche. Also haut ab! Macht's was ihr wollt und leckt's mich am Arsch!"[20]

Der Veröffentlichung der Mühsam-Texte ist sie in Prag keinen Schritt näher gekommen. Als sich nun in Moskau angeblich die Möglichkeit ergibt, eine Publikation zu realisieren, beschließt sie trotz ihrer Vorbehalte gegen die Sowjetunion, mit denen sie nie hinter dem Berg gehalten hatte, die Einladung der Vorsitzenden der Internationalen Roten Hilfe, Jelena Stassowa, anzunehmen. Die berechtigte Befürchtung, dass es der Sowjetregierung allein darum gehen könnte, sich den Nachlass des unbequemen Denkers anzueignen, schiebt sie beiseite. Trotz aller Bedenken ist dieses Angebot das einzige, das an sie ergeht und so ist sie gezwungen, es anzunehmen. Im August 1935 reist sie in die Sowjetunion, begleitet von ihrem Neffen Peps Elfinger, dem sie dort eine Ausbildung ermöglichen will. Am Bahnhof wird sie von Lore Pieck, der Tochter des KPD-Vorsitzenden Wilhelm Pieck, in Empfang genommen. Hier in der sowjetischen Hauptstadt trifft sie auf viele Politemigranten, die sie noch aus den Tagen der Münchner Räterepublik kennt, wie Else und Hermann Taubenberger oder den KPD-Reichstagsabgeordneten Willi Budich. Drei Monate will sie vorerst bleiben, doch als sich die Verhandlungen über die Veröffentlichungen und einen Film über Mühsam in die Länge ziehen, verlängert sie ihren Aufenthalt um ein Jahr. Im Frühjahr 1936 lässt sie den Nachlass von Prag nach Moskau bringen. Als sie die Unterlagen am 22. April 1936 endlich wieder in Händen hält, sind die Verhandlungen über die Publikation mit dem Moskauer Gorki Institut nahezu abgeschlossen. Nun ändert sich die freundliche Haltung des Gastgeberlandes schlagartig. Am 23. April 1936 wird sie durch das NKWD [Volkskommissariat für Innere Angelegenheiten] verhaftet und in der Moskauer Lubjanka inhaftiert.

In der Sowjetunion sind dies die Jahre der großen Säuberungen, die Jahre der Abrechnung mit Stalins Gegnern und die Jahre der Konsolidierung von Stalins Herrschaft. Es sind Zeiten, in denen das Dunkelste im Menschen zum Vorschein kommt; in denen viele Genossen, um sich selbst zu retten, ehemalige Mitstreiter denunzieren und falsch beschuldigen. Aus Freundschaft und Solidarität wird Feindschaft und Verrat.

Angst und Misstrauen greifen um sich. Verdiente Kommunisten und treue Parteigänger verschwinden auf Jahre in den Lagern, viele Emigranten überleben das Exil in Moskau nicht.

Nun ist auch Zenzl Mühsam in die Fänge des NKWD geraten, das sie, aufgrund ihrer Bekanntschaft mit dem „Verräter" Erich Wollenberg, der Teilnahme an einer konterrevolutionären trotzkistischen Verschwörung beschuldigt. Dabei versuchen die NKWD-Untersuchungsführer ihr Worte und Namen in den Mund zu legen, mit deren Hilfe sich das Verschwörungskomplott noch erweitern lässt. Alles, was sie sagt, wird sofort aufgegriffen und verzerrt. Doch im Gegensatz zu vielen anderen Genossen weigert sich Zenzl Mühsam standhaft, andere zu denunzieren, und sie ist auch nicht gewillt, eine Selbstbezichtigung zu unterschreiben. Sie stellt sich stets als indifferent, unbeteiligt und gleichgültig dar, einzig interessiert an der Veröffentlichung der Schriften ihres Mannes.

Im Ausland löst ihre Verhaftung große Unruhe aus. Erich Wollenberg protestiert in einem Gedenkartikel für Erich Mühsam in Prag gegen dieses Vorgehen: „Kreszenzia Mühsam, seine Frau und langjährige Kampfgefährtin, ist in Moskau am 23. April 1936 in den Kerkern der GPU [Staatliche Politische Verwaltung] verschwunden. (...) Die Freunde und Angehörigen der Witwe Erich Mühsams [sind] in großer Sorge um sie."[21] Die bekannte Anarchistin Emma Goldmann, mit der Zenzl Mühsam lange Jahre in regem Briefkontakt stand, wendet sich in England mit der Bitte um publizistische Unterstützung in Sachen Zenzl Mühsam an die Herausgeber des *Manchester Guardian* und *The Nation*. Sogar Thomas Mann, der während der Revolution 1918/19 ein erbitterter Gegner Erich Mühsams war, setzt sich für sie ein: „Ich kenne Frau Mühsam nicht; nach allem, was ich höre, ist sie, Münchnerin volkstümlicher Herkunft, anspruchslosen Geistes und ganz bestimmt als Persönlichkeit harmlos und politisch ungefährlich. Dass ihre Gefangennahme eine Staatsnotwendigkeit sein solle, glaube ich nie und nimmer und könnte sie mir nur durch übergroßen Eifer untergeordneter Organe erklären."[22]

Dennoch wird im Juni 1936 Anklage wegen „antisowjetischer Agitation und Propaganda", sowie „Vorbereitung solcher Handlungen" gegen sie und zwei weitere Genossen erhoben. Während die Mitangeklagten Herbert Berndt und Erich Albert-Take sich in einzelnen Punkten schuldig bekennen, leugnet Zenzl Mühsam zur Empörung der Anklage ihre „konterrevolutionär-trotzkistische Tätigkeit" hartnäckig.[23]

In einer Sonderberatung des NKWD am 9. Oktober 1936 fällt das Urteil gegen sie: zweijähriges Aufenthaltsverbot für Moskau und Leningrad. Dank der Fürsprache von Jelena Stassowa, die im Fall Mühsam eine Doppelrolle aus Freundin und Agentin spielt, wird das Urteil jedoch nicht vollzogen und sie kann – vorerst zumindest – in Moskau bleiben, wenn auch unter starker Kontrolle im Haus des Zentralkomitees der Internationalen Roten Hilfe. Unmittelbar nach ihrer Freilassung wendet sie sich wieder ihrer Aufgabe zu und nimmt erneut Vertragsverhandlungen mit dem Gorki Institut auf. Schließlich unterzeichnet sie einen Vertrag, der ihr für die Überlassung des Nachlasses 15 000 Rubel zusichert, auszahlbar in Raten zu monatlich 500 Rubel.

In der Zwischenzeit sind die Verhaftungen weitergegangen und damit auch die Denunziationen. Viele Genossen versuchen von vornherein, durch Kooperation mit den Behörden ihrer eigenen Verhaftung zu entgehen, denn, um aus dieser Mausefalle zu entkommen, ist scheinbar so eiskaltes Kalkulieren von Nöten, wie es der KPD-Vorsitzende Wilhelm Pieck an den Tage legt, als er schreibt: „Zenzi Mühsam scheint hier ein Mittelpunkt für die trotzkistischen Verbindungen, besonders mit Wollenberg, gewesen zu sein. Diese Verbindungen haben einen sehr ernsten Charakter gehabt, sogar bis zur Vorbereitung terroristischer Akte auf unsere führenden Freunde. Es ist nur zu begrüßen, dass es gelungen ist, die Fäden dieser Verbindungen aufzufinden und einen Teil der Leute unschädlich zu machen."[24] Zenzl Mühsam bleibt im Blickfeld der Fahnder. Da man jedoch noch nicht genügend Beweise für ihre Schuld in Händen hält, ist man auf Spitzel angewiesen, die sich bereitwillig finden, wie dieses Schreiben des späteren SPD-Vorsitzenden Herbert Wehner zeigt: „Meine Auffassung ist, dass – wahrscheinlich indirekt – noch Verbindungen zwischen Frau Kreszentia Mühsam und Wollenberg bestehen. Obwohl ich selbst wohl nicht in einem Gespräch mit der Frau Mühsam Anhaltspunkte finden könnte, da sie mir nicht ‚vertrauen' wird, könnte ich in kurzer Zeit Näheres über ihren Umgang und persönliche Beziehungen manches in Erfahrung bringen."[25]

Am 17. November 1938 wird Zenzl Mühsam zum zweiten Mal verhaftet. Dieses Mal wirft man ihr nicht nur Verbindung zu Wollenberg, sondern auch zu Leo Sedow, dem Sohn Leo Trotzkis, vor.

Unmittelbar zu ihrer Verhaftung beigetragen haben aber vor allem ihre Pläne, in die USA zu reisen. Im Frühjahr 1937 war man von dort an sie herangetreten und hatte sie eingeladen, in Amerika die Werke ihres Mannes zu publizieren. Nachdem ihr inzwischen längst klar ist, dass die Veröffentlichung hier in der UdSSR auf mehr als wackligen Beinen steht, zeigt sie sich an diesem Angebot sehr interessiert. Zudem hat sie nichts dagegen, das Land zu verlassen und so liegen nun seit Oktober 1938 in der amerikanischen Botschaft alle Einreisedokumente für Zenzl Mühsam bereit. Weil der Besuch einer ausländischen Botschaft jedoch nicht gern gesehen wird, bittet sie ihre Freundin Jelena Stassowa, ihr zu helfen. Kurz darauf wird Zenzl Mühsam verhaftet.

Nun beginnt eine harte Zeit. Im Gefängnis Butirka wird sie durch ein „aktives Verhör", sprich Stehfolter, Schlafentzug, Dauerverhör, aber auch körperliche Gewalt gequält. Als man sie nach zweimonatiger Tortur erneut zum Verhör einbestellt, streitet sie kategorisch ab, eine Verbindungsfrau zwischen Wollenberg in Prag und einer Moskauer Gruppe zu sein.

Nichts kann ihren Widerstand brechen und sie dazu bringen, andere zu denunzieren, um die eigene Haut zu retten. Auch als sie mit unter Folter erpressten Aussagen anderer Genossen konfrontiert wird, gibt sie nicht klein bei.

Im Juni 1939 wird sie erneut angeklagt und am 11. September 1939 wegen „Missbrauch des Gastrechtes" sowie „Teilnahme an einer konterrevolutionären Organisation und Agitation" zu acht Jahren GULAG verurteilt. Unmittelbar nach der Urteilsverkündung bringt man sie in ein Frauenstraflager in die Republik Mordovien. Nach nur zwei Monaten kehrt sie wieder nach Moskau zurück, wo sie gemeinsam mit anderen Deutschen wie der ehemaligen KPD-Reichstagsabgeordneten Roberta Gropper, der Schauspielerin Carola Neher und der Frau von Heinz Neumann, Margarete Buber-Neumann, in der Butirka inhaftiert wird. Die Frauen sind voller Hoffnung, dass ihr Leidensweg nun bald zu Ende ist. Einzig Zenzl Mühsam misstraut dem Frieden, warnt die anderen vor allzu großer Euphorie. Margarete Buber-Neumann erinnert sich später voll Hochachtung an die unbeugsame Frau: „Zenzl war ein aufrechter, wahrheitsliebender, kämpferischer Mensch, der nicht durch die Zugehörigkeit zur Kommunistischen Partei verbogen worden war. (...) Es währte nicht lange, da sah sie mit den Augen eines unvoreingenommenen Beobachters die Verlogenheit des russischen Lebens. (...) Die Verhaftung Zenzl Mühsams erfolgte wahrscheinlich erst nach einer Reihe von kritischen Äußerungen. Sie hatte nicht gelernt zu heucheln oder mit ihrer Meinung ängstlich hinter dem Beg zu halten. (...) Niemals beklagte sie ihr grausames Schicksal. Ihre überlegene Haltung war bewunderungswürdig."[26]

Zenzl Mühsam sollte mit ihrer Warnung Recht behalten, die meisten Frauen werden zwar, wie sie es erhofften, ins Ausland abgeschoben, doch zu ihrem Entsetzen werden sie nach Deutschland gebracht. Während die meisten der Frauen an die SS übergeben werden, wird Zenzl Mühsam nach zehn Monaten ins Lager Potmar zurückgebracht, wo sie bis zum 16. November 1946 inhaftiert bleibt. Bei ihrer Entlassung ist Zenzl Mühsam 63 Jahre alt und von den Strapazen des Lagers schwer gezeichnet. Ihr geliebter Neffe Peps, dem sie in der UdSSR eine Ausbildung ermöglichen wollte, ist während ihrer Haftzeit spurlos „verschwunden". Sein Schicksal ist bis heute ungeklärt.

Wieder in Freiheit ergeht es ihr kaum besser als zuvor. Noch immer spricht sie kaum Russisch, kommt mit den ihr mitgegebenen Papieren nicht zurecht. Als man ihr auch noch Dokumente und Fahrschein stiehlt, wird ihre Lage nahezu hoffnungslos. Nach einer Odyssee durch halb Sibirien wird sie obdachlos, verlaust und fast verhungert am Nowosibirsker Bahnhof gefunden und im März 1947 endlich nach Moskau zurückgebracht.

In der Zwischenzeit ist einiges geschehen – der Krieg ist aus. Ihr größter Wunsch ist es nun, die UdSSR zu verlassen und zurück nach Deutschland zu reisen. Aber Deutschland besteht jetzt aus zwei Teilen und in dem mit der UdSSR befreundeten Teil regieren ehemalige Genossen, denen nicht daran gelegen ist, dass die einfache Bäuerin aus Bayern der Welt ihren Leidensweg schildert. Sie versuchen deshalb alles, was in ihrer Macht steht, zu tun, um Zenzl Mühsams Ausreise zu verhindern. Beleg für diese perfide Absicht ist nicht zuletzt ein Schreiben ihrer ehemaligen Zellengenossin Roberta Gropper, die es in der DDR zur Volkskammerabgeordneten und Vorsitzenden des demokratischen Frauenbundes bringt: „Ich machte darauf aufmerksam, dass Zensl Mühsam über das, was sie gesehen und gehört, nicht nur nicht schweigen wird, sondern wie ich sie kenne, auf der anderen Seite gegen die Sowjetunion stehen wird. (...) Ich glaube, es wäre nicht gut, wenn Mühsam hier erscheinen, da sicherlich diese Angelegenheit gegen die Sowjetunion genutzt würde."[27]

Der hinterhältige Plan geht auf, Zenzl darf nicht ausreisen und ihre Aufenthaltsgenehmigung für Moskau wird ebenfalls gestrichen. Die nächsten Jahre verbringt sie im 300 km von

Moskau entfernten Iwanow in einem Kinderheim. Doch auch wenn sie aus dem Gesichtsfeld der Welt entrückt ist, vergessen hat man sie nicht. „Wo ist Zenzl Mühsam?", fragt am 6. April 1948 zum 70. Geburtstag von Erich Mühsam *Der Sozialdemokrat,* und ihr alter Freund Rudolf Rocker schreibt in einer 1949 erscheinenden Broschüre mit dem Titel „Der Leidensweg der Zensl Mühsam": „Zensl Mühsam ist heute ein Symbol geschändeter Menschlichkeit. In dieser einfachen Frau aus dem Volke verkörpert sich das grausame Schicksal von Hunderttausenden unglücklicher Menschenkinder, die heute in den Kerkern und Arbeitslagern der NKWD langsam zugrunde gehen und deren Hilferufe in einer blinden Welt ungehört verhallen wie ein Schrei in der Wüste.(...) Sorgen wir dafür, dass der Ruf ‚Gebt Zensl frei!' durch alle Länder gellt und nie mehr verstummt, bis er seinen Zweck erfüllt hat und Zensl den Krallen der NKWD entrissen ist!"[28]

1949 wird sie zum dritten Mal verhaftet. Die Abteilung zur „Bekämpfung des Banditismus" sieht in der Schwerkranken noch immer eine gefährliche Konterrevolutionärin. Die Anschuldigung wegen trotzkistischer Verschwörung wiederholt sich ebenso wie Zenzls hartnäckiges Leugnen. Diesmal lautet das Urteil: „ewige Verbannung" nach Sibirien. Hier lebt sie gemeinsam mit einer ebenfalls verbannten Familie in einer Lehmhütte und arbeitet hart in einer Kolchose. Erst nach Stalins Tod kann sie mit Hilfe des Roten Kreuzes im September 1954 nach Iwanow zurückkehren. Einen Monat später wird ihr endlich die Möglichkeit einer Ausreise in die DDR in Aussicht gestellt. Am 27. Juni 1955 trifft sie dort ein. Sie ist 71 Jahre alt.

Die ehemals vor Lebendigkeit Strotzende ist nun alt, krank und nach all den Strapazen eigentlich am Ende ihrer Kräfte. Doch der feste Wille, ihre Lebensaufgabe, die Veröffentlichung der Schriften Erich Mühsams noch zu vollenden, hält sie am Leben, lässt sie wieder zu Kräften kommen. Dieses Ziel im Visier ist auch einer der Gründe, warum sie sich für das Leben in der DDR entschieden hat. Nur hier sieht sie eine Möglichkeit, wieder an die Unterlagen aus dem Gorki-Institut zu gelangen, abgesehen davon, dass man ihr die Ausreise in den Westen wahrscheinlich ohnehin nicht gestattet hätte. Sie schafft es, dass der Nachlass 1956 vom Gorki-Institut verfilmt und auf Mikrofilm in die DDR überbracht wird. Trotz aller Bedenken der DDR-Kulturpolitiker werden eine erste Auswahl an Gedichten sowie die „Unpolitischen Erinnerungen" veröffentlicht. Die Veröffentlichung des Gesamtwerks des anarchistischen Schriftstellers lässt sich jedoch trotz all ihrer Bemühungen nicht realisieren. Zu sehr war Erich Mühsam politischer Freigeist, als dass eine staatssozialistische Führung an der Publikation seiner Schriften interessiert gewesen wäre.

Zenzl Mühsam erhält in der DDR eine Ehrenrente von 1000 Mark sowie eine kleine Wohnung in Pankow zugeteilt. Sie muss sich allerdings, wie alle Rückkehrer, dazu verpflichten, über ihre Jahre in der UdSSR Stillschweigen zu bewahren. Dafür wird sie mit Orden wie der „Medaille für Kämpfer gegen den Faschismus", der „Verdienstmedaille der DDR" und dem „Vaterländischen Verdienstorden" ausgezeichnet. Am 6. Januar 1960 wird die 76-jährige „freiwillig" geheime Mitarbeiterin des Ministeriums für Staatssicherheit [MfS]. Die DDR will die noch immer unbequeme Alte besser unter Kontrolle halten und sie durch dieses offensive Auftreten wohl auch ein wenig einschüchtern. Zudem ist man der Ansicht, dass Zenzl Mühsam der DDR die vielen Wohltaten auch ein bisschen vergelten könnte.

Doch eine Frau mit dem starken Charakter Zenzl Mühsams, die das erlebt hat, was diese erlebt hat, kann man weder einschüchtern noch manipulieren und so kann die Staatssicherheit von dieser Mitarbeiterin nicht profitieren. Für die unbeugsame Witwe ist dies nur eine weitere Möglichkeit, doch noch die Publikation der Texte zu erwirken. Ist sie für dieses Ziel in den GULAG gegangen, so wird sie wohl auch mit der DDR-

Führung fertig werden. Sie weiß, dass sie der Erfüllung dieser Aufgabe nicht durch Verweigerung und Streit mit der Führung näher kommen kann, sondern nur durch vermeintliche Kooperation.

Für lange Auseinandersetzungen bleibt ihr ohnehin keine Zeit mehr. Die langen Haftjahre haben ihre Spuren hinterlassen, ihre Gesundheit ist angeschlagen und kurz darauf erkrankt sie schwer an Lungenkrebs. In dieser Situation, bereits vom Tode gezeichnet, lässt sie sich von Sepp Maier, einem ehemaligen Mitstreiter Mühsams, dazu überreden, die Urheberrechte für die Schriften Erich Mühsams, deren Übertragung sie stets verweigert hatte, der Ostberliner Akademie der Künste zu überlassen. Im Angesichts des Todes sieht sie darin die einzige Möglichkeit, das Vermächtnis ihres Mannes, um das sie sich nun nicht mehr kümmern kann, zu bewahren. Sie vertraut Sepp Maier, der es 1933 als einer der wenigen wagte, an der Beerdigung Mühsams teilzunehmen, voll und ganz. Dass sie mit ihrer Unterschrift die Schriften ihres Mannes für viele Jahre im Archiv in Ostberlin begräbt, kann sie nicht ahnen.

Am 8. März 1962 stirbt Zenzl Mühsam 78-jährig in Ostberlin. Sie wird auf dem Zentralfriedhof Friedrichsfelde, der Gedenkstätte der Sozialisten, bestattet. 1992 wird ihre Urne ins Ehrengrab ihres Mannes auf den Waldfriedhof in Berlin Dahlem überführt. Bis zuletzt blieb sie unbeugsam und mutig, niemals hat sie ihre Ideale, die ihr so viel abverlangten, aufgegeben. Bis zum letzten Atemzug glaubte sie an ein „Leben, wo die Flügel nicht mehr gebunden sind, oder sind wir so vermessen wie Ikarus? Werden wir uns die Flügel verbrennen? Aber lieber ein Sturz von der Sonne zur Erde als ewig daran zu kleben."[29]

*„Man soll seinen Weg bis
zum Ende hoch erhobenen
Hauptes verfolgen."*

Claire Goll: Die Femme fatal

1890 Nürnberg – 1977 Paris

„Ich verzeihe keinem", so lautet der Titel der 1976 veröffent-
lichten Autobiografie Claire Golls. Darin rechnet sie scho-
nungslos mit all denjenigen ab, die ihr das Leben erschwert,
ihr Leid zugefügt haben. Der Titel klingt hart, doch wie sehr
er Claire Golls Haltung widerspiegelt zeigt sich bei näherer
Beschäftigung mit der deutsch-französischen Schriftstellerin.
Mehrere Leichen, deren Tod sie, wie sie in einem Interview
freimütig gestand, als gerechte Strafe für ihr Verhalten empfand, pflastern, so scheint es, ihren Weg. „Alle Menschen, die
mir Schlechtes antun, verrecken. Ich habe drei Menschen getötet: meine Mutter, Kurt Wolff und Paul Celan"[1], sagte sie in
diesem Gespräch. Die Mutter, von der sie nichts gelernt hätte
außer „Hass, Verstellung und Rachsucht"[2], wurde im September 1942 nach Treblinka deportiert. Der Verleger Kurt Wolff,
ihr ehemaliger Geliebter, wurde 1963 bei einem Spaziergang
von einem Lastwagen zerquetscht. Noch Jahre später kommentierte sie seinen Tod folgendermaßen: „Ich habe mich ge-
freut, wie ihm der Brustkorb eingedrückt wurde."[3] Paul Celan,
ein ehemals enger Freund ihres Mannes Yvan Goll, nahm sich
1970 nach Plagiatsvorwürfen Claire Golls das Leben.
Wer war diese Frau, der Dichter wie Rilke und Goll verfallen
waren, die Maler wie Chagall, Delaunay und Kokoschka ge-
malt haben und die heute nahezu vergessen ist? Wer war sie
und was hatte sie so unerbittlich gemacht?

Claire Goll wird am 29. Oktober 1890 als Clara Aischmann in Nürnberg geboren; mit den Jahren wird sie ihr Geburtsdatum immer weiter nach vorn korrigieren. Ihr Vater, Josef Aischmann, war als junger Mann nach Argentinien gegangen und hatte mit dem Handel von Hopfen und Zinnkapseln zum Verschließen von Flaschen, ein Vermögen gemacht. Später wird er sogar argentinischer Konsul in München. Ihre Mutter Malwine Fürther stammt aus einer wohlhabenden jüdischen Bankiersfamilie und behauptet später oftmals vor Claire, dass nicht Aischmann, sondern ein preußischer Baron ihr Vater sei. Zur Familie gehört auch Claires vier Jahre älterer Bruder Justus, an dem das Mädchen mit Hingabe hängt.

1895 zieht die Familie nach München. Da die Aischmanns reich sind, leben sie in einer großen Villa in der Leopoldstraße in Schwabing. Nach außen hin wirken sie wie die perfekte großbürgerliche Familie. Doch der schöne Schein trügt. Hinter den vornehmen Mauern spielt sich für die Kinder ein wahres Martyrium ab. Die Mutter führt ein strenges Regiment, erwartet absoluten Gehorsam, strengste Disziplin: „Ihrer Meinung nach waren Kinder, Dienstboten und Künstler samt und sonders Lasterhafte, Schurken und Faulpelze. Eltern und Vorgesetzte hatten die Pflicht, sie zurechtzuweisen, zu prügeln und hungern zu lassen."[4] Bei geringsten Verstößen schlägt sie die Kinder, sperrt sie in den dunklen Keller. Oft bekommt Claire nichts zu essen, wird mit Peitschen, Stöcken und Reitgerten so blutig geschlagen, dass sie tagelang das Bett hüten muss. Ihr bestimmendes Gefühl ist bald die blanke Angst: „Angst, Angst. (...) Angst vor Geräusch und Angst vor Stille. Angst vor der Wirklichkeit und der Unwirklichkeit. Angst vor dem, was die Großen das Leben nennen. Diese unheimliche Angst, die mich nie wieder verlassen würde, zerrte an mir. Sie zehrte mich auf wie eine böse, ansteckende Krankheit, deren Viren täglich zunahmen."[5] Der Vater findet nicht den Mut, dem Treiben seiner Frau Einhalt zu gebieten. Nichts und niemand scheint Claires Leiden beenden zu können.

Nach dem Besuch der Volksschule St. Annen kommt Claire 1900 ins Kerschensteiner-Institut für Höhere Töchter in der Franz-Joseph-Straße. Hier fühlt sich das Kind zum ersten Mal sicher. Julie Kerschensteiner, berühmt für ihre humanistische Reformpädagogik, vermittelt ihr Werte fürs Leben. Claire liebt die Lehrerin, die sie in Anlehnung an Novalis „Weltkönigin" nennt, abgöttisch: „Diese Frau, die Noblesse und Menschlichkeit, Geist und Anmut, Autorität und Milde zu vereinen schien, war für mich eine Offenbarung. Sie unterrichtete nicht Kunstgeschichte, Musik und Literatur: sie übertrug das eigene Hingerissensein auf uns Fünfzehnjährige. Und die Leidenschaft für das Höchste, die Kunst, verband sich bei mir mit der Leidenschaft für ihre Person."[6] Die Begegnung mit Julie Kerschensteiner ist für Claire der Beginn einer lebenslangen Passion für Literatur und Kunst. Jahre später, als sie in „Traumtänzerin" die Jahre ihrer freudlosen Jugend beschreibt, erinnert sie sich daran: „Bis zu meinem letzten Augenblick werde ich dieser großen Deutschen tief verschuldet sein."[7] Ihre Erinnerungen in „Der gestohlene Himmel" widmet sie ganz der geliebten Lehrerin: „Dem Andenken der wunderbarsten Deutschen gewidmet, der ich je begegnet bin, meiner Lehrerin: Frau Dr. Julie Reisinger-Kerschensteiner, ohne deren Hilfe ich nie aus der Hölle meiner Jugend den Weg ins Leben gefunden hätte."[8]
Als Claire älter wird fürchtet sie, von der gestrengen Mutter in eine Vernunftehe gedrängt zu werden. Sie flüchtet sich in die Arme des Studenten der Rechtswissenschaften Heinrich Studer. Als sie ihn am 21. Dezember 1911 heiratet, ist sie bereits im fünften Monat schwanger: „Es war eine Tragödie. Zu Hause wurde verhandelt, ob man das Kind abtreibt oder mich verheiratet. Unsere Eltern einigten sich auf Hochzeit. Ich bekam 200 000 Goldmark als Mitgift in die Ehe."[9] Die Nachricht von ihrer Schwangerschaft hat die geliebte Lehrerin Julie Kerschensteiner den Eltern überbracht, der sich Claire in ihrer Not anvertraut hatte.

Unmittelbar nach der Hochzeit verlassen Claire und Heinrich Studer München und ziehen nach Leipzig. Der Umzug ist vor allem eine Flucht aus dem Schoß der Familie. Wie glücklich ist die junge Frau, endlich alles hinter sich zu lassen: „Nun liegen sie hinter mir, die Bleikammern meiner Kindheit und der ersten Jugend. Die Welt fängt heute an. Die fünfte Jahreszeit beginnt."[10]

Hier in Leipzig beginnt sie Philosophie zu studieren. Es könnte alles so herrlich sein, wenn sich beide, die sich vor ihrer Ehe kaum kannten, nicht in diametrale Richtungen entwickeln würden. Während Heinrich das angenehme Leben, das ihm die großzügige Mitgift seiner Gattin ermöglicht, genießt und ansonsten ganz den Gepflogenheiten der Zeit entsprechend von seiner Frau häusliche Zurückhaltung erwartet, stellt Claire ernüchtert fest, dass sie statt ihrer Freiheit nur eine andere Herrschaft gewonnen hat.

Am 6. Mai 1912 kommt die gemeinsame Tochter Dorothea-Elisabeth, genannt Dora-Lies, zur Welt. Claire ist ganz vernarrt in ihre Tochter und beginnt erste Lieder und Gedichte für sie zu schreiben. Obwohl auch ihr Mann sich der Literatur stets näher als den Rechtswissenschaften fühlt und später Verleger und nicht Anwalt wird, ist das Ende ihrer Ehe bereits in Sicht. Heinrich Studer führt ein ausschweifendes Leben mit anderen Frauen und manchmal kommt es vor, dass er seine Frau in betrunkenem Zustand angreift. Enttäuscht über diese Entwicklung fühlt sich auch Claire nicht mehr an ihr Ehegelübde gebunden und beginnt eine Affäre mit dem jungen Verleger Kurt Wolff, einem gern gesehenen Gast im Hause Studer. Durch ihn kommt sie in Kontakt mit dem Expressionismus und lernt bedeutende Autoren wie Henriette Hardenberg oder Franz Werfel kennen, der sie ermuntert, selbst zu schreiben.

1916 lässt sie sich von Heinrich Studer scheiden. Weil die Schuldfrage im Prozess eine große Rolle spielt und Kurt Wolff sich weigert zu leugnen, ihr Geliebter zu sein, verliert sie das

Sorgerecht für ihre Tochter. Ihre Befürchtungen, dass sie sich dadurch voneinander entfremden würden, bewahrheiten sich. Das Verhältnis zwischen Mutter und Tochter ist zeitlebens problematisch. Obwohl sie mit Wolff über Jahre hinweg in Kontakt bleibt, verzeiht sie ihm deshalb seine Aussage niemals wirklich ganz.

Claire verlässt Leipzig und ihre Tochter und geht nach Berlin. Hier genießt sie zunächst alles, was ihr die Kulturmetropole zu bieten hat. Doch seit zwei Jahren herrscht Krieg und die Realität des großen Schlachtens geht auch an der jungen Frau nicht spurlos vorbei. Die Neuigkeiten, die von der Front eintreffen, sind bald nur noch Nachrichten vom Leiden, vom Töten, vom sinnlosen Sterben. Die vormalige Kriegsbegeisterung, der sich kaum jemand im Land entziehen konnte, ist längst erstorben. Nun meldet sich langsam die Vernunft zurück und einige sprechen sich, dem mutigen Beispiel Karl Liebknechts folgend, öffentlich gegen den Krieg aus. Doch wie Liebknecht werden auch sie für ihre klaren Worte verfolgt und inhaftiert. Vielen bleibt nur mehr die Flucht. Claire geht, wie viele andere auch, in die neutrale Schweiz: „Ich verließ Deutschland im Januar 1917. In einem Land, dessen kriegerische Raserei ich nicht teilte, hatte ich nichts mehr zu schaffen. Ich war Pazifistin."[11] Persönlicher Hintergrund für den Umzug in die Schweiz ist der Wunsch, in der Nähe der Tochter zu sein, die beim Großvater in Zürich lebt.

Claire wohnt in Genf mit der österreichischen Schauspielerin Elisabeth Bergner zusammen, studiert Medizin und schreibt gegen den Krieg an. In der Schweiz trifft sie auch auf die Liebe ihres Lebens: den Doktor der Rechtswissenschaften und Schriftsteller Yvan Goll aus Lothringen, der sich als Pazifist ebenfalls in die Schweiz geflüchtet hatte. Claire lernt den engagierten Antimilitaristen persönlich kennen, nachdem sie ihm auf einen seiner Artikel einen begeisterten Brief geschrieben hat. In den beiden Pazifisten mit der verkorksten Kindheit finden sich zwei Schicksalsgenossen.

Yvan Golls stürmische Zuneigung, sein drängendes Werben erschreckt sie zunächst. Trotzdem ist sie bereit, ihm nach Zürich zu folgen, wo sich viele ihrer Freunde aus Berlin niedergelassen haben. Sie verkehren dort mit Stefan Zweig, Else Lasker-Schüler und James Joyce.

Weil sie nicht bereit ist, Goll zu heiraten, sich nicht in bürgerliche Fesseln legen lassen will, tauschen sie vorerst nur symbolisch die Ringe und schwören sich ewige Liebe: „Ich schwöre dir, dich nie zu verlassen; denn ich würde mich damit selbst verlassen. Ich schwöre Treue; denn nur so kann ich mir selber treu bleiben. Ich will dich jeden Tag tiefer erkennen, um dich mehr lieben zu können; hilf mir deshalb jede Stunde mich selbst zu erkennen. Ich will immer neben dir gehen, ganz gleich, wie dein Weg sein wird; denn ich glaube an dich u[nd] deine Liebe. Ewig (nicht im Sinne der Menschen; denn das ist zu kurz.)"[12]

Wichtigstes Thema ihrer publizistischen Arbeiten ist der Krieg. Angesichts des nahenden Untergangs versucht sie vor allem ihr eigenes Geschlecht zu mobilisieren: „Frauen, wacht auf und erkennt die Gefahr! (...) Frauen, es darf nur mehr Gesetze geben für unsre Kinder, die von der Liebe und nicht von der Gewalt diktiert sind, die für das Leben und nicht für den Tod arbeiten! Frauen, die ihr dazu berufen seid, Kinder zu erziehen oder zu zeugen, wehrt euch. (...) Pflanzt in ihre Seelen den Hass gegen den Menschenhass! Pflanzt ihnen den Ekel am Krieg ein!"[13] Männer haben die Welt in die Katastrophe geführt, nun ist „Die Stunde der Frauen": „Der schmachvolle Zusammenbruch der von Männern geführten Völker müsste uns endlich lehren, die Welt unter einem anderen Gesichtswinkel als dem männlichen zu sehen. (...) Wo bleibt u n s e r e Revolution? Wann werden wir die ersten Fenster der Tyrannei einwerfen mit den steinernen Worten der Selbstbefreiung und Menschwerdung?"[14] Aus dem sinnlosen Sterben gibt es in ihren Augen nur eine Konsequenz, eine Lehre, die daraus gezogen werden muss: „Aus diesem Krieg müssten wir ewigen, zur Passivität verdammten Minderjährigen hineinwachsen in unsere Erdball-Aufgabe: der Mitarbeit an der Vergeistigung und Verbrüderung aller Menschen."[15] Ihre flammenden Artikel machen sie bald bekannt und sie wird zu einer der wenigen Autorinnen in Franz Pfempferts *Die Aktion*. Neben diesen agitatorischen Schriften verfasst sie auch erste literarische Texte und macht Bekanntschaft mit den Dadaisten um Tristan Tzara und Hans Arp. 1918 veröffentlicht sie in Pfempferts Aktionsverlag ihren ersten Gedichtband „Mitwelt". Diesem Buch folgt die Novellensammlung „Die Frauen erwachen".

Im November 1918 wird das Morden zwischen den Völkern endlich beendet. Nun kann die Neuordnung Europas und auch Deutschlands selbst beginnen. In München herrscht Revolution; trotzdem fährt Claire in ihre Heimatstadt. Erschreckt durch die stürmische Liebe Yvan Golls flüchtet sie sich in die Arme Rainer Maria Rilkes, über den sie schreibt: „Es ist keiner Frau je gelungen, ihm zu widerstehen."[16] Auch der Dichter ist sehr angetan von der schönen 27-Jährigen, die er Liliane nennt, und schreibt ihr nach der ersten Nacht: „Schön, wenn einmal so ein Herz über einem aufgeht, gar nicht erst in seinem ersten Viertel, gleich wie der ganze Mond in seiner vollkommensten Nacht -, nein, mehr: den[n] völlig ohne eine abgewendete Seite."[17] Sie sind sich sehr nahe und Claire ist hin und hergerissen zwischen Rilke und Goll. Später erzählt sie, dass sie sogar ein Kind von Rilke erwartet hätte, sich aber aufgrund der komplizierten Situation schweren Herzens zu einer Abtreibung entschlossen hätte. Selbst als sie sich letztlich klar für Goll entscheidet, bleibt ihr Rilke bis zu seinem Tod 1926 freundschaftlich verbunden, wie unzählige Briefe und einander übersandte und gewidmete Gedichte zeigen.

Nach einem Aufenthalt in Berlin, wo sie Zeuge der Januarunruhen wird, fährt Claire im März 1919 nach Zürich zurück. Im selben Jahr noch verlassen Claire und Yvan die Schweiz für immer und gehen nach Paris.

Claire, als Kind aus gutbürgerlichem Hause, spricht sehr gut französisch und schon ein Jahr später veröffentlicht sie ihren ersten Gedichtband auf französisch. Auch Yvan Goll schreibt fleißig, doch leben können sie davon nicht. Beide arbeiten deshalb zusätzlich als Übersetzer für deutsche, französische und amerikanische Literatur. Claire arbeitet zudem als Werbetexterin für Helena Rubinstein und schreibt Artikel für französische Modezeitschriften. Aufsehen erregt sie aber vor allem mit ihren sozialkritischen Reportagen über das Leben in den Straßen von Paris. Ihr Thema sind die Unterprivilegierten und die Ausgestoßenen, ihnen verleiht sie ihre Stimme. Dabei ist sie selbst strahlender Mittelpunkt der Pariser Kunstwelt. Zu ihren Freunden gehören die Surrealisten André Breton, Louis Aragon und Charles Vildrac. Marc Chagall, André Malraux und Robert Delaunay treffen sich in der Wohnung der Golls. Das Paar

Claire Goll. Foto 1921

steht Modell für Albert Gleizes, Zygmunt Menkes und Otto Dix. Chagall, Clavè und André Masson illustrieren ihre Bücher.

Claire verfasst sehr schöne Liebeslyrik, über die der Schriftsteller Karl Krolow nach ihrem Tod schreibt, sie seien von „erotischer Zeitlosigkeit"[18]. Denn, auch wenn Yvan Goll heute bekannter ist als seine Frau, steht sie zu Lebzeiten niemals in seinem Schatten, sondern geht stets ihren eigenen

Weg. Dass sie dennoch vielfach nur im Zusammenhang mit ihm wahrgenommen wird, verschuldet sie selbst, indem sie sich unverständlicher Weise als Frau immer wieder klein macht, was ihr später von Feministinnen auch vorgeworfen wird. Sätze aus ihrer Autobiografie wie: „Die Frau ist eine Null, nichts als eine Anhäufung von Eierstöcken (...)"[19], machen sie nicht gerade zur Vorzeige-Feministin. Claire Goll kämpft nicht um die Gleichstellung, im Gegenteil: „Ich konkurriere mit niemandem. Meine Rolle hat mir von jeher gepasst, und ich habe nie versucht, aus ihr auszubrechen. (...) Meine untergeordnete Situation behagt mir vollkommen, da sie mir alle Freuden und sogar Glück beschert hat. Für nichts auf Erden möchte ich den Männern gleichgestellt werden."[20] Trotzdem will sie niemals von einem Mann abhängig sein, sondern ist immer darum bemüht, auf eigenen Füßen zu stehen. Ein Mittel dazu sieht sie im Schreiben. Doch obwohl nur wenige Frauen der damaligen Zeit sich jene Freiheiten herausnehmen, die für Claire Goll ganz selbstverständlich sind, nimmt sie sich auch als Künstlerin immer zurück, stellt ihr Licht weit unter den Scheffel: „Trotz meiner kleinen Erfolge bin ich nichts, fühle mich als nichts. Ich bin nie auf die Idee gekommen, mit Goll zu konkurrieren. Ich habe mich immer eine Etage tiefer gefühlt."[21] Dabei wird schon einer ihrer ersten Romane „Eine Deutsche in Paris", in dem sie sich mit den Schwierigkeiten eines Lebens zwischen den zwei Kulturen Frankreich und Deutschland auseinandersetzt, ein großer Erfolg und bringt ihr sogar persönliches Lob des Literaturnobelpreisträgers Thomas Mann ein. Weitere politische und sozialkritische Romane wie „Der Neger Jupiter raubt Europa" (1926) und „Ein Mensch ertrinkt" (1929) manifestieren ihren Ruf als Schriftstellerin.

In zahlreichen ihrer Gedichte spiegelt sich ihre eigene Situation an der Seite von Yvan Goll wieder, und auch er selbst thematisiert diese Liebesbeziehung immer wieder in seinen Gedichten. 1925 geben sie gemeinsam einen Gedichtband heraus

„Poèmes d'amour". Der Band wird ein durchschlagender Erfolg, was nicht zuletzt der Aura zu verdanken ist, die seine Verfasser umgibt. Sie sind jung, gut aussehend und begabt, Lieblinge der Gesellschaft. Klaus Mann nennt sie „das schwärmerischste Paar von Auteuil"[22]. Diesem ersten Lyrikband folgen in den nächsten Jahren immer neue. Ihre Lyrik fasziniert, weil sie Einblick in eine große, nicht immer einfache Liebe gibt. Die Liebe der Golls ist absolut, doch sie ist nicht ausschließlich. Auch wenn die beiden am 21. Juli 1921 endlich geheiratet haben, ist die Ehe vor allem für Yvan Goll eine offene Ehe. Beide haben andere Partner, wenn auch nach genau definierten Regeln. Manche Dinge sind klar einander vorbehalten. Trotz dieser Abmachung leiden beide an der gegenseitigen Untreue. Liebe und Leid sind für Claire untrennbar miteinander verbunden. „Wirst du im Grab mir endlich ganz gehören?", schreibt sie in einem ihrer Gedichte. Aus Eifersucht schießt sie einmal sogar auf ihren Gatten und eine seiner Gespielinnen.

1931 lernt Yvan Goll bei einem Aufenthalt in Berlin die Dichterin Paula Ludwig kennen. Es ist der Beginn einer achtjährigen Beziehung, welche die Liebe der Eheleute auf eine harte Probe stellt. Claire fühlt sich von dieser Frau, mit der Goll sogar gemeinsame Gedichtbände herausgibt, bedroht. Sie versucht zunächst auf ihre Art, mit der Situation fertig zu werden und schreibt einen Roman, in dem die Hauptfigur ihre Rivalin mit Arsen tötet: „Jedes Opfer tötet seinen Mörder". Doch Yvan ist nicht bereit, sich zu entscheiden, lebt abwechselnd mit beiden Frauen. Claire Goll lenkt sich mit einigen unbedeutenden Affären ab, doch irgendwann ist sie am Ende ihrer Kräfte. 1938 zieht Paula Ludwig nach Paris und Yvan gesteht seiner Frau, von nun an mit Paula Ludwig leben zu wollen. Claire verliert daraufhin allen Lebensmut.

Am 23. Juli 1938 schluckt sie eine Überdosis Veronal. In ihrem Abschiedsbrief schreibt sie: „Und wenn ich auch in diesen Minuten alles verzeihe, habe ich doch eine heilige Bitte an dich: lebe nicht mit Paula L. Du kannst nicht mit dem Menschen das Dasein genießen, der es mir raubt, der seit vielen Monaten wusste um das Nahen des notwendigen Endes."

Yvan Goll findet Claire in letzter Minute und kehrt daraufhin zu ihr zurück.

Während die Golls mit ihren privaten Problemen zu kämpfen hatten, hat sich in Europa viel getan. Der Faschismus hat sich ausgebreitet und die Nachrichten, die aus Deutschland kommen, sind alles andere als günstig. Im Gegensatz zu vielen anderen harren die beiden, denen bereits 1933 die deutsche Staatsbürgerschaft aberkannt worden ist, nicht bis zum bitteren Ende in Frankreich aus. Ende August 1939 schiffen sie sich Richtung New York ein. Als sie am 6. September 1939 die USA erreichen, hat der Zweite Weltkrieg bereits begonnen.

Das Gefühl von Heimatlosigkeit kommt kaum auf hier in dieser Stadt, in der sie fast alle ihre Freunde wiedertreffen: Piet Mondrian, Max Ernst, André Breton, Marc Chagall. Zunächst fühlen sie sich wie im Urlaub, fahren nach Kuba und lassen sich schließlich ganz in New York nieder. Sie nehmen ihre Arbeit als Übersetzer und Journalisten wieder auf. Dabei lernen sie auch die Schattenseiten der USA kennen, werden mit Rassismus und Elend konfrontiert. Ihr eigenes Leben finanzieren sie vor allem mit Stipendien und Zuwendungen reicher Mäzene.

Trotz der großen Entfernung sind ihre Gedanken in Europa. Mit Entsetzen verfolgen sie die Ereignisse auf dem Kontinent und versuchen, die Menschen in Amerika über die Gefahren des Nationalsozialismus aufzuklären. Unter diesem Gesichtspunkt ist auch Claire Golls neuster Roman „Das Grabmal der unbekannten Liebenden" (1941), eine noch in Frankreich begonnene Anklageschrift gegen den Faschismus, zu bewerten. Sie ist in diesen Jahren äußerst produktiv, verfasst mehrere autobiografische Texte und publiziert einen Teil ihres Briefwechsels mit Rilke. Kurz vor Ende des Kriegs erhalten Claire und Yvan Goll die amerikanische Staatsbürgerschaft. Im gleichen Jahr erfährt Claire, dass ihr Mann an Leukämie erkrankt ist. Sie verschweigt ihm seine Krankheit so lange sie kann, lernt tagsüber zu lachen und nachts zu weinen. Die Sorge um seinen Gesundheitszustand führt dazu, dass sie die Rückkehr nach Frankreich immer wieder verzögert. Doch im Juni 1947, nachdem er endlich erfahren hat, wie es um ihn steht, ist Yvan Goll nicht mehr zu halten. Er will zurück nach Paris.

Hier hat der Krieg schwer gewütet. Ihre Wohnung in der Rue Raffet ist geplündert: Kunstgegenstände, Briefe, Manuskripte, alles ist verschwunden. Zum ersten Schock kommt noch hinzu, dass sie völlig mittellos sind. Yvan Goll fühlt sich zu schlecht, um wieder zu arbeiten, die Krankheit schreitet unaufhaltsam voran. So wird es ein Neuanfang unter schwierigsten Bedingungen. Er beginnt im Hotel d' Orsay, wo die ehemaligen Lieblinge der Kunstszene drei Jahre lang dahinvegetieren: „Vor der Emigration waren wir, ein gefeiertes Paar, im literarischen Milieu zu Hause gewesen. In unserer Wohnung in der Rue de Condé gaben sich Schriftsteller aller Nationalitäten die Klinke in die Hand; wer aber erinnerte sich acht Jahre später noch an die blassen Vorkriegsgespenster Yvan und Claire Goll? Der Name Goll war höchstens noch ein schwaches Echo in den Köpfen seiner eigenen Zeitgenossen. Krank und unbemerkt, noch nicht im Reich der Schatten, gehörte er schon nicht mehr ins Reich der Lebenden."[23] Im Dezember 1949 kommt Yvan Goll ins Krankenhaus. Er verlässt es nicht mehr lebend. Am 27. Februar 1950 stirbt er unter schrecklichen Qualen. Ganz zuletzt gibt er noch Zeugnis eines Lebens, wie es wohl nur zu jener Zeit möglich war: „Ich gehe mit französischem Herzen, deutschem Geist, jüdischem Blut und amerikanischem Pass."[24]

Nun ist Claire allein. „Mit dir ist die Sonne begraben. Der Mond – ertrunken im Teich der Tränen, geht nicht mehr auf solange ich lebe"[25], schreibt sie in ihrer Totenklage um den geliebten Mann. Lange Zeit kann sie es nicht fassen: „Ich, die

Yvan Goll

ich an nichts glaube und dem Mystizismus keinen Raum gebe, habe lange in der Erwartung von Yvans Rückkehr gelebt. Ich stand in tiefer Nacht auf, weil ich dachte, er warte vor der Tür. Jetzt, fünfundzwanzig Jahre nach seinem Begräbnis, überkommen mich noch Halluzinationen: ich höre seine Schuhsohlen knarren und glaube, ihn leise nach mir rufen zu hören,"[26] beschreibt sie 1976 in ihrer Autobiografie ihren Zustand.

Nicht nur seelisch ist sie in einer schlechten Verfassung. Auch finanziell geht es ihr nicht gut. Mehr schlecht als recht hält sie sich mit journalistischen Arbeiten über Wasser. Erst eine Erbschaft aus Deutschland ändert diese Situation. Claire Goll ist die einzig Überlebende ihrer Familie, und nach einigen Prozessen erhält sie unter anderem ihr Elternhaus in der Münchner Leopoldstrasse zurück. Obwohl sie bei der Rückgabe des Familienbesitzes von ihrem eigenen Anwalt übervorteilt und mit nur einem Bruchteil des Vermögens abgespeist wird, kann sie sich nun eine eigene Wohnung in Paris leisten: „Somit hatte ich mit mehr als siebzig Jahren endlich ein Dach über dem Kopf, unter dem ich ruhig schlafen und arbeiten konnte, ohne befürchten zu müssen, demnächst wegen eines Zahlungsrückstandes daraus verjagt zu werden."[27] Bis zu ihrem Tod lebt sie dort im VII Arrondissement.

In den nächsten Jahren sieht sie ihre Aufgabe vor allem als Nachlassverwalterin ihres Mannes. Sie wird die „Sekretärin eines Toten"[28], wie sie sich selbst nennt. Von 1952 bis 1954 reist sie durch die USA und hält Vorträge über das Werk Yvan Golls. Sie fängt ferner an, wieder selbst zu dichten, aus der Liebeslyrik wird Trauerlyrik. „Trauer um Ivan" heißt der 1960 veröffentlichte Gedichtband. Sie publiziert auch aus Golls Nachlass, wobei sie eigene Korrekturen mit einfließen lässt, was ihr bei der Kritik den Vorwurf der Ungenauigkeit, ja gar der Fälschung einbringt. Doch sie sieht das anders, versteht sich als Sprachrohr Golls, das dessen Texte nur noch verschönert. Sie lässt keine Kritik gelten, hält sich als seine Witwe für unangreifbar. Claire Goll geht völlig in dieser Rolle auf, wird hart und ungerecht, wenn es sich um das Werk ihres Mannes handelt.

Mit dieser Haltung löst sie einen der größten Literaturskandale der Nachkriegszeit aus. Seit 1953 beschuldigt sie immer wieder den Dichter Paul Celan, zunächst im privaten Kreis, später auch öffentlich, in seinem Gedichtband „Mohn und Gedächtnis" (1951) Bilder und Metaphern von Goll übernommen zu haben. Dabei kennt sie Celan gut. Der Dichter ist von 1949 an so eng mit dem Ehepaar Goll befreundet, dass sogar von Adoption die Rede war. Nach Golls Tod hatte Claire Paul Celan mit der Übersetzung seiner Gedichte beauftragt. Zeitgleich hatte sie allerdings eigene, sehr frei bearbeitete Übersetzungen herausgegeben. Nachdem Golls Verleger die von Celan angefertigten Übersetzungen, auf Intervention von Claire Goll, mit der Begründung, Celan sei zu weit vom ursprünglichen Text abgewichen, abgelehnt hatte, kam es zum Bruch, der sich im Laufe der Jahre immer mehr zuspitzte. Als Claire Goll nun scheinbare Parallelen zwischen den Gedichten Golls und Celans Gedichtband ausfindig macht, startet sie eine großangelegte Kampagne, in der sie Celan öffentlich des Plagiats beschuldigt. 1960 publiziert sie ihre Vorwürfe in einer Münchner Literaturzeitschrift. Damit löst sie eine heftige Diskussion um den Dichter aus, der soeben den Büchnerpreis erhalten hat. Obwohl Celan einer der herausragendsten Dichter der jungen Bundesrepublik ist, gelingt es dem psychisch schwer Angeschlagenen nicht, sich erfolgreich zur Wehr zu setzen. Im Deutschland der Nachkriegeszeit, das noch immer Probleme mit seinen Juden hat, fallen die Anschuldigungen auf fruchtbaren Boden. Von 1962 an ist Celan dauerhaft in psychiatrischer Behandlung. Bald vertraut er niemandem mehr, verzweifelt am Leben. 1970 stürzt er sich in Paris von der Mirabeau Brücke in die Seine. Claire Goll hält ihre Vorwürfe lebenslang aufrecht, auch wenn sie sich, wie Barbara Wiedemann 2000 in ihrer Dokumentation „Die Goll-Affäre" nachweisen konnte, letztlich als haltlos erwiesen. Geschadet hat sie dadurch jedoch nicht nur Paul Celan, sondern vor allem dem Werk Yvan Golls, das bis heute mit jener Affäre in Verbindung gebracht wird.

Doch auch wenn sich Claire Goll zu allererst dem Andenken ihres Mannes verpflichtet fühlt, macht sie sich nun ebenfalls Gedanken um ihr eigenes Erinnern. Sie verfasst mehrere autobiografische Romane, die viel Erlebtes, aber auch manches Erfundene enthalten. Damit gelingt es ihr, eine Legende um die wahre Claire Goll zu stricken, die auch heute noch nur schwer zu durchschauen ist. Ihre Einschätzung als Femme fatal wird vor allem durch ihre 1976 veröffentlichte Autobiografie „Ich verzeihe keinem" geprägt. Das Buch gerät zur Abrechnung mit anderen, mit sich selbst, mit dem Leben an sich: „Die Zeit ist unerzählbar. Niemand, nicht einmal ich, könnte jetzt noch alle meine Freuden und Schmerzen verstehen. Die Augenblicke, wie sie von mir erlebt wurden, haben nach und nach ihren Gehalt verändert und einen neuen Sinn bekommen, an dem ich nun festhalte. Dies wird meine Wahrheit sein, weil ich meinen fünfundachtzig Jahren nicht ausweichen will. Mir liegt nichts daran, mein Leben neu zu durchleben, und um nichts in der Welt möchte ich noch einmal sechzehn sein."[29] Mit diesem Buch macht sie auch die Liebe zu dem 20-jährigen François Xavier Jaujard publik, die sie als über 70-jährige noch erlebt. In dieser ungewöhnlichen Beziehung, die drei Jahre lang währt, findet sie endlich auch die körperliche Erfüllung, die ihr trotz ihrer vielen Liebschaften fremd geblieben ist: „Zwischen ihm und mir ereignete sich die unverständliche, aber alles überstrahlende Entdeckung der Sexualität. Erst durch ihn erfuhr ich, dass ich ein Leben hinter mich gebracht hatte, ohne den Orgasmus kennen zu lernen, den alle Frauen ersehnen. (...) Weder Goll noch meine Liebhaber hatten mich für die geheimen Spiele der Liebe aufgeschlossen."[30]

Die letzten Jahre verbringt Claire Goll damit, ihre Erinnerungen zu sammeln und an die Nachwelt zu verteilen: „Wir wissen nicht, was die nächste Nacht für uns bereithält, wir wissen kaum mehr, was gestern war. Die Erinnerung allein fügt die Momente wieder zusammen."[31] Yvan Golls Nachlass und auch ihren eigenen übergibt sie dem Literaturarchiv in Marbach, in der Hoffnung, damit dem Vergessen entgegenzuwirken. Am 30. Mai 1977 stirbt sie im Alter von 86 Jahren an Krebs. Sie wird im Grab ihres Mannes auf dem Pariser Friedhof Père Lachaise beigesetzt.

Noch heute ruft ihr Name höchst unterschiedliche Reaktionen hervor.

Man kann über Claire Goll sicherlich geteilter Meinung sein, doch eines ist unbestreitbar: Sie hat ihren Weg tatsächlich bis zum Ende hoch erhobenen Hauptes verfolgt und damit ihre Vorstellung von einem erfüllten Leben verwirklicht: „Das Leben ist ein Traum, den man wie ein Schlafwandler durchschreitet. Ein lächerlicher Schaum, ein leichter Nebel, der die Stunden einhüllt, die uns zugemessen sind. Einen kurzen Augenblick nur wohnt unser Geist in einer vergänglichen Hülle. Man muss das Äußerste daraus machen. Ich habe mein Bestes getan: Ich habe viel Liebe gegeben, ich habe noch mehr empfangen. Von meinen Nächten und meinen Tagen ist dies alles, was mir bleibt."[32]

*„In der Hosn hab ich immer
a freche Goschn ghabt."*

Liesl Karlstadt:
Die traurige Komödiantin

1892 MÜNCHEN – 1960 GARMISCH

„In dieser merkwürdigen, doppelbödigen, leisen, unheimlichen Welt [Karl Valentins] ist Liesl Karlstadt sozusagen das Diesseits, der Tag, das Maß, das Umgrenzte, Natürliche, Vernünftige, das Bürgerliche, der Verstand bis hinab ins Nüchterne, der Gegenpol aller lächelnden oder melancholischen oder bissigen Narretei (...). Stets (...) ist sie der ‚normale‘ Widerpart, an dem der Funke des Valentinschen Urnonsens sich erst entzündet – sozusagen der Sancho Pansa zu dem Don Quichotte Carl Valentins"[1], schreibt Rudolf Bach 1937 über die Frau an der Seite Karl Valentins. Als Bühnenpartnerin Valentins ist Liesl Karlstadt bis heute einem Millionenpublikum bekannt. Doch wer die Frau neben Valentin wirklich war, wissen nur wenige.

Am 12. Dezember 1892 wird Liesl Karlstadt als Elisabeth Wellano in München-Schwabing geboren. Ihr Vater Ignaz Wellano stammt aus Osterhofen in Niederbayern, ihre Mutter Agathe Edenhofer aus Regen im Bayerischen Wald. Elisabeth ist das fünfte von insgesamt neun Kindern der Familie. Vier der Geschwister sterben, wie zu dieser Zeit durchaus üblich, noch im Kindesalter. Es herrschen ärmliche Verhältnisse in der Einzimmerwohnung in der Zieblandstraße 11. Der Vater arbeitet als Bäcker in der Dombäckerei Ringler am Frauenplatz, die Mutter führt einen kleinen Milchladen auf der Schwanthaler

Höhe. Elisabeth hilft ihr dabei und trägt vor der Schule die Milch aus. Trotzdem reicht das Geld meist hinten und vorne nicht.

Bis zur achten Klasse besucht Elisabeth die St. Ludwigsschule in der Amalienstraße, dann ereilt sie das Schicksal vieler Kinder ihrer Gesellschaftsschicht. Obwohl sie eine gute Schülerin ist und gerne weiter zur Schule gehen würde, muss sie abgehen und von nun an selbst für ihren Unterhalt sorgen. 1906, mit 13 Jahren, beginnt sie eine Ausbildung als Verkäuferin im Textilgeschäft Eder am Viktualienmarkt. Zwei Jahre später wechselt sie ins Kaufhaus „Herman Tietz", in die Kurzwarenabteilung. 1909 stirbt die Mutter. Für die 16-jährige Elisabeth ist dies ein schwerer Schlag, denn sie hängt sehr an der Mutter. Der Tod der geliebten Mutter wird zum Beginn eines Abnabelungsprozesses vom Elternhaus, an dessen Ende sie endlich den Mut findet, offen zu ihrer lang gehegten Leidenschaft zu stehen: der Bühne.

1911 steht sie zum ersten Mal auf den Brettern, die die Welt bedeuten. In der „Dachauer Bauernkapelle und Singspielgesellschaft Adalbert Meier" tritt sie unter dem Künstlernamen Elise Wellano als Coupletsängerin auf. Weil ihr die Doppelbelastung als Verkäuferin und Schauspielerin bald zu viel wird, kündigt sie ihre Stellung. Mit einer monatlichen Gage von 90 Mark verdient sie nun ohnehin doppelt so viel als zuvor bei Tietz. Obwohl sie nicht wenig erfolgreich ist, erfährt sie von Zuhause keine Unterstützung, im Gegenteil. Ihr Vater ist strikt gegen ein Leben als „Brettlhupferin" und macht ihr schwere Vorwürfe. Doch Elisabeth ist überzeugt davon, das Richtige zu tun, auch wenn der Anfang nicht leicht ist: „Bei den Volkssängern arbeitete ich Solo, sang den üblichen Entree Chor und spielte lustige Einakter, Bauernkomödien, dramatische Schauspiele ... Ich konnte schlecht jodeln – und noch schlechter Komödiespielen, aber ich war sehr stolz auf mich."[2] Die junge Frau, der man die gewünschte Schulausbildung verweigert hatte, der man als Angehörige der Unterschichten nicht gestatten wollte, sich selbst zu verwirklichen, bricht nun aus dem ihr vorgezeichneten Lebensweg aus und nimmt ihr Schicksal selbst in die Hand.

Im kommenden Jahr tritt sie mit verschiedensten Volkssängergruppen auf, bis es zu jener Begegnung kommt, die für ihr weiteres Leben bestimmend sein wird: sie lernt Karl Valentin kennen. Nach einem Auftritt im „Frankfurter Hof" spricht er sie an, allerdings nicht allzu charmant, wie sich Liesl Karlstadt später erinnert: „Der hat zu mir gesagt: ‚Sie, Fräulein, Sie sind als Soubrette aufgetreten, heut hab ich Sie zum ersten Mal gesehen. Des is nix. Wissens, Sie san so schüchtern, und so brav schaun Sie aus. A Soubrette muss ganz kess sein, die muss an Busn habn. Des is nix für Sie. Aber Sie sind sehr komisch, Sie müssen sich aufs Komische verlegen'."[3] Obwohl zunächst beleidigt ob der offenen Kritik, folgt sie bald darauf seinem Rat, vor allem, da ein von ihm verfasstes Couplet ein großer Erfolg für sie wird. Von nun an tritt sie solo als „Blödsinnskönigin Frl. Lisi" auf.

Nachdem Valentin sie in letzter Minute von einer Tournee abhält, spielt sie im Juli 1913 als „Liesl Macstadt" zum ersten Mal mit einer eigenen Nummer an der Seite Valentins. Kurz darauf folgt der schon legendäre erste gemeinsame Auftritt des Paares im Alpensängerterzett „Alpenveilchen", einer Persiflage auf die Zunft der Volkssänger. Elisabeths Auftritt, bei dem sie auf einen Stuhl steigt, weil sie das Lied vom Edelweiß, eine Parodie auf Weiß Ferdls „Lied vom Edelweiß", ansonsten nicht hoch genug singen kann, wird ein durchschlagender Erfolg.

Nun ändert Elisabeth Wellano zum letzten Mal ihren Künstlernamen. In Anlehnung an den bekannten Münchner Humoristen Karl Maxstadt (1853–1930), Valentins großes Vorbild, nennt sie sich nun Liesl Karlstadt. Die beiden Künstler haben beschlossen, von nun an gemeinsam aufzutreten. Im selben Jahr noch dreht sie mit Valentin, der bereits sehr früh auf das neue Medium Film setzt, ihren ersten Stummfilm. „Karl

Valentins Hochzeit", entstanden im eigenen Filmatelier, zeugt zwar von Valentins Weitblick, es interessiert sich jedoch trotzdem niemand dafür.

1914 stirbt ihr Vater. Liesl Karlstadt, inzwischen 22 Jahre alt, kümmert sich von nun an neben der Bühnenkarriere auch noch um die jüngeren Geschwister. Besonders an ihrer Schwester Amalie vertritt sie jetzt die Eltern, was zu einer besonders innigen Beziehung der Geschwister führt. Beruflich braucht sie sich keine Sorgen zu machen. Unbehelligt vom Ausbruch des Ersten Weltkrieges geht es mit der Karriere des Komikerpaares steil bergauf. Im Juni 1915 übernehmen die beiden gemeinsam die Leitung des Kabaretts „Wien-München" in der Sonnenstraße. In den nächsten Jahren gastieren sie in allen berühmten Münchner Kabarettbühnen: im „Benz", im „Annenhof", im „Serenissimus", im „Charivari", im „Kammerbrettl" und im „Germania". Sie treten in Wirtshäusern und auf Vereinsfeiern auf, vor Intellektuellen und Arbeitern. Sie spielen für die Kriegsfürsorge und für Heimkehrer, auf Wohltätigkeitsveranstaltungen und im Lazarett. 1918 wird Liesl Karlstadt dafür mit dem König-Ludwig-Kreuz ausgezeichnet.

In diesen Jahren entstehen Stücke wie „Tingel-Tangel" oder „Münchner Bürgerwehr", die dem Publikum bis heute in ihren modifizierten Fassungen „Orchesterprobe" und „Die Raubritter vor München" ein Begriff sind. Die Zuschauer sind begeistert von diesem Paar, das schon rein optisch ein Lacher ist: sie – klein und rundlich, er – ellenlang und spindeldürr.

Sie sind einander in jeder Beziehung die perfekte Ergänzung. Valentins skurriler Nonsens kann sich nur im Zusammenspiel mit der unbeirrbaren Normalität seiner Partnerin entwickeln. Nur weil Liesl Karlstadt auf alle noch so abstrusen Argumente eingeht und mit ihm die unmöglichsten Dinge ernsthaft durchdiskutiert, kann Valentins Humor wirken. Zudem ist Liesl Karlstadt ungeheuer wandelbar und sorgt dafür, dass die Grotesken vor immer neuem dramaturgischem Hintergrund stattfinden können. Sie spielt alles, was die Situation verlangt, während Valentin immer nur sich selbst gibt. Im Laufe der Zeit hat sie ein ganzes Repertoire an Figuren zusammen, die man ihr alle ausnahmslos abnimmt. Darunter sind komische Frauenrollen, in denen sie gestandene Weiber wie „Kreszenzia Hiagelgwimpft", die Standlfrau vom Viktualienmarkt, oder die „Hausmoasterin" darstellt.

Es fällt auf, dass ihre Frauen immer laut und komisch sind, nie wirklich weiblich. Dabei ist Liesl Karlstadt eine junge hübsche Frau, die bisher immer als fesche Soubrette aufgetreten ist. Die Diskrepanz zwischen ihrer Person und ihren Rollen ist groß, dies registriert sogar die Kritik: „Liesl Karlstadt ist ein Unikum (...) in der Überwindung aller weiblichen Eitelkeit. Im Gegensatz zu Tausenden ihrer Kolleginnen wählt sie fast immer Typen, die sie um Jahrzehnte älter erscheinen lassen, als sie wirklich ist. Wer sie nur auf dem Podium sah, hat keine Ahnung, was für eine jugendliche, frische, fesche und sympathische Persönlichkeit sich hinter diesen Brillen und Kapotthüten einherbewegt."[4]

Doch in ihrem Verwirrspiel zwischen Realität und Fiktion geht sie noch viel weiter. Berühmt wird Liesl Karlstadt vor allem für ihre Hosenrollen. Hier brilliert sie als junger Bursche ebenso wie als gestandenes Mannsbild. Insgesamt achtzehn verschiedene Männerrollen spielt sie. Ob als „Firmling" oder als „Lucke von der Au", stets ist sie die perfekte Verkörperung des Dargestellten. Wie gut sie in ihrer Verwandlungskunst wirklich ist zeigt sich an den zahlreichen Liebesbriefen die sie von Frauen erhält, die glauben, hinter der Maske stecke tatsächlich ein Mann. Es gelingt ihr, mit ihren Verkleidungen sogar enge Freunde und Bekannte zu täuschen. Doch, obwohl in diesem Rollenspiel begnadet wie keine Zweite, fällt es ihr nicht immer leicht, ihr Geschlecht derart zu verleugnen: „Es hat mich erst Mühe gekostet, meine weibliche Eitelkeit dabei zu vergessen. Wenn ich z. B. den Kapellmeister im ‚Vorstadt-orchester' spiele, mit Spitzbart und ausgestopftem Bauch, da nehmen viele, die mich in Wirklichkeit nicht kennen, an, ich wöge zwei Zentner und sei 60 Jahre alt."[5]

Doch ihre Rollen erlauben es ihr auch, sich hinter ihnen zu verstecken. Was kaum jemand weiß: Die gestandene Münchnerin hat ihr Leben längst nicht so gut im Griff, wie es nach außen hin scheint. Schon seit längerer Zeit lebt sie in einer äußerst unbefriedigenden privaten Situation. Seit 1911 ist sie die Lebensgefährtin des verheirateten Karl Valentin. Das Verhältnis der beiden ist kein Geheimnis, auch für Valentins Ehefrau Gisela nicht. Dass diese der Rivalin nicht wohlgesonnen ist und jede Begegnung vermeidet, ist gut nachvollziehbar. Auch weigert sie sich beharrlich, für Liesl Karlstadt Bühnenkostüme zu nähen. Nie kommt sie ins Theater oder begleitet Valentin auf seinen Tourneen.

Liesl Karlstadt

Auch Valentin selbst trennt streng zwischen Ehefrau und Bühnenehefrau und konfrontiert sie nur selten miteinander. Schenkt man den zahlreichen Anekdoten Glauben, dann ist dies wahrlich kein Fehler.

Mehrmals kommt es zum Streit zwischen den Frauen, einmal angeblich sogar zu einer handfesten Auseinandersetzung. Als Gisela Valentin die beiden einmal Arm in Arm am Sendlinger Tor spazieren gehen sieht, geht sie mit dem Regenschirm auf Liesl Karlstadt los, während ihr treuloser Mann schnell das

Weite sucht. Danach bleibt sie der gemeinsamen Wohnung über Monate fern. Dass die Situation für sie ähnlich schwierig ist wie für Liesl Karlstadt kann man verstehen. Jahre später vertraut Gisela Valentin dem Münchner Merkur an: „Die meisten Leut haben immer gemeint, die Liesl Karlstadt wär seine Frau! Aber wenn ich gemeint hab, zurücktreten zu sollen, dann hat er mir immer wieder versichert: ‚Ohne dich kann ich nicht leben!'"[6] An eine Scheidung denkt die gläubige Katholikin ohnehin nie, zu sehr liebt sie ihren Mann. Weil sie jedoch weiß, dass Valentin sich niemals von Liesl Karlstadt, die ja nicht nur Geliebte, sondern auch Teil seines Erfolges ist, trennen wird, arrangiert sie sich letztlich mit der Situation.

Dies gelingt ihr besser als Liesl Karlstadt. Diese hat nur langsam begriffen, dass Valentin sich zwar nie von seiner Frau scheiden lassen wird, andererseits aber von ihr Ausschließlichkeit in der Beziehung verlangt. Wie ernst es ihm damit ist, bekommt sie mehr als einmal zu spüren. Eifersüchtig verfolgt er jeden Kollegen, jeden Freund, mit dem sie sich trifft. Zeigt sie einmal größeres Interesse für einen anderen Mann, reagiert er mit wütenden Schimpftiraden. 1926 lässt er sie gar von einem Detektiv überwachen, als sie mit ihrem Kollegen Josef Rankl spazieren geht. Zudem verbietet er ihr, auch nur ein Wort mit Rankl außerhalb der Bühne zu wechseln. Als sie sich 1927 mit dem Chauffeur Josef Kolb verlobt, droht Valentin gar, Kolb auf dem Standesamt zu erschießen und ihr Scheuklappen anzulegen, damit sie keinen anderen Mann mehr ansehen kann.

Ihr privates Chaos stärkt nicht gerade ihr Selbstbewusstsein als Frau. Kein Wunder, dass sie die Bühne und das Spiel mit den Geschlechtern nutzt, um die Person Liesl Karlstadt hinter ihren Rollen zu verbergen. Dort kann sie für kurze Zeit Verletzlichkeit und Unsicherheit abwerfen und polternd und dominant gegen Valentin auftreten. Eine Situation, die sich in der Wirklichkeit so ganz anders darstellt. Unsicher in ihrer Weiblichkeit, mit einem Partner, den sie mit seiner Frau teilen muss und der sich niemals ganz zu ihr bekennt. Hier auf der Bühne ist sie ein ganzer Kerl: sie säuft, flucht und rauft.

Doch für die sensible junge Frau wird das Bühnenspiel, in das sie so viel vom täglichen Leben mit hineinnimmt, in dem Realität und weibliche Identität verschwimmen, aller Spielfreude zum Trotz ein immer größeres Problem.

Für Valentin hingegen ist sie privat und beruflich unentbehrlich. Sie ist Bühnenpartnerin, Ideengeberin, Managerin, Psychiaterin – alles in einem. Ihre Aufgabe ist es, seine spontanen Einfälle auf der Bühne schriftlich zu fixieren, alle Veränderungen zu notieren und ihn durch die richtigen Fragen zu immer neuen dialektischen Höchstleistungen zu bringen: „Wir verfassen unsere Stücke selbst, indem wir in die Probe gehen, bewaffnet mit Bleistift und einem Stück Papier. Da sprechen wir von verschiedenen vorhandenen Ideen, das heißt: Ich stelle Fragen, und er beantwortet sie mir! Alles, was er mir da sagt, schreibe ich sofort auf."[7] Meist sind es Beobachtungen des normalen Alltags, in denen der ganz normale Wahnsinn sichtbar wird. Die Idee zum „Firmling" bringt Liesl Karlstadt 1922 aus der Apotheke mit, wo ein Vater aus Begeisterung über den Firmanzug seines Sohnes immer wieder auf die Theke schlägt und dabei ausruft: „Der Bua probiert den Anzug und stellen S' Eahna vor – passt hat er!"

Obwohl das Komikerduo Karlstadt-Valentin einander in nichts nachsteht und Liesl Karlstadt Valentin was das Improvisationstalent anbetrifft, durchaus ebenbürtig ist, wird ihre Leistung nur selten wahrgenommen, worüber sie sich bitter beklagt: „Die Zeitungen haben bis dato nur über ihn geschrieben und mich total vergessen."[8] Das Paar heißt Valentin–Karlstadt, nicht umgekehrt. Während sein Name in riesigen Lettern auf Plakaten angekündigt ist, steht ihr Name klein darunter. Selbst wenn die *Weltbühne* schreibt: „Wie es dieser Karlstadt, der zweiten Hälfte dieses bayerischen Monstrums Valentin, gelingt, diese andere Hälfte zu überleben, zu dirigieren, diesen stillen, tötenden Blödsinn, diese Reisen ins Irreale

Liesl Karlstadt und Karl Valentin in dem Stück
„Sonntag in der Rosenau"

zurückzuführen, muss man gesehen haben, man kann es nicht schildern!"[9], wird sie nur selten als eigenständige Künstlerin wahrgenommen. Manchmal sieht man in ihr noch die kongeniale Partnerin Valentins, meistens aber nur die Stichwortgeberin. Gerade intellektuelle Zuschauer, die nicht müde werden, Valentins anarchistische Kapriolen zu rühmen, versagen ihr die ganz große Anerkennung. Weder ein Kurt Tucholsky noch ein Alfred Kerr entdecken ihr Talent, durchschauen gar ihre Bedeutung für Valentin, dessen Genie nur durch die Zusammenarbeit mit ihr zum Vorschein kommt. Kaum jemand weiß, dass sie eine begnadete Musikerin ist und neben Klarinette auch Flöte, Piccoloflöte, Posaune, Gitarre, Tuba, Ziehharmonika und Trommel spielt.

1922 erhalten die beiden eine Einladung an die Münchner Kammerspiele. Valentin ist zunächst skeptisch, ob ihre Stücke vom dortigen Publikum angenommen werden, doch dieses ist begeistert von den so genannten Nachtvorstellungen. Das

Paar agiert dort gemeinsam mit Bert Brecht und Joachim Ringelnatz und erobert sich damit einen neuen Wirkungskreis. 1924 werden in diesem Rahmen „Die Raubritter vor München" mit dem berühmten „Ententraum" aufgeführt. Das Publikum der Kammerspiele feiert die Premiere enthusiastisch und macht die Zeit dort zu einem triumphalen Erfolg für die beiden Komiker.

In diesen Jahren spielen sie zum ersten Mal auch außerhalb Münchens. Sie treten in Wien, Zürich und Berlin auf, was angesichts der Neurosen und Phobien, unter denen Valentin leidet, eine ungeheuere Leistung darstellt und sicherlich Liesl Karlstadts ganze Geduld erfordert. Vor allem seine ganz massive Reiseangst macht jede Tournee zur Hölle. Immerfort sieht sich der Komiker größter Gefahr ausgesetzt, träumt von Eisenbahnunglücken, einstürzenden Gebäuden, unheilbaren Krankheiten. Zumeist ist es nur Liesl Karlstadt zu verdanken, dass er die Bühne überhaupt betrit und das Theater nicht schon vor Beginn der Vorstellung fluchtartig verlässt.

Das Leben mit Valentin ist weder auf der Bühne noch im wirklichen Leben ein Vergnügen, wie jene Widmung Liesl Karlstadts auf einem Foto für Valentin zeigt: „Meinem komischen Partner und Patienten Karl Valentin in nie versagender Geduld gewidmet von Liesl Karlstadt. Beruf: Nervenärztin, Nebenbeschäftigung: Komikerin."[10]

1924 spielen sie in Berlin im „Neuen Operettenhaus am Schiffsbauerdamm", doch dann hat Liesl Karlstadt einen Autounfall und alle weiteren Vorstellungen müssen abgesagt werden. Vier Jahre später treten sie nochmals in Berlin auf, im „Kabarett der Komiker", das den beiden die bis dato höchste an Künstler bezahlte Gage von 350 Reichsmark für zwei Vorstellungen täglich auszahlt. Hier nimmt man endlich einmal auch Liesl Karlstadts großen Anteil am Erfolg des Duos wahr: „Sie ist nicht nur dem Valentin die beste Ergänzung, die man sich denken kann, instinktiv auf ihn eingestellt, prompte Stichwortbringerin, den Improvisationen gewachsen, über-

haupt die verständnisvolle, gleichgesinnte, kongeniale Mitarbeiterin, sie ist auch ein großes selbstständiges Schauspie-
lertalent, eine bedeutende Künstlerin, der das Schwierige gelingt, in Hosenrollen durchaus glaubhaft zu sein."[11]
Derartige Bewertungen ihrer Leistung sind selten und je älter
sie wird, umso weniger reicht es Liesl Karlstadt, nur Teil eines
Ganzen zu sein. Vor allem seit ihr Verhältnis zu Valentin Ende
der zwanziger Jahre mehr und mehr abkühlt, sucht sie nach
neuen Möglichkeiten. Nach fast zwanzig Jahren Bühnenpart-
nerschaft ist sie entschlossen, noch einmal von vorn zu beginnen, sich neu zu orientieren. Da man ihr immer wieder große
Wandlungsfähigkeit und Darstellkunst bescheinigt hat, will
sie es nun auch einmal mit ernsthaften Rollen versuchen und
nimmt Schauspielunterricht bei Mara Feldern-Förster.
Im Dezember 1930 übernimmt sie an Stelle Therese Giehses
die Frau Vogel in Bruno Franks Erfolgsstück „Sturm im Wasserglas" in den Münchner Kammerspielen. Otto Falckenberg
hat dieses Experiment gewagt und die Reaktion von Kritikern
und Zuschauern gibt ihm Recht: „Und eben weil man Liesl
Karlstadt im Großen und Ganzen wohl nicht immer so nach-
drücklich gewürdigt hat, wie sie es verdient, war es gut, sie
auch einmal allein zu sehen – als eine selbstständige Künstlerin, die aus dem Schatten ihres erstaunlichen, erschütternden Partners Valentin auf einige Stunden heraustritt."[12] Nebenbei tritt sie auch weiter mit Valentin auf, der ihr für ihre
Bühnenausflüge als Einziger kein Lob zollt. Ob dafür seine
Angst, die Partnerin zu verlieren, verantwortlich ist oder die
Überzeugung, dass Liesl Karlstadt ohnehin nur an seiner Seite
wahren Erfolg haben kann, wer weiß. Ein späteres Schreiben
Valentins an die Partnerin macht seine Einstellung allerdings
ziemlich deutlich: „Dir muss eines klar sein, wenn du auch
schon hie u da allein Theater gespielt hast, oder Film. Die
richtige Lisl Karlstadt bist du *nur* an *meiner* Seite."[13]
Unbeirrt davon steckt Liesl Karlstadt ihre Fühler in verschiedene Richtungen aus, arbeitet für Rundfunk und Film. 1932

spielt sie gemeinsam mit Karl Valentin in Max Ophüls „Die verkaufte Braut". Der große Regisseur erinnert sich später an das Verhältnis der beiden: „Das Fräulein hat er sehr geliebt, aber er war immer grob zu ihr und hat kaum mit ihr gesprochen."[14]

Ihre Versuche, auf eigenen künstlerischen Beinen zu stehen, haben sicherlich auch damit zu tun, dass sich Karl Valentin seit einiger Zeit einer anderen Frau zugewandt hat, der erst 14-jährigen Schülerin Annemarie Fischer. Liesl Karlstadt reagiert empört und eifersüchtig auf diese Liaison, es kommt zu heftigen Szenen zwischen beiden. Vermutlich gibt dies den letzten Anstoß für Liesl Karlstadt, sich freizuschwimmen, raus aus dieser unseligen Verbindung, die zwar künstlerisch fruchtbar ist, persönlich für sie aber immer mehr zur Katastrophe wird. Selbst äußerst sensibel veranlagt, mit einem leichten Hang zur Hysterie, hat ihr das Zusammensein mit dem neurotischen Karl Valentin seelisch mehr geschadet als genützt. Immer darauf bedacht, seine Launen aufzufangen, ist sie selber immer tiefer darin verstrickt worden, hat seine nervösen Zustände auf sich übertragen, seine Probleme zu ihren gemacht. Er, das Genie, hat sich nie Gedanken über sein Verhalten ihr gegenüber gemacht, nimmt es als Selbstverständlichkeit hin, dass sie ihn rund um die Uhr bemuttert, doch ihr wird alles zu viel. Sie begibt sich zu dem Individualpsychologen der Adler Schule, Dr. Leonhard Seif, in Behandlung, um ihre nervösen Zustände besser in den Griff zu bekommen.

In dieser nervlich belastenden Situation geschieht etwas, was ihre Unsicherheit noch verstärkt: Sie gerät in große finanzielle Schwierigkeiten. Karl Valentin überredet sie dazu, ihre gesamten Ersparnisse in ein Kuriositäten- und Schaukeller-Panoptikum zu investieren. Beide haben in den letzten Jahren gut verdient und sind durchaus wohlhabend geworden. Auch wenn Liesl Karlstadt dem Projekt mehr als skeptisch gegenübersteht, lässt sie sich schließlich darauf ein. Am 21. Oktober 1934 öffnen sich im Keller des Hotels „Wagner" in München die Türen von Valentins großem Traum, den er außerdem für einen Publikumsrenner hält. Doch niemand interessiert sich für die dort ausgestellten Dinge, wie den pelzgefütterten Zahnstocher, den Stein mit dem David Goliath erschlagen hat oder den Apfel, in den Adam gebissen hat. Dabei sind dies noch die unterhaltsameren Dinge. Valentins Vorliebe für mittelalterliche Folterinstrumente sind selbst für Hartgesottene eine Zumutung. Hinweise, wie die des Dichters Eugen Roth, der ihn auf die Perversion eines derartigen Gruselkabinetts angesichts der realen Folter unmittelbar vor den Toren Münchens im Konzentrationslager Dachau aufmerksam macht, quittiert der Komiker mit Unverständnis. Da fast niemand kommt, um die Schau zu sehen, verliert Liesl Karlstadt in einer Zeit wirtschaftlicher Misere einen Großteil ihres investierten Geldes. Als die Schau im November 1935 endgültig geschlossen wird, ist der Zusammenbruch Liesl Karlstadts längst erfolgt.

Ihr Leben ist in den letzten Monaten immer mehr aus den Fugen geraten. Ihr Dauerverlobter Joseph Kolb hat das Hin- und Her zwischen Karlstadt und Valentin endgültig satt und löst 1934 die Verlobung. Auch wenn Kolb ihr nicht immer treu gewesen sein soll, ist die Trennung für Liesl Karlstadt ein schwerer Schlag. Während sie auf der Bühne die Menschen zum Lachen bringt, verdunkelt sich ihre Seele mehr und mehr. Immer öfter zieht sie sich deprimiert zurück, hadert mit sich und der Welt. Ihr Zustand verschlimmert sich zusehends, bis sie schließlich bei den Proben zum neusten Valentin Stück „Sie weiß was" zusammenklappt.

Am 6. April 1935 versucht Liesl Karlstadt sich das Leben zu nehmen. Sie springt von der Prinzregentenbrücke in die Isar, wird jedoch gerettet und in die Psychiatrische Klinik in der Nussbaumstraße eingeliefert. Dort versucht man von April bis November 1935 den Ursachen ihrer Depressionen auf den Grund zu gehen und ihr zu helfen: „Weint viel, Selbstvorwürfe. Daneben wird aber jetzt eine andere Tendenz stärker und deutlicher: das ganze bisherige Leben als eine Kette von Schwierigkeiten zu sehen, die ihren Grund im Verhalten u. in der Art anderer Menschen haben (K. Valentin!). Beklagt sich dann über ihre eigene geringe Widerstandskraft, über ihr geringes Selbstbewusstsein, bei dem dauernden Ehrgeiz, nur ja alles recht zu machen'."[15] Lange Zeit ist Liesl Karlstadt sehr verzweifelt, ohne jegliche Hoffnung für ihr weiteres Leben. Karl Valentin ist schockiert und schreibt seiner Partnerin aufmunternde Briefe: „Wie sehr du mir nicht ans, sondern ins Herz gewachsen bist, wirst du wohl *nie* erfassen. Ohne dir ist die Welt für mich völlig inhaltslos. Du hast für mich schon so viel Geduld aufgebracht, warum sollst du es nicht für dich selbst können (...) Halte aus! Halte aus! Halte aus im Sturmgebraus."[16]

Ende November 1935 wird Liesl Karlstadt aus der Klinik entlassen. Sie stürzt sich sogleich wieder in die Arbeit. Schon während ihres Klinikaufenthaltes ist sie zu den Dreharbeiten von „Kirschen in Nachbars Garten" gereist. Zum Jahreswechsel 1935/1936 tritt sie in Berlin auf. Aber sie ist noch immer nicht gesund, der Stress und die Belastung des Zusammenspiels mit Valentin sind ihr nun zu viel. Als dann auch noch ihr ehemaliger Verlobter Josef Kolb stirbt, erleidet sie einen Nervenzusammenbruch und kommt am 10. Januar 1936 erneut in die Klinik in der Nussbaumstraße. Ihr Verhältnis zu Valentin ist schlecht, vor allem seit sie ihm offen die Schuld an ihrem Zustand gibt. Trotzdem beginnt sie im Februar gemeinsam mit ihm mit den Dreharbeiten zu einem neuen Film, der bezeichnenderweise den Titel „Beim Nervenarzt" trägt. Liesl Karlstadt spielt den Nervenarzt.

Am 7. April 1936 wird sie aus der Klinik als „arbeitsfähig" entlassen. Hinter dem Wort „geheilt" steht in ihrer Krankenakte ein großes Fragezeichen.

Von Oktober 1936 bis zum Januar 1937 ist Liesl Karlstadt erneut in Berlin. Die Hoffnung auf die heilende Wirkung von Zeit und Distanz erfüllt sich nicht, sie leidet unter starken Magenschmerzen. Im Mai 1937 begibt sie sich erneut für zwei

Monate nach München in die Klink. Die Aufenthalte dort sorgen für Besserung, wirkliche Heilung bringen sie für die schließlich als manisch-depressiv eingestufte Liesl Karlstadt nicht.

Obwohl sie weiterhin gemeinsam mit Valentin auftritt, wird die Trennung immer unvermeidlicher. 1939 eröffnet Valentin mit Annemarie Fischer, die nun, da Liesl Karlstadt krankheitsbedingt immer öfter ausfällt, seine neue Bühnenpartnerin wird, die „Ritterspelunke". Die Presse nennt Fischer bald „die zweite Liesl", was Valentin sich allerdings energisch verbietet. Dennoch ist Liesl Karlstadt schwer gekränkt, als sie erfährt, dass Annemarie Fischer nun auch auf der Bühne ihren Platz eingenommen hat.

Im November 1940 tritt das legendäre Paar Valentin-Karlstadt zum letzten Mal auf – für sieben lange Jahre. Karl Valentin zieht sich danach mit seiner Familie nach Planegg zurück. Er arbeitet wieder in seinem alten Beruf als Schreiner, doch es gelingt ihm nur schlecht, seine Familie zu ernähren. Während des Krieges tritt er nicht mehr auf, nicht nur, dass er vor Angst vor den Bomben auf München fast vergeht, es fehlt ihm auch die richtige Partnerin für seine Auftritte. Im Gegensatz zu Liesl Karlstadt ist er wirklich nur Teil eines Ganzen gewesen.

Liesl Karlstadt folgt dem Rat ihres Arztes und fährt zur Kur nach Ehrwald in Tirol. Die begeisterte Bergsteigerin und Skifahrerin bleibt dort insgesamt zwei Jahre, unterbrochen nur von einigen wenigen Auftritten in München. Kurz nach ihrer Ankunft knüpft sie enge Kontakte zu den Bayerischen Gebirgsjägern, die auf der Ehrwalder Alm stationiert sind. Diese haben Mulis bei sich und Liesl Karlstadt, fasziniert von den Tieren, wird der erste und einzige weibliche Mulitreiber der Bayerischen Gebirgsjäger. Die Soldaten ernennen ihren prominenten Gast zum Obergefreiten Gustav und zum Hilfstragetierführer. Nun schlüpft sie erneut in die Hosenrolle und verwirrt wieder einmal die Geschlechter. Sie neckt Burschen und Mädchen gleichzeitig und hat jetzt zum ersten Mal seit langer Zeit wieder Spaß an der Verkleidung.

Trotz der weltpolitischen Lage sind es glückliche Jahre für Liesl Karlstadt. Sie wandert, fährt Ski, hackt Holz, kocht und ist der Liebling der Truppe. Bald ist die 52-Jährige wieder so vergnügt wie damals als junge Soubrette bei ihren ersten Auftritten im „Frankfurter Hof". Anfang August 1943 kehrt sie nach München zurück, wo sie am Volkstheater in harmlosen Komödien auftritt, bis es 1944 den Bomben zum Opfer fällt.

Liesl Karlstadt ist während der Jahre des Nationalsozialismus nie durch offene Gegnerschaft zum Dritten Reich aufgefallen. Erst in der 1982 erschienenen Valentinbiografie von Michael Schulte wurde mit „Die deutsche Laugenbretzel" ein Text von Liesl Karlstadt publiziert, in dem sie die ganze Irrationalität der nationalsozialistischen Ideologie offenbarte. Damit positioniert sie sich im Gegensatz zu Valentin, der seine Briefe durchaus mit „Heil Hitler" unterschrieb und sich nach dem Krieg offen zu seiner Feigheit bekannte, deutlich gegen das Regime:

„Volksgenossen und Volksgenossinnen!

Wiederum hat es sich gezeigt, dass der Nationalsozialismus nicht nur zur Erhaltung, sondern auch zur Ernährung des Volkes dient. Es gab einmal eine Zeit, in der das gesamte deutsche Volk von der Existenz einer Laugenbretzel noch nicht die geringste Ahnung hatte. Ich wusste, was es bedeutete, einen ohnmächtigen Kampf um die deutsche Laugenbretzel auf mich zu nehmen. 14 Jahre lang habe ich gekämpft, und Gott der Allmächtige wollte es, dass ich wie immer als Sieger hervorging. Es war in den bitteren Jahren der Systemzeit, als ein internationales Juden- und Verbrechertum den Absatz der deutschen Laugenbretzel zu vernichten drohte, und wiederum waren es einige mutige, tapfere, beherzte Männer, die die Kultur der Laugenbretzel hinaustrugen in alle deutschen Gaue, und der Erfolg davon war ein einzigartiger Siegeszug der bisher verachteten Laugenbretzel. Die deutsche Laugenbretzel ist nicht nur gesund, sie ist auch bekömmlich – dem deutschen Arbeiter, dem deutschen Bauern, dem deutschen Studenten, und nicht zuletzt gedenk ich der deutschen Frau – der deutschen Mutter. Parteigenosse Dr. Goebbels hat schon bei seiner ersten großen Propagandarede auf der Hochzeit zu Kanaan die Bedeutung der deutschen Laugenbretzel hervorgehoben, und somit ist es Ehrenpflicht sämtlicher nationalsozialistischer Verbände und Formationen, sich in Zukunft von deutschen Laugenbretzeln zu ernähren – und dann wird sich endlich auch der Katholizismus zur deutschen Laugenbretzel bekennen müssen, ob er nun will oder nicht. Hier heißt es biegen oder brechen. Heil – Heil – Heil!"[17]

Im November 1945 spielt Liesl Karlstadt in der Eröffnungsvorstellung des wieder aufgebauten Volkstheaters in „Sturm im Wasserglas". Nun meldet sich auch Valentin, mit dem sie all die Jahre losen Kontakt hielt, als Bühnenpartner zurück: „*Deine* Raubritter Uniform bewahre ich auf – für ‚bessere' Zeiten – *vielleicht*? spielen es wir doch noch – oder im Film? – Schreibe mir bald wie du über den Hosentausch denkst – Alles Gute wünscht dir dein größter Verehrer der *alle Anderen* in den Schatten stellt."[18]

Am 6. September 1946 tritt Liesl Karlstadt zum ersten Mal wieder gemeinsam mit Karl Valentin auf. Das ehemalige Traumpaar versucht an frühere Erfolge anzuknüpfen. Doch die Zeiten haben sich geändert. Die Menschen haben Schreckliches durchgemacht, ihnen steht der Sinn nach oberflächlicher Zerstreuung, nicht nach Valentins hintergründigem Humor. Als der Bayerische Rundfunk auf Initiative von Kurt Wilhelm beschließt, zumindest einmal im Monat eine Stunde Karl Valentin auszustrahlen, beschweren sich die Leute. Die Sendung wird abgesetzt. Valentin kann im Bayern der Nachkriegszeit nicht mehr Fuß fassen und zieht sich immer mehr zurück. Er verbittert, wird noch menschenscheuer. 1947/48 treten Liesl Karlstadt und er noch einmal gemeinsam auf, im „Bunten Würfel" und im „Simpl". Nach Ende der Vorstellung vom 31. Januar 1948 wird Karl Valentin versehentlich in der eiskalten Garderobe des „Bunten Würfel" eingeschlossen. Dies gibt seiner ohnehin angeschlagenen Gesundheit den Rest. Am 9. Februar 1948, einem Rosenmontag, stirbt er an einer Lungenentzündung. Für Liesl Karlstadt ist dies ein schwerer Schlag. Ein Teil von einem Ganzen fehlt nun, auch wenn sie oft verzweifelt versucht hat, gerade diesen Teil loszuwerden.

Doch das Ende bedeutet auch einen neuen Anfang. Für Liesl Karlstadt ist das Aus des Duos Valentin–Karlstadt der Beginn einer neuen, eigenständigen Laufbahn. Es wird eine Karriere der Frau. Nie mehr wieder gibt sie Männerrollen. Sie spielt nun Theater, ist die Balbina in „Der starke Stamm" von Marie-Luise Fleißer. Wandelbar wie sie ist, schlüpft sie nun auch in jene Rollen, die in Deutschland nach dem Kriege besonders gefragt sind. Von nun an spielt sie mütterliche Frauen, gibt die zupackende Trümmerfrau. Welch ein Imagewechsel, vom „Luke von der Au" zu „Wally Brandl". Die Mutter in der Rundfunkserie „Familie Brandl" wird in den 50ern ihre populärste Rolle. Liesl Karlstadt wird zur bayerischen Hausfrau par excellence, viele identifizieren sie voll und ganz mit ihrer Rolle, sprechen sie auf der Straße als Frau Brandl an. Auch der deutsche Film entdeckt sie. Sie spielt in „Wir Wunderkinder" neben Elisabeth Flickenschild und Gerd Fröbe und in „Feuerwerk" mit Lilli Palmer und Romy Schneider. Daneben bleibt sie jedoch der Bühne immer treu, wird zu einer der beliebtesten Volksschauspielerinnen Münchens.

Privat lebt sie sehr zurückgezogen gemeinsam mit ihrer jüngeren Schwester Amalie. Im Juli 1960 machen die beiden Schwestern gemeinsam Urlaub in Garmisch-Partenkirchen. Liesl Karlstadt soll sich dort von einer Lungenentzündung erholen. In Erinnerung an vergangene Zeiten macht sie dabei auch einen Ausflug nach Ehrwald. Nach einem Besuch beim Komponisten Magnus Henning, der in Erika Manns Ferienhäuschen „Pfeffermühle" lebt, schreibt sie ihre letzten Zeilen – eine Postkarte an Erika Mann.

Am 27. Juli 1960 stirbt Liesl Karlstadt an einem Gehirnschlag. Sie wird auf dem Friedhof in Bogenhausen beerdigt. Anders als bei Valentins Beerdigung folgen dem Sarg mehrere tausend Menschen. Ein Jahr später stellt die Stadt München ihr zu Ehren eine Bronzestatue auf einem Brunnen auf dem Viktualienmarkt auf.

Therese Giehse: Die Mutter Courage

1898 München – 1975 München

Die große Giehse wird am 6. März 1898 als Therese Gift in der Herzog-Rudolf-Straße in München geboren. Sie hat vier Geschwister, die alle wesentlich älter sind als sie. Ihr Vater, Salomon Gift, ist Kaufmann und Inhaber eines Geschäfts für Seiden und Posamentierwaren. Weil er schon bei der Geburt seiner jüngsten Tochter schwer herzkrank ist, lernt Therese früh, sich still zu verhalten und Rücksicht auf den kranken Vater zu nehmen. Mutter Gertrude ist die Tochter eines amerikanischen Fabrikanten, der im Alter nach Europa gekommen war. Die Familie Gift ist wohlhabend, man gibt sich liberal, lebt gut. Als Therese dreizehn Jahre alt ist, stirbt der Vater an seiner Herzerkrankung. Der älteste Bruder Max ist von nun an das Familienoberhaupt. Gemeinsam mit der Mutter führt er das Geschäft weiter, sorgt für das Auskommen seiner Geschwister.

Nach der Volksschule besucht Therese, ebenso wie Claire Goll, die Kerschensteiner-Schule in der Franz-Joseph-Straße in Schwabing. Sie ist keine besonders gute Schülerin, es fehlt ihr jeglicher Fleiß. Das junge Mädchen hält den Schulbesuch für relativ überflüssig, findet die Schule an sich „ganz hübsch – aber so zeitraubend".[1] Therese hat nicht viele Freunde, gilt als Einzelgängerin. Dies ist zum Großteil ihrer direkten Art geschuldet. Mit ihrer schonungslosen Offenheit kommen nur wenige zurecht. Therese hält schon in jungen Jahren nichts von schönen Reden – falsches Getue bleibt ihr Zeit ihres Lebens zuwider: „Die Leut haben bestimmte Erwartungen, wie einer sich zu verhalten hat. Verhält man sich nicht diesen Erwartungen entsprechend, sondern so, wie man es selbst für richtig und angemessen hält, gilt man schnell als schwierig oder als Merkwürdigkeit. – Die meisten Leute sind nicht wirklich freundlich. Sie tun nur freundlich. Ich mag halt nicht mittun. Ich bin lieber sachlich. Aber Sachlichkeit vertragen die Leut nicht."[2]

Doch es ist nicht nur diese Eigenschaft, die sie von den anderen isoliert, da gibt es etwas, das noch viel stärker wirkt, obwohl es gänzlich außerhalb ihres Einflussbereiches liegt: Sie ist Jüdin. Immer wieder schlägt ihr offener Antisemitismus entgegen: „Ich war dick und rothaarig und hatt' den Herrn Jesus umgebracht."[3] Beizeiten gewöhnt sie sich daran, sich mit sich selbst zu beschäftigen, sich selbst zu genügen. Ihre engsten Freunde werden bald ihre Bücher. Schon früh lernt sie die deutschen Dramatiker lieben, kann Schiller und Heine auswendig.

1914 verlässt sie die Schule, um im elterlichen Betrieb mitzuhelfen. In Deutschland herrscht Krieg, und die Brüder sind zum Militär eingezogen worden. Therese fällt es nicht leicht, sich jeden Tag hinter den Ladentisch zu stellen. Zwar unterwirft sie sich zunächst den Sachzwängen, heimlich aber sucht sie nach einem Ausweg aus der Enge des Familienbetriebes.

Die Leidenschaft für Balladen hat in ihr das Interesse an der Bühne geweckt und sie fühlt sich stark zum Theater hingezogen. München ist in diesen Jahren bevölkert von Künstlern und Bohemiens – eine Welt, welche die junge Frau fasziniert. Wie viele ihrer Altersgenossen schwärmt sie für Albert Steinrück, Schauspieler am Residenztheater. Dieser hat einen neuen, bis dato ungekannten Realismus in die darstellende Kunst gebracht, und Therese ist davon so begeistert, dass sie beschließt, selbst Schauspielerin zu werden.

Die Familie versucht vergebens, sie davon abzubringen. Gerade weil Therese nicht dem gängigen Schönheitsideal entspricht, rechnet man ihr keinerlei Chancen aus. Doch die angehende Künstlerin bleibt stur: „Ich will ja nicht schön sein. Ich will bloß zum Theater."[4] Mit Hartnäckigkeit und Chuzpe gelingt es ihr, bei Albert Steinrück vorzusprechen. Mit den Worten: „Ich weiß, ich bin zu dick, aber das Gretchen will ich ja gar nicht spielen."[5], hinterlässt sie einen solch bleibenden Eindruck, dass Steinrück sie an die von ihm bewunderte Schauspiellehrerin Toni Wittels-Stury vermittelt. Diese nimmt sich der jungen Frau an, erteilt ihr zwei Jahre lang Unterricht. Ihr geschultes Auge erkennt Thereses Talent für schwere Frauenrollen. Gezielte Förderung braucht sie nur bei den klassischen Mädchenrollen, diese fallen ihr schwer. Dass sie als Schauspielerin später gerade in Rollen glänzt, die mit der Klischeevorstellung der Mutter brechen und zumeist harte, oft auch grausame Frauen darstellt, beweist die Weitsicht ihrer ehemaligen Lehrerin. Das Gretchen wird sie tatsächlich niemals spielen.

Im Anschluss an diese Ausbildung erhält sie, unter ihrem neuen Künstlernamen Therese Giehse, im Januar 1920 ihr erstes Engagement als Büßerin in „Kausikas Zorn" von Kschemisvara beim Bühnenverein für primitive und expressionistische Kunst in München. Es fällt ihr nicht leicht, als Schauspielerin in Deutschland Fuß zu fassen. Um voranzukommen geht sie, wie so viele, nach Berlin, wo sie nachts in der ehemaligen Speisekammer eines Christlichen Hospizes schläft und tagsüber die Vermittlungsagenturen abklappert. Nach einigem Suchen wird sie für die Saison 1920/21 nach Siegen in Westfalen engagiert. Es folgen Engagements in Gleiwitz/Oberschlesien und Landshut/Niederbayern. Mit der Bayerischen Landesbühne tingelt sie eine Saison lang durch die Provinz, bis sie in der Saison 1924/25 von Paul Barnay nach Breslau geholt wird. Barnay, Leiter des Breslauer Theaters, ist berühmt für sein glückliches Händchen bei der Entdeckung neuer Talente. Alle bedeutenden deutschsprachigen

Bühnen holen sich ihre Schauspieler aus Breslau. Auch für Therese Giehse erweist sich das dortige Engagement als Glücksfall: Sie wird für die kommende Saison ans Münchner Schauspielhaus verpflichtet. Kurz nach ihrer Rückkehr nach München übernimmt Otto Falckenberg, Gründer des legendären Münchner Kabaretts „Elf Scharfrichter", das Theater. Im September 1926 zieht das Schauspielhaus von seinem Stammhaus in der Augustenstraße in die Maximilianstraße um. Bei der Eröffnung der neuen Kammerspiele im Schauspielhaus spielt Therese Giehse eine Nebenrolle in Büchners „Dantons Tod". Es wird der Beginn einer fruchtbaren Zusammenarbeit, die dem Münchner Publikum legendäre Theaterabende bescheren wird. Falckenberg ist ein Theatermacher neuen Stils, der kritisches Theater mit aktuellem Bezug macht. Dies kommt Therese Giehse, die ein hellwacher politischer Mensch ist, sehr entgegen. Die Kammerspiele erlangen bald über München hinaus einen ausgezeichneten Ruf, das Ensemble wird hoch gelobt. Therese Giehse, die von 1926 bis 1933 festes Mitglied des Ensembles ist, entwickelt sich rasch zu der begnadeten Charakterdarstellerin, als die sie jahrzehntelang ihr Publikum begeistern wird. Sie spielt Moderne und Klassiker – Wedekind, Büchner, Brecht, Döblin, Hauptmann, Shakespeare und Schiller. Die Kritik überschüttet sie mit Lob, und viele bedeutende Zeitgenossen, wie Thornton Wilder oder Karl Kraus, zollen ihr höchsten Respekt.

Großen Erfolg bringen ihr aber auch die Rollen in den beim Publikum so beliebten Volksstücken, allen voran die Kreszentia Vogel in Bruno Franks „Sturm im Wasserglas". Gerade in der Rolle der Witwe, die sich gegen die Erhöhung der Hundesteuer zur Wehr setzt, lernen die Münchner ihre Giehse lieben.

Begeisterung löst sie selbst bei den Nationalsozialisten aus, sie wird Hitlers Lieblingsschauspielerin. Der *Völkische Beobachter* schreibt nach einem ihrer Auftritte, wie schön es doch sei, endlich einmal ein deutsches Weib in diesem verjudeten Hause zu sehen. Selbst als bekannt wird, dass das deutsche Weib eine Jüdin ist, tut dies der Bewunderung keinen Abbruch. Im Gegenteil, man ist, ganz nach dem Motto: „Wer Jude ist bestimme ich", großzügig bereit, darüber hinwegzusehen, und bietet ihr sogar Saalschutz an. Obgleich die Zeichen der Zeit den Machtwechsel in Deutschland bereits ankündigen, kommt Therese Giehse niemals auf den Gedanken, sich mit den neuen Machthabern zu arrangieren.

Die Kammerspiele haben sich in den Jahren vor der Machtergreifung der Nationalsozialisten zu einer der bedeutendsten deutschsprachigen Bühnen gemausert. Entgegen dem Zeitgeist gibt man sich hier rebellisch, offen, unzensiert. Doch, obwohl das Publikum das Haus liebt, geraten auch die Kammerspiele in den Sog des wirtschaftlichen Niedergangs, der sich im ganzen Land ausbreitet. Die von Anfang an angespannte finanzielle Lage der Kammerspiele, ausgeglichen nur durch die Zuwendungen eines finanzkräftigen jüdischen Bankiers, verschlechtern sich mit dem Siegeszug der Nationalsozialisten. Im Oktober 1932 sind die Kammerspiele zahlungsunfähig; ordentlich bezahlt wurde in den letzten Monaten ohnehin niemand mehr, Löhne und Gehälter von mehr als hunderttausend Mark sind offen.

Mit dem Konkurs der Kammerspiele verliert Therese Giehse ihre künstlerische Heimat. Sie, die allein für die Bühne lebt, muss sich nun nach neuen Wirkungsmöglichkeiten umsehen. Zum Verlust der künstlerischen Heimat kommt auch der drohende Verlust der bayerischen Heimat, deren Entwicklung der politische Mensch Therese Giehse mit Schaudern verfolgt. Eine winzige Chance, beiden Verlusten entgegenzuwirken, sieht sie in ihrem neusten Projekt, einem politischen Kabarett. Am 1. Januar 1933 eröffnet sie gemeinsam mit ihrer Freundin Erika Mann, der ältesten Tochter des Schriftstellers Thomas Mann, in der Münchner Bonbonniere eine Kabarettbühne, die zu Weltruhm gelangen sollte: „Die Pfeffermühle". Seit einigen Jahren schon ist Therese Giehse mit den Geschwistern Erika und Klaus Mann eng befreundet. Im November 1930 war sie bereits zusammen mit Erika Mann in einer Bearbeitung von Jean Cocteaus „Enfants terrible" durch Klaus Mann, mit dem Titel „Geschwister", aufgetreten. Das Stück fiel, genau wie Therese Giehse es vorausgesehen hatte, sowohl beim Publikum als auch bei der Kritik, gnadenlos durch. Diese Erfahrung tat der Freundschaft der drei jedoch keinen Abbruch und verhinderte auch nicht dieses neue gemeinsame Projekt.

Mit der „Pfeffermühle" versucht Therese Giehse, „dem Theaterspielen ohne innere Notwendigkeit zu entrinnen"[6], und singt subtil und dennoch deutlich vernehmbar gegen die Nationalsozialisten an. Da man in den Kammerspielen trotz finanziellem Desaster den Spielbetrieb aufrechterhält, lädt sie damit eine ungeheure Doppelbelastung auf sich. In den nächsten Monaten absolviert Therese Giehse ein ganz unglaubliches Arbeitsprogramm. Abends spielt sie fast täglich in den Kammerspielen, in den Pausen hastet sie in die Bonbonniere, um ihre Nummer in der „Pfeffermühle" zu spielen und danach geht's zurück in die Kammerspiele, um nach Vorstellungsende wieder Teil des „Pfeffermühlen"-Ensembles zu sein. Das Publikum dankt es ihr, der Erfolg des neuen Kabaretts ist unbeschreiblich. Dies bleibt auch so nachdem die Nationalsozialisten die Macht übernommen haben. Die berühmte Schauspielerin fesselt ihr Publikum wie keine andere. Erika Mann, die zumeist die Texte für die Lieder verfasst, beschreibt dies später: „Wer immer die Giehse wirken sah, wird sie so leicht nicht vergessen. Wer aber Zeuge ihrer Darbietungen war in jener Zeit, dem läuft es – dies ist dutzendfach erwiesen – noch heute kalt und heiß den Rücken hinunter. Er erinnert sich: Grauen war es *und* Gelächter – beides gleichzeitig –, was sie hervorrief, Zorn *und* Erbarmen."[7]

Mit ihren Auftritten stellt sich Therese Giehse offen in Gegnerschaft zu den neuen Herren. Alle die das tun, werden schnell verhaftet. Obwohl sie um diese Gefahr weiß, weigert sie sich lange, Deutschland zu verlassen, selbst als es schon

Hinweise darauf gibt, dass ihre Verhaftung unmittelbar bevorsteht. Nur der Hartnäckigkeit des „Pfeffermühlen"-Musikers Magnus Henning ist es zu verdanken, dass sie am 13. März 1933 über die Schweizer Grenze ins Exil geht. Ihr Bruder Max hingegen wird inhaftiert. Nach Folter und Enteignung flüchtet er nach Rio de Janeiro, wo er 1939 verstirbt.

In Arosa trifft sie Erika und Klaus Mann sowie die anderen Mitglieder der „Pfeffermühle" wieder. Nachdem das Ensemble nun wieder vereint ist, soll die Arbeit erneut aufgenommen werden, an die Auftritte in München angeknüpft, auf diese Weise das Regime bekämpft werden. Doch das ist im Exil nicht so einfach. Hitler-Deutschland ist in diesen Jahren noch ein angesehener Staat, die Emigranten hingegen, die so zahlreich in die verschiedenen europäischen Länder drängen, werden als unerwünschte Störenfriede empfunden. Obwohl die Schweiz ihren Emigranten jegliche politische Betätigung untersagt, schafft es Erika Mann, der „Pfeffermühle" nach monatelangem Ringen am 30. September 1933 im Gasthaus „Hirschen", in Zürich, den ersten Auftritt im Exil zu verschaffen. Von nun an spielt die Truppe nahezu jeden Abend gegen das Dritte Reich an. Das Publikum ist begeistert, auch wenn die Faschisten mit diversen Störmanövern immer wieder versuchen, die Vorstellungen zu sprengen.

Aufgrund der stets drohenden Ausweisung singen Therese Giehse und ihre Freunde in blumigen Umschreibungen, die allerdings vom Publikum leicht zu durchschauen sind, gegen die Nazis an. Sie nennen sich literarisches Kabarett und sind doch das erste wirklich politische Kabarett der Schweiz: „Die ‚Pfeffermühle' charakterisiert die Unkultur, führt Klage gegen Barbarei, führt Kampf gegen den Faschismus. Die ‚Pfeffermühle' kämpft für die Menschenrechte, für die Kultur, die Freiheit."[8]

Verständlicherweise sind die Nationalsozialisten nicht erfreut vom Treiben der Exilanten. Der deutsche Botschafter in der Schweiz beschwert sich wiederholt und fordert ein generelles Auftrittsverbot. Der Kanton Zürich folgt diesem Ansinnen schließlich und verbietet alle Auftritte. Andere Kantone schließen sich an, zu groß ist die Angst vor den Repressalien des Deutschen Reiches.

Die einstige Bewunderung für Therese Giehse ist bei den Nationalsozialisten längst in offene Feindschaft umgeschlagen. Nur wenige Monate nach ihrer Flucht wird ihr die deutsche Staatsbürgerschaft aberkannt. Damit ist sie staatenlos, rechtlos. Was das bedeutet, bekommt sie wie alle Emigranten bald zu spüren. Der Pass wird zum wichtigsten Dokument überhaupt. Therese Giehse hat Glück und erhält am 20. Mai 1936 durch die Heirat mit dem englischen Schriftsteller John Hampson die englische Staatsbürgerschaft. Obwohl die beiden niemals eine Ehe im herkömmlichen Sinne führen, verbindet sie bis zu seinem Tod 1955 eine von Therese Giehse so hochgeschätzte „Lebensfreundschaft": „Lebensfreundschaften verändern sich, verändern sich oft – doch sie ermatten nicht. Man bleibt beieinander, auch wenn man nicht zusammen ist. – Lebensfreundschaften sind Beziehungen, die lange dauern, sehr lange – die im Grunde nie aufhören."[9]

Therese Giehse, die im Ensemble auch die Regie übernommen hat, ist eine der wichtigsten Protagonistinnen der „Pfeffermühle". Dies wird bei jedem ihrer Auftritte erneut sichtbar. Immer wieder ist sie es, die besonders brisante Nummern spielt, die kein Blatt vor den Mund nimmt und sich auch durch massive verbale und tätliche Angriffe nicht abschrecken lässt. Besonders beeindruckend ist ihre Darstellung der Dummheit: „In wallendem Babykleid (rosa) und flachsiger Perücke (schulterlang) stand die Giehse auf rundem Postament (denkmalgleich) und kündete gereimt von sich und ihrer Allmacht; sie prahlte, schäkerte und drohte. Dann wieder erschrak sie jählings, vor sich selbst, erstarrte zur Bildsäule und zum Prosa-Refrain: ‚Ja – um *Gotteswillen* bin ich dumm!'"[10]

Die „Pfeffermühle" umgeht das Auftrittsverbot in der Schweiz, indem sie auf Tournee durch das noch nicht besetzte, nicht faschistische Europa geht. Es ist ihr Beitrag, die Moral des Widerstandes aufrechtzuerhalten und zu unterstützen. In den folgenden Jahren spielen sie in der Tschechoslowakei, in Holland, in Belgien und Luxemburg. Überall beziehen sie offen gegen den Faschismus Stellung. Erika Mann drängt nun darauf, auch eine Tournee in den USA zu versuchen, eine Idee, von der Therese Giehse alles andere als begeistert ist: „Ich wusste (...) mit absoluter Sicherheit, dass das amerikanische Gastspiel ein großer Unsinn war. Aber die Erika, die hat's halt gewollt."[11] Sie sollte Recht behalten. Hier in Übersee kommt das Programm nicht an. Die Stücke leben von der Unmittelbarkeit der Sprache, doch die Darsteller, allen voran die Giehse, sprechen nur gebrochen Englisch. Damit verblasst die unheimliche Wirkung der Texte. Therese Giehse erinnert sich später noch immer reichlich verärgert an ihre Auftritte: „Die Texte waren miserabel übersetzt, nichts war vorbereitet, nichts überlegt. Das ganze amerikanische Gastspiel eine völlig überflüssige Fahrt ins Blaue."[12] Dazu kommt, dass die USA keinerlei Tradition für Kabarett dieser Art haben. So fehlt den meisten Zuhörern der Zugang, zeigen sie keinerlei Verständnis für die Thematik. Vier Wochen nach Beginn der Tournee ist Therese Giehse wieder zurück in Zürich. Die Zeit der „Pfeffermühle" ist nach 1034 Vorstellungen zu Ende. Erika Mann übersiedelt wenig später als Ehefrau des britischen Schriftstellers W. H. Auden ganz in die USA.

Therese Giehse bleibt in der Schweiz. Sie wird Mitglied des Züricher Schauspielhauses, das mit Hilfe der zahlreichen Emigranten zu *der* herausragenden Bühne des deutschsprachigen Raumes wird. Hier trifft sich die Crème de la Crème der Exil-Schauspieler, die für geringste Gagen wahrlich ums Überleben spielen. Die Angst vor Ausweisung hängt wie ein Damoklesschwert über den Schauspielern und mehr als einmal sitzen sie aus Angst vor einem Überfall der deutschen Truppen auf gepackten Koffern. Doch selbst wenn die Arbeitsbedingungen schlecht sind, immerhin kann man hier überhaupt noch spielen, seine in der Heimat längst zum Schweigen gebrachte Stimme erheben, sich im Theater gegen den Nationalsozialismus positionieren. Dies ist auch für Therese Giehse einer der Hauptgründe, warum sie von 1937–1945 hier für einen Hungerlohn ihr Bestes gibt. Gott sei Dank bedeutet ihr Luxus ohnehin nichts. Die Frau mit dem „absoluten Qualitätsanspruch"[13] hält nichts von Quantität. Sie ist zufrieden, wenn sie das Nötige besitzt, Überfluss ist ihr ein Gräuel. Nur einmal kommt sie in eine Situation, in der sie doch gerne mehr Geld zur Verfügung gehabt hätte. Als sie kurz vor Kriegsbeginn ihre Schwester Irma und ihren geliebten Hund Daisy aus München in die Schweiz nachholen will, verlangen die Schweizer Behörden eine Kaution von 10 000 Franken. In dieser Situation erhält sie Hilfe von der Tochter eines Schweizer Unternehmers: „Sie half, ohne viel zu fragen. Sicher, sie hatte das Geld. Aber andere hatten es auch und gaben keinen Franken her. Sie war wirklich sehr nobel. Woher hätte ich denn 10 000 Franken nehmen sollen!"[14] Am 20. Juli 1939 kommt Irma Gift mit Daisy in der Schweiz an. Bis zu ihrem Tod im Januar 1945 lebt sie bei ihrer Schwester.

Auch in der Schweiz wird Therese Giehse zum umjubelten Theaterstar. In der Saison 1939/40 ist sie die Signora Palpiti in Johann Nestroys „Lumpazivagabundus", ein Stück, das die Züricher besonders schätzen. Sie spielt viele große Rollen, in Werken von Hauptmann, Ibsen, Dostojewski und Shaw. Ihre größte Rolle aber spielt sie am 19. April 1941 in der Uraufführung von Bertolt Brechts „Mutter Courage und ihre Kinder". Die Rolle der Marketenderin wird die Rolle ihres Lebens. Die beiden Künstler aus Bayern sind sich bereits 1929 in den Kammerspielen begegnet, hatten aber bis 1941 keinen Kontakt. Erst als Brecht Therese Giehse aus dem Exil seine „Mutter Courage" übersendet, beginnt eine enge Zusammenarbeit, die viele Jahre dauern wird. Die Aufführung wird ein riesiger Erfolg, auch wenn Brecht das Stück danach noch einmal überarbeitet, um es von allzu viel Theatralik zu befreien.

Als der Krieg sich langsam dem Ende entgegenneigt, dreht Therese Giehse ihren ersten Film „Die letzte Chance", der sie international bekannt macht. Ihm folgen in den nächsten Jahren viele weitere wie „Anna Karenina" mit Vivian Leigh, unter der Regie von Julien Duvivier, oder „Kinder, Mütter und ein General", für den sie das Filmband in Silber bekommt. Doch sie bleibt eine Theaterschauspielerin, wird keine Filmaktrice. Sie liebt den direkten Kontakt mit dem Publikum, die Improvisation auf der Bühne.

Nach dem Krieg bleibt Therese Giehse dem Züricher Schauspielhaus zunächst erhalten. Sie spielt die Rolle, die sie neben der Mutter Courage am liebsten gibt: „Wassa Schelesnowa" im gleichnamigen Drama von Maxim Gorki. Am 11. Dezember 1947 erlebt das Stück seine deutschsprachige Erstaufführung. Diese Rolle wird es auch sein, die sie 1949 bei ihrem ersten Gastspiel bei Brecht am Berliner Ensemble geben wird. Vor Brechts Weggang nach Berlin bringt die Zusammenarbeit der kongenialen Künstler noch ein weiteres herausragendes Theaterereignis zustande. In der Uraufführung von „Herr Puntila und sein Knecht Matti" vom 5. Juni 1948, spielt die Giehse unter der Regie von Brecht die Schmuggler-Emma.

Von 1949 an spielt Therese Giehse drei Jahre lang bei Brecht in Berlin, geht gemeinsam mit ihm auf Deutschland-Tournee. In dieser Zeit inszeniert Brecht an den Münchner Kammerspielen die „Mutter Courage" neu, wieder mit einer hervorragenden Giehse: „In der Münchener Aufführung nach dem Berliner Modell zeigte die Giehse, die die Rolle der Courage während des Weltkriegs in Zürich kreiert hatte, wie ein großer Schauspieler das Arrangement und theatralische Material einer Modellaufführung zur Ausgestaltung einer eigenen und unverwechselbaren Figur benutzen kann. Sie erfand dabei immerzu schöne Änderungen, die auch für das Modell Bereicherungen darstellen. So, wenn sie, den Gulden, den sie für ihren Kapaun erzielt hat, indem sie den Triumph ihres Sohnes ausnutzte, in der erhobenen Faust, einen kleinen Triumphmarsch

Therese Giehse als „Mutter Courage" in den Münchner Kammerspielen, 1950

ausführte."[15] Die Arbeitsgemeinschaft der beiden ist äußerst fruchtbar, allerdings nicht immer problemlos. Bei den Proben zu Heinrich von Kleists „Der zerbrochene Krug", bei dem Therese Giehse neben der Rolle der Marthe Rull auch die Regie übernimmt, kommt es zum offenen Streit. Nach vielen harten Worten geht Therese Giehse zu Recht als Siegerin aus diesem Wortgefecht hervor: ihre Inszenierung wird das meistgespielte Stück des Berliner Ensembles Anfang der 50er Jahre. Derartige Auseinandersetzungen können jedoch das Verhältnis Brechts zur Giehse nicht trüben. Auch als sie 1954 endgültig nach München zurückkehrt, bleibt der Kontakt nach Berlin bestehen.

In München bezieht sie nahe der Kammerspiele eine kleine Wohnung. Hier lebt die berühmte Schauspielerin als „alleiniger Mensch"[16], interessiert an allem, aber auch Distanz wahrend zu ihrer Umwelt. Es fällt ihr nicht leicht, sich wieder in ihrer Heimatstadt einzuleben. Viele, die damals mit den Nazis paktierten, sind noch da, und im Gegensatz zu anderen ist sie nicht bereit, zu vergessen.

Auch das ist einer der Gründe, weshalb sie zwar seit Kriegsende mehrmals an den Kammerspielen aufgetreten ist, ihre Wohnung in Zürich aber trotzdem so lange behalten hat. Daran änderten weder das Münchner Publikum noch die Kritiker etwas, die sie im September 1949 in der Rolle der Mutter Wolffen in Gerhard Hauptmanns „Der Biberpelz" stürmisch bejubelten: „Vor sechzehn Jahren emigrierte Therese Giehse in die Schweiz, von den Münchner Kammerspielen weg nach Zürich. Nun stand sie wieder auf den ihr so vertrauten Brettern und spielte, wie schon früher, die Waschfrau Wolff. (...) Aus dem begeisterten Beifall, der sie umbrandete, war der Wunsch herauszuhören, diese bewundernswerte Schauspielerin beruflich und menschlich bei uns beheimatet zu wissen."[17] In den 50ern arbeitet sie mit einer anderen großen bayerischen Künstlerin zusammen: Marieluise Fleißer. Therese Giehse spielt in der Uraufführung des Fleißer-Stücks „Der starke

Stamm" am 7. November 1950 in München die Rolle der Balbina, eine Rolle, die in ihrer Abwesenheit von Liesl Karlstadt übernommen wird.

Das Jahr 1956 bringt für Therese Giehse erneut einen Welterfolg. In der Uraufführung von Friedrich Dürrenmatts „Besuch der alten Dame" in Zürich ist sie Claire Zachanassian. Sie arbeitet jetzt häufig mit Dürrenmatt, der für sie auch die Rolle der Irrenärztin Frl. Dr. Mathilde von Zahnd in „Die Physiker" kreiert. Ursprünglich war die Rolle auf einen männlichen Darsteller zugeschrieben gewesen. Noch heute ist das Fernsehspiel dieses Stückes mit Therese Giehse ein Ereignis.

Sie ist am Gipfel ihrer Darstellungskunst angelangt, nun fehlen ihr ein wenig die neuen Herausforderungen. Als Schauspielerin hat sie alle großen Rollen in allen bedeutenden deutschsprachigen Inszenierungen gespielt. Zudem fühlt sie sich in den Kammerspielen nicht mehr ganz so wohl, seit August Everding die Intendanz übernommen hat. Sie vermisst den früheren Charakter des Theaters: „Ich bin ja in diesem Haus alt geworden. Ich kenne die Funktion und Bedeutung der Kammerspiele von früher und sehe, was jetzt ist. Otto Falckenberg, Erich Engel, Hans Schweikart – sie alle fühlten sich dem Haus verpflichtet. Sie waren nicht bequeme Theaterdirektoren, gingen nie den Weg des geringsten Widerstandes. Jeder, der die Kammerspiele als Sprungbrett für die weitere Karriere oder als Vorstufe für eine Opernhausintendanz benutzt, missversteht den Auftrag, den im Namen der Kunst, der Wahrhaftigkeit. Man darf an den Kammerspielen nicht gefälliges, bequemes Stadttheater machen, oder man macht sie kaputt."[18]

Erst die jungen Theatermacher der 68er Generation wecken wieder ihr Interesse. Deren neuer sozialkritischer politischer Ansatz trifft genau ihre eigene Ansicht vom Sinn des Theaters. Neugierig auf alles Neue und immer bereit, die Jugend zu fördern, knüpft sie Kontakte zu dieser neuen Theatergeneration. Diese wiederum zeigen sich begeistert vom Engagement der großen Schauspielerin. In der Folgezeit arbeitet sie mit Martin Sperr, tritt als Martha in dessen „Landshuter Erzählungen" und als Tagelöhnerin Barbara in „Jagdszenen aus Niederbayern" auf. Auch mit Franz Xaver Kroetz verbindet sie eine enge Zusammenarbeit. Sie spricht in seinen Hörspielen „Bilanz" und „Die Wahl fürs Leben" und versucht den damals noch relativ unbekannten Dramatiker nach Kräften künstlerisch zu fördern. Wie sehr sie sich für junge Künstler einsetzt, zeigt die oft und gern zitierte Anekdote, nach der sie einmal von den Darstellern eines Lehrlingsstückes am Münchner Jugendtheater gebeten worden ist, mit ihrer Unterschrift gegen eine Behördenentscheidung zu protestieren. Sie tut dies nur allzu bereitwillig und unterschreibt die Petition mit „Therese Giehse, Lehrling, 75 Jahre alt".[19] Ihr absoluter Liebling unter den jungen Theatermachern aber ist Peter Stein, den seine Inszenierungen bald bundesweit berühmt machen. Bei ihm spielt sie 1970 am Berliner Schaubühnen-Kollektiv-Theater. Ihre Pelagea Wlassowa in der Brechtschen Bearbeitung von Maxim Gorkis „Die Mutter", wird zum

Therese Giehse als „Pelagea Wlassowa" in „Die Mutter". Aufführung in der Schaubühne am Halleschen Ufer, 1970

Theaterereignis: Mit jeder Geste, jedem Schritt gibt Therese Giehse die Proletarierin.

Die Arbeit mit Peter Stein erinnert sie an die Zusammenarbeit mit Brecht: „Stein ist ein großer Erneuerer, ein Nachdichter: phantasievoll, ehrlich, genau in der Arbeit – kein leichtfertiger Schummler. Bei ihm ist alles überprüfbar, bei ihm ist alles ehrlich. (…) Stein hat viel von Brecht, ist ihm in der Arbeitsweise ähnlich. Ich bin nun mal eingeschworen auf die zwei."[20]

Neben ihrer Theaterarbeit hat sie 1966 begonnen, auf der Bühne Brecht zu lesen. Mit drei verschiedenen Brecht-Abenden tourt sie nach Hamburg, Zürich, Paris und Ostberlin. Besonders hier trifft sie auf junge Leute, die sie begeistern: „Das war nicht bloß anhören und zuhören, sie kannten die Texte, sie wussten Bescheid. Da war ein Einverständnis möglich, wie es sich selten herstellen lässt. Da merkte man, wie sehr das Publikum helfen kann (…) Da gibt man nicht nur etwas her, da kommt auch was zurück."[21]

Diese Korrelation zwischen Schauspieler und Zuschauer vermisst sie bei Film- und Fernsehaufnahmen. Trotzdem steht sie auch im hohen Alter noch häufig vor der Kamera, sei es in Helmut Dietls „Münchner Gschichten" oder in Franz Xaver Kroetz' „Weitere Aussichten". Kroetz erinnert sich später an sie und versucht zu erklären, was ihre Faszination ausmachte: „Die Giehse ist nie vordergründig und hat doch nichts Hintergründiges. Das macht sie so sehr groß. Sie hat nur das, was sie sich überlegt hat, und das, was sie aus diesen Überlegungen ausgewählt hat. Alles ist überschaubar, durchschaubar und ganz deutlich. Wenn es das Gegenteil von Schmiere gibt, dann ist die Giehse das Gegenteiligste von Schmiere, was man sich überhaupt nur vorstellen kann. Und das macht sie unentbehrlich, für heute und für morgen."[22]

Sie wirkt auch noch an internationalen Produktionen mit. Dreimal dreht sie mit Kultregisseur Louis Malle: 1973 „Julien" und „Lucien Lacombe" und 1974 „Black Moon". Obwohl schon weit in ihren 70ern, absolviert sie ein enormes Arbeitspensum. Ruhe gönnt sie sich nur selten. Am 25. Februar 1975 wird sie von ihrer Biografin Monika Sperr zu einer Augenoperation ins Münchner Rotkreuz-Krankenhaus gebracht. Sieben Tage später stirbt sie im Krankenhaus nach eigentlich erfolgreicher Operation an Nierenversagen. Sie ist 76 Jahre alt. Begraben wird sie ihrem Wunsche folgend nicht in München, sondern in Zürich.

Den Zurückgebliebenen bleibt Therese Giehse in Erinnerung als große Schauspielerin und als Frau, die ihrem Leitspruch immer treu geblieben ist: „Auf der Seite der Gerechtigkeit, mit unverschmiertem Gefühl und unegoistischem Sinn für das Reale."[23]

*„Wir Schauspielerinnen sind erst
auf der Bühne in unserem Element –
wir stolpern nur im Leben."*

Carola Neher: Die Silberfüchsin

1900 München – 1942 Sol-Ilezk/UdSSR.

An einem herrlichen Augusttag im Jahr 1924 treffen sich in einer Münchner Straßenbahn ein Mann und eine Frau. Sie erblicken sich und sind sofort fasziniert voneinander. Noch am selben Abend gibt es ein Wiedersehen in den Münchner Kammerspielen, wo die junge Frau in einer kleinen Rolle zu sehen ist. Aus dem zufälligen Treffen in der Straßenbahn wird alsbald eine große Liebe, die in einer Ehe mündet. Die Protagonisten dieser Begegnung sind zwei Menschen, die in den 20er Jahren des letzten Jahrhunderts in aller Munde waren: der Dichter Alfred Henschke alias Klabund und die Schauspielerin Carola Neher.

Als die Aktrice den 34 Jahre alten Dichter in der Straßenbahn kennen lernt, ist sie 24 Jahre alt. Am 2. November 1900 als Karoline Neher in München geboren, hat sie keine schöne Kindheit hinter sich. Der hochmusikalische Vater, Josef Neher, ist Chorregent der Kirchenkapelle in Schloss Nymphenburg. Doch trotz seiner Musikalität ist der ehemalige Lehrer aus Württemberg kein Schöngeist, sondern aufbrausend und jähzornig. Carola teilt zwar seine Hingabe und sein Talent, doch trotzdem haben Vater und Tochter ein schlechtes Verhältnis zueinander. Ihre Mutter, Tochter einer Weinbauernfamilie aus Rheinlandpfalz, hat aus erster Ehe bereits zwei Kinder: Emil und Maria. Der Verbindung mit Josef Neher entstammen außer Carola noch Josef und Martha. Carola hat ein enges Verhältnis zu all ihren Geschwistern und kümmert sich stets liebevoll um sie, wenn die Mutter, die ein kleines Weinlokal führt, in der Arbeit ist. Trotz dieses Nebenverdienstes wachsen die Geschwister in Armut auf. Der immer mehr dem Alkohol verfallende Vater misshandelt die Kinder seelisch und körperlich, allen voran die eigensinnige Carola.

Als das Mädchen schulpflichtig wird, kommt es zunächst in eine Schule der Englischen Fräulein, anschließend in die bekannte Handelsschule Riemerschmidt. Sie ist ein eigenwilliges, widerspenstiges Kind – temperamentvoll und wild. Weil sie sich aber auch für andere einsetzt und ganz nebenbei noch recht gute Noten hat, kommt sie mit Klassenkameradinnen und Lehrerinnen gleichermaßen gut zurecht.

1917 verlässt sie die Schule und beginnt eine Ausbildung bei der Dresdner Bank. Dabei hat sie überhaupt keine Lust, ihr zukünftiges Leben hinter dem Schalter zu verbringen. Sie träumt von einer steilen Karriere, vom großen Geld, von einem Leben in Glanz und Berühmtheit. Die Menschen, die sie bewundert, sind vor allem berühmte Schauspieler, die in ihren Augen all das haben. Darum zieht es auch sie zum Theater. Um ihrem Traum näher zu kommen, zweigt sie sogar Geld aus der Devisenkasse ab. Da die Beträge ziemlich klein sind, fällt dies niemandem auf. Mit diesem „Nebeneinkommen" finanziert sie sich vereinzelte Schauspiel- und Tanzstunden.

1918 stirbt der Vater. Damit ist sie frei. Nun können sie weder Bank noch Familie in München zurückhalten: „Ich bin genau so zum Theater gekommen, wie es in den Zehnpfennigromanen ‚vom Köhlerkind zur Brettldiva' zu lesen steht. Ich wollte zur Bühne, (...) und da meine Mutter davon nichts wissen wollte, bin ich eines Morgens von ihrer Seite frisch und frei weggelaufen. Nicht heimlich und bei Nacht, sondern am helllichten Tag; meine Mutter auf der Nymphenburger Straße in München immer hinter mir her. Ich lief die Schienen entlang. Da kam – o Engel vom Himmel – eine Straßenbahn! Ich sprang auf ... und meine Mutter blieb, verzweifelt winkend, zurück.

Ich fuhr mit der Straßenbahn zum Bahnhof und vom Bahnhof nach Baden-Baden."[1] Dort wird sie so oft beim Intendanten des Kur-Theaters vorstellig, bis dieser sie endlich vorsprechen lässt. Sie singt, sie spielt, sie tanzt und wird, obwohl sie von der großartigen Schauspielerin, die sie einmal werden wird, noch weit entfernt ist, engagiert. Zu verdanken hat sie dies wohl nicht zuletzt ihrer Schönheit, die sie, gepaart mit Ausstrahlung und Charme, zumeist ans Ziel bringt.

Ein Jahr lang bleibt sie in Baden-Baden und wird dort bald zu einer stadtbekannten Erscheinung: „In Baden-Baden ging Carola so herum, wie es bei Anfängern im Allgemeinen üblich ist. Sie trug ein billiges Fähnchen und war ganz naiv. (...) Sie war der festen Meinung, dass die Karriere vor allen Dingen von der äußeren Erscheinung abhängig war, und dass man vor allen Dingen als Frau interessant sein müsste, um auf der Bühne zu wirken. Sie freundete sich mit einer französischen Lebedame an, guckte ihr ab, wie man sich räuspert und wie man spuckt. Ließ sich von ihr elegante Pariser Garderobe auf langes Ziel verkaufen und log sich und den anderen einen reichen Freund vor, der überhaupt nicht existierte. (...) Sie achtete sorgsam darauf, dass ihr der Ruf der Unsolidität erhalten bliebe, und erfand zu diesem Zweck Geschichten von neuen Freunden, die natürlich gar nicht auf der Welt waren."[2]

Die junge Frau hat schnell begriffen, dass gerade für eine Schauspielerin der Körper Kapital ist und deshalb arbeitet sie hart und diszipliniert an sich. Zeit ihres Lebens bleibt sie eine hervorragende Sportlerin, trainiert eisern, hält strenge Diät. Sie übt sich im Gang, im Verhalten, im Auftreten. Und sie schult ihre ungewöhnliche Stimme, die schon bald ihr Markenzeichen wird. Sie klingt seltsam klirrend und verleiht ihr eine ganz spezielle Aura. Im kleinen Baden-Baden ist sie bald Mittelpunkt bei Gesellschaften und Bällen, die Männer liegen ihr zu Füßen. Nichtsdestoweniger überlegt sie sehr genau, was sie tut, wer und was ihr für die Karriere von Nutzen ist. Alles, was sie unternimmt, ist stets ein Schritt auf dem Weg zum großen Ziel, zur großen Schauspielkarriere. Sie schreckt weder davor zurück, Gerüchte über sich selbst in die Welt zu setzen, um sich interessant zu machen, noch Menschen zu manipulieren.

Trotzdem bleibt sie lange Zeit mehr auffallende Schönheit denn große Schauspielerin. Ihre Theaterkarriere läuft nur sehr schleppend an. So erhält sie zwar Verträge für kleinere Rollen, ein festes Engagement an einem großen Haus aber bleibt aus. Vor allem die von ihr so ersehnten Bretter der Münchner Kammerspiele scheinen zunächst unerreichbar, auch wenn sie sich hartnäckig darum bemüht, dort aufzutreten. Im Frühjahr 1923 erhält sie zumindest eine kleine Rolle in „Die Kaiserin von Neufundland" von Frank Wedekind. Sie kehrt nach München zurück und wird rasch eine feste Größe im Schwabinger Gesellschaftsleben. Die Liebschaften der schönen kapriziösen jungen Frau, die sich nimmt, was ihr gefällt, sind zahlreich und legendär. Doch hinter der Fassade des Glamourgirls steckt eine ehrgeizige, ernsthafte junge Schauspielerin, die durch ihr Können überzeugen will, nicht allein durch ihre körperlichen Vorzüge.

1923 lernt sie Bertolt Brecht kennen, eine Bekanntschaft, die ihr später zu größtem Theaterruhm verhelfen wird. Noch im selben Jahr spielt sie gemeinsam mit Liesl Karlstadt in dem von Brecht und Valentin gemeinsam inszenierten Stummfilm „Mysterien eines Frisiersalons". Bald schon gehört sie zu einer Gruppe junger Avantgardekünstler. Natürlich hat auch sie eine heftige Liaison mit dem notorischen Schürzenjäger Brecht. Allerdings ist sie viel zu selbstbewusst, um sich auf ewig unglücklich an den Dichter zu binden. Sie wird keines seiner vielen Opfer.

Nach einem Engagement an den Nürnberger Kammerspielen, das ihr ein früherer Liebhaber, der Schauspieler und Regisseur Julius Gellner, vermittelt, kehrt sie im Sommer 1924 wiederum nach München zurück und trifft dort den Mann ihres Lebens: Klabund. Der Dichter aus der Mark Brandenburg ist zu dieser Zeit schon ziemlich bekannt – als Dichter und als Frauenheld. Sein Publikum und seine Leser lieben ihn für seine respektlosen Texte, voll Witz und Ironie. Er trifft den Ton der Zeit, ist neben allem Sarkasmus aber auch zutiefst mitfühlend mit den Menschen und kritisch gegenüber den Zeitumständen. Obschon der seit 1912 an Tuberkulose Leidende schmächtig und kränklich wirkt, lieben ihn die Frauen und er führte lange Jahre ein ausschweifendes Leben. Dann lernte er seine erste Frau kennen, die, ebenfalls an TBC leidend, bei der Geburt der gemeinsamen Tochter starb. Klabund zog sich daraufhin für Jahre aus der Öffentlichkeit zurück, überzeugt davon, nie mehr wieder lieben zu können – bis ihn die Liebe zu Carola Neher überfällt. Diese Liebe reißt ihn fort und führt ihn von nun an in ungeahnte Höhen und Tiefen. Einige seiner schönsten Liebesgedichte schreibt er für Carola Neher, deren Lebenslust und Kraft den Todkranken faszinieren.

Als sich die beiden in München ineinander verlieben, hat Carola Neher bereits einen Vertrag nach Breslau unterschrieben und so lässt sich das Paar im September dort nieder. Am Lobe-Theater von Paul Barnay erhofft sich Carola Neher den großen Sprung nach oben. Schließlich sind aus Barnays Truppe schon viele berühmte Schauspieler hervorgegangen, wie Therese Giehse oder Peter Lorre. Hier spielt sie nun endlich Hauptrollen und hat damit durchschlagenden Erfolg. Für Klabund, der sich unversehens im Schatten seiner Partnerin wiederfindet, ist diese neue Rollenverteilung zunächst gewöhnungsbedürftig. Zudem kann er Breslau nichts abgewinnen, findet die Stadt schrecklich. Doch er ist so verliebt in Carola, dass er sich mit der Situation arrangiert und sich bald wieder auf seine eigene Arbeit konzentriert. Dies ist dringend notwendig, denn finanziell sieht es bei den beiden Liebenden nicht gerade rosig aus: „Schulden wie Heu, Stroh im Kopf, und nur ein brennendes Herz. Wie soll das enden? – Hoffentlich nicht in der Katastrophe"[3], schreibt Klabund im November 1924 an seinen Freund und Gönner Unus.

Carola Neher und Klabund

Klabund arbeitet an neuen Stücken, auch für Carola, aber der Erfolg bleibt zunächst aus. Doch das soll sich bald ändern. Am 2. Januar 1925 hat sein neuestes Stück „Der Kreidekreis", die Bearbeitung eines klassischen chinesischen Stückes, in Meißen Premiere. Einen Tag später wird es am Frankfurter Schauspielhaus aufgeführt und zu einem triumphalen Erfolg für den Dichter. Über Nacht ist er eine landesweite Berühmtheit geworden. Kritik und Publikum sind gleichermaßen begeistert, Klabund ist mit einem Schlag aus der Breslauer Peripherie ins Zentrum des Interesses gerückt. Damit sind auch alle finanziellen Probleme hinfällig. Die schöne Schauspielerin und der erfolgreiche Dichter scheinen vor einer glänzenden Zukunft zu stehen. Sie nutzen die Gunst der Stunde und arbeiten beide bis zur Erschöpfung. Dies ist nicht nur für den kranken Klabund Gift, es greift auch Carolas Gesundheit an. Sie erkrankt schwer an Blutvergiftung, wird zweimal operiert. Klabund weicht nicht von ihrer Seite, doch die Anstrengung ist für den chronisch Kranken zu viel und ihn ereilt ein schwerer Blutsturz. Dieser neuerliche gesundheitliche Rückschlag zwingt ihn wieder einmal ins Lungensanatorium. In dieser prekären Lage beschließt das Paar, nach der glücklichen Beendigung dieser Krise zu heiraten. Am 7. Mai 1925 schließen sie den Bund fürs Leben – allerdings für ein sehr kurzes Leben.

Die kapriziöse Schauspielerin und der sensible Dichter werden eines der interessantesten Paare ihrer Zeit. Wie sehr Klabund seine Frau liebt, zeigt nicht zuletzt eines seiner schönsten Liebesgedichte „Dein Mund, der schön geschweifte", das er für sie niederschreibt. Dass er seiner Frau verfallen ist, zeigen auch die Zeilen des Dichters an Hermann Hesse: „Anbei muss ich Ihnen, eitel wie ich bin, einmal meine Frau vorstellen. (...) Sie ist so schön, so klug, so genial, dass sie, in ihrem Theaterjargon gesprochen, mich völlig an die Wand gespielt hat und Sie von mir nicht mehr viel übrig finden werden. Einmal kommt ja die Frau, die uns unbewusst an allen anderen Frauen rächt und die uns radikal frisst. Mit Haut und Haaren, Leib und Seele."[4] Doch ist er bei aller Liebe nicht gänzlich blind gegenüber den Schwierigkeiten, mit denen die Beziehung zu kämpfen hat: „Die Bedenken, die ich gegen eine Ehe hatte – und die ja auch heute nicht zerstreut sind –, liegen erst einmal im Äußeren, Äußerlichen: eine Schauspielerin ist an die Stadt ihres Engagements gebunden, und das kann eine fürchterliche Stadt sein. (...) Andere Bedenken liegen in den beiden künstlerischen Berufen. (...) Und schließlich auch in der ‚Berufshysterie' der Schauspielerin – so geh ich denn bei aller Liebe und Zuneigung mit gemischten Gefühlen in diese Ehe. Aber es gibt ja Wunder. Ein Wunder hat ihr das Leben gerettet. Vielleicht wird ein Wunder auch unsere Ehe retten."[5]

Während sich Carola Neher vollständig von ihrer Krankheit erholt, muss Klabund nach der Hochzeit monatelang in Davos bleiben, um sein Lungenleiden wenigstens einigermaßen in den Griff zu bekommen. Er versucht sich zu schonen, doch der Erfolg und seine schöne junge Frau ziehen ihn zurück nach Deutschland. Er weiß ohnehin, dass es keine Rettung für ihn gibt. Wie kann man da von ihm erwarten, dass er den Rest seiner Tage in einem Sanatorium verbringt? Nein, er will leben, und sei es auch nur kurz – leben mit seiner Frau!

Im Herbst 1925 sind beide wieder in Breslau. Carola Neher übernimmt nun die Haitang im „Kreidekreis". In dieser Rolle kann der aufmerksame Theaterbesucher zum ersten Mal das außergewöhnliche Schauspieltalent erkennen, das in der jungen Frau steckt. Ihre Darstellkunst vergrößert den Erfolg des Stückes noch einmal.

Während Carola Theater spielt und von Erfolg zu Erfolg eilt, versucht Klabund wieder zu schreiben. Doch er ist zutiefst unglücklich im kalten Breslau, das für ihn in „preußisch Sibirien" liegt. Das Klima schadet seinem Lungenleiden, und im November 1925 fährt er wiederum in die Schweiz, wo das Paar auch den Jahreswechsel verbringt. Für den kranken Klabund ist das Zusammensein mit seiner lebensfrohen Frau nicht immer ein Vergnügen, konfrontiert ihn ihre Vitalität doch unwillkürlich mit dem eigenen Siechtum. Mehr als einmal wird die Ehe durch Carolas Verhalten auf eine harte Probe gestellt, doch die große Zuneigung zueinander verhindert letztlich eine endgültige Trennung. Nach dem gemeinsamen Aufenthalt in der Schweiz kehrt Carola Neher nach Breslau ans Theater zurück, spielt wie eine Besessene. Klabund zieht sich in seine Heimat nach Crossen zurück. Hier verfasst er ein neues Stück für sie: „Brennende Erde". Am 21. April 1926 feiert das Stück im Frankfurter Schauspielhaus Premiere. Doch anders als „Der Kreidekreis" wird die Aufführung für den Dichter Klabund kein Erfolg, wohl aber für die Schauspielerin Carola Neher. Die Zeitungen feiern sie frenetisch. Nun stehen ihr alle Türen offen, nun warten die großen Häuser auf sie, nun geht es ins kulturelle Mekka der 20er Jahre – nach Berlin.

Nach einigen wunderbaren Wochen auf dem Landsitz des Berliner Bankiers Dr. Ernst Goldschmidt in Königs Wusterhausen stürzt sich Carola Neher erneut in die Arbeit. Aus der kleinen Münchner Schauspielerin ist ein Star geworden, dem ganz Berlin zu Füßen liegt. Zunächst spielt sie bei Viktor Barnowsky, dem erfolgreichen Theaterimpresario Berlins. Auf seinen Bühnen gibt sie die Ann Whitefield in G.B. Shaws „Mensch und Übermensch" und die Katja in Frank Wedekinds „Liebestrank". Vor allem aber die Kukuli in V. Jager-Schmidts gleichnamigem Lustspiel wird ihre Paraderolle, mit der sie von der Kritik, die neben ihrer schauspielerischen Leistung auch immer wieder ihre Schönheit rühmt, begeistert aufgenommen wird.

Ihre charismatische Schönheit ist selbst für das mondäne Berlin der Goldenen Zwanziger außergewöhnlich. Sie selbst weiß ihre Vorzüge geschickt einzusetzen, kokettiert damit auch in Interviews: „Mein Geheimnis ist gar kein Geheimnis. Ich nehme für die Haare rohe Eier, für die Stirne Fett, für die Augen kaltes Wasser und für das Gesicht Eis. Der Körper braucht Gymnastik. Die Beine brauchen Bewegung. Der Magen braucht Brot, Früchte, wenig Fleisch. Das Herz braucht Liebe. Kein Alkohol – nur hin und wieder ein Glas Sekt. In der Woche eine Zigarette: einteilen muss man sich's halt."[6] Carola Neher ist ein Profi durch und durch – diszipliniert und hart zu sich selbst. Sie schwimmt, nimmt Boxunterricht und achtet eisern auf ihr Gewicht. Trotzdem weiß sie das Leben zu genießen, lebt so schnell, als werde sie gejagt. Der exzentrische Star ist die perfekte Verkörperung eines neuen unabhängigen Frauentypus, der mit Bubikopf und langen weiten Hosen die Straßen Berlins bevölkert. Sie amüsiert sich jenseits aller Konventionen und Traditionen, ist geistig und finanziell unabhängig. Und für eine gute Publicity tut sie alles, klettert einmal sogar auf den Berliner Funkturm und lässt sich frei am Stahlgerüst hängend fotografieren.

Im Frühjahr 1927 erwirbt sie den Führerschein, nicht unbedingt zur Freude ihres Mannes: „Sie fährt jetzt jeden Tag wie irrsinnig in Berlin herum – natürlich im tollsten Verkehr, Friedrichstraße, Alexander-, Potsdamer Platz. Sie will sich ein Auto kaufen und damit nach Wien fahren! Sicher wird sie mich einmal in einer Eifersuchtsszene absichtlich gegen einen

Baum fahren. Mein Leben ruht künftig wirklich ausschließlich in Gottes Hand."[7]

Das Tempo seiner Frau überfordert den Dichter, im wahrsten Sinne des Wortes. Obwohl selbst erfolgreich, bleibt er stets im Schatten seiner strahlenden Frau. Die Achterbahn der Gefühle, die er in der Ehe erlebt, verarbeitet Klabund in seiner Novelle „Die Silberfüchsin", in der er seine Frau porträtiert. Anfang 1927 holt ihn seine Krankheit erneut ein und er muss wieder in die Schweiz. Carola Neher schafft es nur selten, ihn zu besuchen, zu vielfältig sind ihre Theaterverpflichtungen, zu sehr ist sie darum bemüht, auf dem Gipfel zu bleiben. Der Erfolg gibt ihr Recht, ihr Publikum liebt sie: „Das Gesicht der Carola Neher wirft um, ihr Auge, das Auge einer trunkenen Seele, erzeugt Massenräusche im Zuschauerraum."[8] Sie spielt nun neben den ganz Großen des deutschsprachigen Theaters: Tilla Durieux, Adele Sandrock und Werner Krauss. Daneben verkehrt sie in besten gesellschaftlichen Kreisen, zu ihren eifrigen Verehrern gehört nicht nur der ehemalige Kronprinz Wilhelm, an dessen Seite man sie häufig sieht, sondern auch Außenminister Gustav Stresemann. Noch im selben Jahr geht sie für kurze Zeit nach Wien ans Burgtheater, wo sie nach anfänglichen Schwierigkeiten an den gewohnten Erfolg anknüpfen kann. Nach einiger Zeit kehrt sie jedoch nach Berlin zurück, denn Carola Neher liebt Berlin und Berlin liebt Carola Neher!

Klabund ist nun wieder an der Seite seiner Frau. Da seine Krankheit jedoch rasant voranschreitet und die Ansteckungsgefahr für Carola sehr hoch ist, wohnt das Ehepaar in verschiedenen Hotels. Es ist wohl auch so, dass der sieche Dichter für die lebenshungrige Frau zusehends zur Belastung wird, auch wenn sie sich bemüht, eine gute Ehefrau zu sein. Sie ist eben nur sie selbst und damit erscheint sie vielen als eine Person, über die der Wiener Kritiker Alfred Polgar zu Recht geschrieben hat: „Ob sie viel Herz hat, weiß ich nicht; in den Vordergrund drängt sich dieses Organ keinesfalls."[9] Doch

Freunde, welche die Situation unmittelbar erleben, sehen sehr wohl, wie sehr Carola an Klabund hängt. Fred Hildebrandt, Leiter des Feuilletons des *Berliner Tageblatts* schreibt viele Jahre später über sie: „Es wird ihr in der Ewigkeit angerechnet werden müssen, dass sie Klabund glücklich gemacht hat, solange es ihm und ihr beschieden gewesen ist. Es ist nicht leicht, auf die Dauer einen Dichter glücklich zu machen. In diesem Fall war es für beide nicht leicht. Denn beide wanderten auf einem schmalen Grad."[10]

Während Carola Neher zum gefeierten Bühnenstar aufsteigt, sind Klabunds Tage gezählt. Er fährt zurück nach Davos, während Carola weiter in Berlin Theater spielt. Der Todkranke blickt voll Sehnsucht auf seine Frau, die Verkörperung des Lebens für ihn schlechthin. Je mehr Klabunds Leben sich dem Ende neigt, umso mehr sucht Carola Neher das Leben. Es ist wohl auch die Angst vor der Konfrontation mit dem Tod, die in ihr einen unstillbaren Lebenshunger weckt. Sie macht in Berlin die Nacht zum Tag, lebt schneller als gut für sie ist. Soeben hat sie in Berlin eine Rolle in einem neuen Stück von Bert Brecht angeboten bekommen. Sie arbeitet gern mit Brecht, obwohl das Verhältnis zueinander nicht immer ungetrübt ist. Auch wenn sie, wie bereits erwähnt, zeitweilig seine Geliebte ist, schlägt sie einen späteren Heiratsantrag aus guten Gründen aus. Dennoch soll sie ihm, als sie im April 1929 von seiner Hochzeit mit Helene Weigl erfährt, einen Blumenstrauß auf den Kopf geschlagen haben.

Brechts neues Stück heißt „Die Dreigroschenoper" und wird eines der meistgespielten Stücke aller Zeiten werden. Der Dichter schreibt für sie die Rolle der Polly Peachum. Die Proben sind in vollem Gange, als sie aus Davos beunruhigende Nachrichten erreichen. Ihr Mann liegt im Sterben, sie muss sofort in die Schweiz. Voll Sorge eilt sie ans Krankenbett ihres Mannes, immer wieder gestört durch Anrufe Brechts, der pietätlos danach fragt, ob Klabund nun schon endlich tot sei, damit sie zurück zur Probe kommen könne.

Am 14. August 1928 stirbt Klabund, siebenunddreißigjährig. Karl von Ossietzky schreibt in seinem Nachruf auf den Dichter, der über 1500 Gedichte, Romane, Theaterstücke und Essays hinterlässt: „Vieles von dem eilig Hingedichteten wird verwehen, trotzdem mehr übrig bleiben als von den meisten bänderreichen Lyrikern seit Heinrich Heine. (...) Klabund (Alfred Henschke aus Crossen, 1891–1928) wird in die Literaturgeschichte und Nachschlagewerke eingehen. Möge er Federn finden, die so anmutig die Erinnerung an sein kurzes, krankes, melodienreiches Leben wahren."[11]

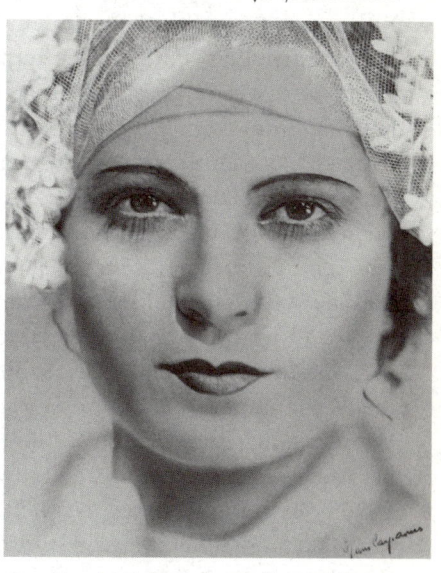

Carola Neher als „Polly Peachum" in der „Dreigroschenoper", 1929.

Carola Neher ist vom Tod des geliebten Mannes erschüttert. Von Gewissensbissen geplagt, stürzt sie sich in die Arbeit. Doch sie ist am Ende ihrer Kräfte. Bei den Proben zur Dreigroschenoper wird sie ohnmächtig, bricht schließlich zusammen. Sie gibt die Rolle der Polly zurück, übernimmt sie erst im Mai 1929, nachdem sie erkannt hat, welch große Chance das neue Brecht-Stück für sie ist: „,Was soll ich tun?' (...) ,Wo ich auch hingehe, werden diese verdammten Songs gedudelt. Wenn ich dieser Pest entgehen wollte, müsste ich aus Deutschland auswandern. Dann sing ich sie lieber selber'."[12] Obwohl das Publikum bereits die Uraufführung der Dreigroschenoper begeistert aufgenommen hat, übertrifft die Aufführung mit Carola Neher in der Rolle der Polly alles. Die Kritiker überschlagen sich. Keine Darstellerin wird sie in dieser Rolle jemals übertreffen – bis heute. Damit hat es die Schauspielerin mit der klirrenden Stimme endgültig an die Spitze geschafft.

Wenn man heute Aufnahmen mit ihr hört, kann man die Begeisterung des Auditoriums selbst nach all der langen Zeit noch nachvollziehen: „Sie war die Idealbesetzung für die Rolle, eine Sumpfblüte unter dem Mond von Soho. (...) Sie war neben Lotte Lenya die beste Interpretin Brechtscher Texte und Songs von Weill. Sie hatte die große Schnuppigkeit über dem Klirren eines zerbrochenen Herzens"[13], schreibt Ernst Josef Aufricht, der Direktor des Theaters am Schiffsbauerdamm, an dem die Dreigroschenoper Premiere hatte. Nun ist Carola Neher da angelangt, wo sie immer hinwollte. Von nun an kann sie sich die Rollen aussuchen. Nun kann sie Diva spielen, so viel sie will – alle reißen sich um sie. Sie spielt in vielen Filmen und immer und immer wieder Theater. Brecht schreibt ihr „Die heilige Johanna der Schlachthöfe" auf den Leib, und die Marianne aus Ödön von Horvarths „Geschichten aus dem Wienerwald", die sie am 2. November 1931 in der Premiere bei Max Reinhard gibt, wird eine weitere ihrer großen Rollen.

1930 geht sie ein kurze, aber heftige Affäre mit dem Dirigenten Hermann Scherchen ein, mit dem sie sich kurzzeitig sogar verlobt. Sie wird von ihm schwanger und erleidet eine Fehlgeburt. Scherchen ist KPD-Mitglied und überzeugt sie davon, einen Russischsprachkurs an der „Marxistischen Arbeiterschule" in Berlin Wedding zu absolvieren. Dort lernt sie 1932 ihre zweite große Liebe kennen, den aus Bessarabien stammenden Ingenieur Anatol Becker. Becker fasziniert die junge Frau, ist er doch so anders als die Menschen, mit denen sie sich umgibt. Seine Ernsthaftigkeit, sein Glaube an den Sowjetkommunismus beeindrucken Carola Neher, die sich zuvor kaum mit Politik beschäftigt hat. Sie und Klabund waren in all den Jahren relativ unpolitisch gewesen und hatten sich vor allem von Parteipolitik tunlichst fern gehalten. Zwar hatte ihr Umgang mit Brecht, Feuchtwanger, Horvarth und Busch, die sich in linksintellektuellen Kreisen bewegten, dazu beigetragen, dass auch Carola Neher sich für die kommunistische Idee zu interessieren begann, aber das rauschende Berliner Leben stand ihr stets näher als sozialistische Ideen. Erst jetzt, als die Bedrohung durch den Faschismus in Deutschland immer manifester wird, wandelt sie sich unter dem Einfluss von Anatol Becker von der Salonkommunistin zu einer wirklichen Sympathisantin der KPD.

Im Januar 1933 kommen die Nationalsozialisten an die Macht. Damit wird es für sozialistische Intellektuelle unmöglich, länger in Deutschland zu bleiben, und im Sommer 1933 brechen Carola Neher und Anatol Becker nach Wien auf. Von hier aus reisen sie weiter nach Prag, wo Carola umjubelter Star am „Neuen Deutschen Theater" wird. Hier, in der tschechoslowakischen Hauptstadt, treffen die beiden viele Flüchtlinge, unter anderem den deutschen Kommunisten Erich Wollenberg. Wie für Zenzl Mühsam wird diese Begegnung Carola Neher und Anatol Becker zum Verhängnis, da man sie später verdächtigt, Teil einer trotzkistischen Verschwörung zu sein. Von Prag aus planen sie, in die UdSSR zu reisen. Becker zieht es schon lange nach Moskau, und die Aussicht, ihre in Deutschland abrupt gestoppte Karriere in der Sowjetunion weiter voranzutreiben, veranlasst Carola Neher, die in der Zwischenzeit seine Frau geworden ist, ihm zu folgen.

Am 4. Januar 1934 treffen sie in Moskau ein. Das Leben in der Metropole des Sowjetstaates bedeutet für Carola Neher ein böses Erwachen. Die prominente Schauspielerin, die zu Hause jeden erdenklichen Luxus genoss, findet sich plötzlich in ärmlichsten Verhältnissen wieder. Niemand heißt die berühmte Schauspielerin, die es gewohnt ist, mit offenen Armen empfangen zu werden, hier willkommen. Nur nach mühevoller Suche finden sie eine Wohnung, Möbel gibt es nicht, sie schlafen auf dem Boden. Nachdem sich ihre Pläne, als Schauspielerin zu arbeiten, zerschlagen, versucht Carola Neher durch Artikel für die *Prawda* das gemeinsame Einkommen aufzubessern. Was es für den erfolgsverwöhnten Star, der wohl eher aus romantischen Motiven, denn aus wirklich radikaler politischer Überzeugung hier gelandet ist, bedeutet haben mag, um Zeilengeld zu bitten, kann man sich gut vorstellen. Die Startbedingungen sind alles andere als rosig und so bleibt es nicht aus, dass aus dem verliebten Paar bald ein streitendes Paar wird.

Als Carola Neher nach einiger Zeit feststellt, dass sie schwanger ist, ist sie ratlos. Verwirrt über die neue Situation, nimmt sie sich eine Auszeit von der Ehe und reist im Sommer 1934 nach Prag – auf der Suche nach einem Ausweg. Sie spielt mit dem Gedanken, ihr Kind in Prag zur Welt zu bringen, da ihr eine Niederkunft unter den ärmlichen Bedingungen und katastrophalen hygienischen Verhältnissen, in denen sie in Moskau lebt, nicht ratsam erscheint. Dies bespricht sie auch mit ihrer Mutter, die ihr, im Mantel eingenäht, Schmuck über die Grenze schmuggelt. Carola Neher hofft, diesen zu Geld machen zu können, um damit wenigstens für die nächsten Monate ihr Auskommen zu sichern.

Hier in Prag wohnt sie in der Pension Arosa, wo sie erneut auf Erich Wollenberg trifft, der ihr einen Brief nach Moskau mitgibt, bestimmt für das Münchner Ehepaar Hermann und Elsa Taubenberger. Dieser Brief dient später als Beweis für Carola Nehers Mitgliedschaft in der trotzkistischen Verschwörung, für die sie angeblich als Botin tätig war. Wollenberg wird 1968 in seinen Erinnerungen schildern, dass es sich bei dem Brief nur um die Bitte an das Ehepaar Taubenberger gehandelt habe, sich um Carola Neher und ihr Baby zu kümmern, weil die Taubenbergers selbst in relativ guten Verhältnissen lebten.

Als Carola Neher in Prag weilt, treffen sich in Moskau Intellektuelle aus aller Welt, vereint im Glauben an die Entstehung einer besseren Welt, verkörpert durch die UdSSR Josef Stalins. Sie alle sind voller Idealismus, sehen in der UdSSR den Gegenentwurf zum faschistischen Deutschland. Gemeinsam machen sie Front gegen Hitler. Carola Neher schließt sich ihnen begeistert an und unterzeichnet einen Aufruf an das Saarland, bei der Saarabstimmung gegen den Anschluss ans Reich zu votieren. Als Konsequenz für ihre Unterschrift wird ihr am 1. November 1934 die deutsche Staatsbürgerschaft entzogen. Nun ist sie staatenlos und damit unversehens vor große Probleme gestellt, denn, was ist ein Mensch ohne Pass? Als Anatol Becker sie bittet, nach Moskau zurückzukehren, reist sie deshalb erneut in die Sowjetunion. Am 26. Dezember 1934 kommt Sohn Georg zur Welt. Trotzdem gehen Anatol Becker und Carola Neher von nun an meist getrennte Wege.

In den nächsten Jahren tritt sie vereinzelt als Schauspielerin auf, arbeitet als Regieassistentin und singt im Rundfunk. Damit kann sie sich und ihren Sohn, der tagsüber bei Elsa Taubenberger ist, relativ gut durchbringen. Auch intellektuell muss sie, die nur sehr schlecht russisch spricht, nicht verkümmern. Sie verkehrt mit den politischen Emigranten aus Deutschland, die immer zahlreicher hier ankommen, darunter viele Künstler und Politiker. Es scheint ganz so, als könne sie sich doch mit den Gegebenheiten arrangieren und in Moskau das Ende des Dritten Reiches abwarten.

Doch dann gerät sie in den Strudel der Stalinistischen Säuberungen. Es ist der Regisseur Gustav von Wangenheim, ein ehemaliger Bekannter ihres Mannes Klabund, der für die Verhaftung von Anatol Becker und Carola Neher sorgt. Er äußert sich auf verschiedenen Versammlungen abfällig über ihre kommunistische Einstellung und wird daraufhin im Frühjahr 1936 vom NKWD zum Verhör einbestellt. Mit seinen Aussagen denunziert er die beiden als Feinde der Sowjetunion. Am 11. Mai 1936 wird Anatol Becker verhaftet. Man wirft ihm vor, gemeinsam mit Hermann Taubenberger ein Attentat auf Stalin und andere führende Sowjetpolitiker geplant zu haben. Zudem gibt es Zweifel über seine Mitgliedschaft in der KPD. Obwohl getrennt, versucht Carola Neher den Aufenthalt ihres Mannes herauszufinden und ihn mit dem Nötigsten zu versorgen.

Zwei Monate später, am 25. Juli 1936, wird die Schauspielerin verhaftet. Von Wangenheim hatte einen ausführlichen Bericht über sie abgegeben: „Carola Neher halte ich für eine Abenteurerin, die nach ihrer ideologischen Einstellung nichts Gemeinsames mit der kommunistischen Partei hat. Ihre politische Einstellung ist antisowjetisch. So z. B. sagte Neher: ‚Ich war im Regierungsgebäude und sah, wie diese dort lebten. Bin ich schlechter als sie, ich will auch hier leben. Die Menschen, wenn sie nicht dumm sind, können sehen, dass auch die sowjetische Bourgeoisie existiert.' In solcher Art hörte ich oft die Äußerungen von Neher (...)"[14]

Sie wird langen quälenden Verhören unterzogen. Nun wird ihr ihre blühende Phantasie und ihre Angewohnheit, es mit der Wahrheit nicht ganz so genau zu nehmen, zum Verhängnis. In einem handschriftlichen Lebenslauf vom 20. März 1936, den sie ihrem Antrag auf Mitgliedschaft in der KPdSU beigefügt hatte, hatte sie erklärt, 1932 der KPD beigetreten zu sein: „Durch die Marxistische Arbeiterschule wurde ich im Jahre 1932 Mitgl[ied] der KPD. Für die Partei habe ich in der R.G.O-Fraktion [d. i. revolutionäre Gewerkschaftsopposition] gearbeitet. Im Einverständnis mit Hans Otto habe ich in den mir zugänglichen Prominentenkreisen im Sinne der parteipol[itischen] Richtung geworben und Verbindungen hergestellt. Ich habe für die Gewerkschaftskurse der R.G.O. Gruppe des Staatstheaters Mitglieder geworben, für Steglitz U.B. [d. i. Unter-Bezirk] war ich Unterkassiererin der R.G.O. Mitglieder. Bei meinem Münchner Gastspiel 1932 organisierte ich eine R.G.O. Zelle unter den Mitgliedern des Theaters. November 1932 fuhr ich zum Gastspiel nach Wien. Da ich vorhatte, länger in Wien zu spielen, nahm ich Fühlung mit der K.P.Ö. und weihte [sie in] meine Mitgliedschaft ein."[15] Die Parteikarriere war erfunden, entsprang ihrer blühenden Phantasie. Doch dem Theaterstar, der von Gerüchten, Vermutungen und Legenden lebte und der sich immer wieder den passenden Lebenslauf erdichtet hatte, war dies nicht so wichtig erschienen. Wie viele

Notlügen und phantastische Geschichten hatte sie in ihrem Leben nicht schon erzählt. Immer war es darum gegangen, den Leuten etwas zu bieten, am besten das, was sie hören wollten. Damit hatte sie schließlich in der Vergangenheit stets erreicht, was sie wollte. Ihr war rasch klar gewesen, dass einzig die Mitgliedschaft in der KPdSU es ermöglichen würde, in der Sowjetunion ein einigermaßen vernünftiges Leben zu führen; deshalb hatte sie sich kurzerhand zum langjährigen KPD-Mitglied erklärt. Doch für die Moskauer Führung ist dies nicht die kleine Schwindelei eines Bühnenstars, sondern ein schwerwiegendes Vergehen bei dem es kein Pardon gibt, vor allem nicht für Leute, die trotzkistischer Umtriebe verdächtig sind.

Ein Jahr lang bleibt sie in Untersuchungshaft, dann wird sie in einem Schnellverfahren im Juli 1937 wegen Botendiensten in der trotzkistischen Wollenberg-Verschwörung zu zehn Jahren Lagerhaft verurteilt: „Durch die Gerichtsuntersuchung wurde festgestellt, dass Henschke, Karoline, als Bote zwischen dem in Prag befindlichen trotzkistischen terroristischen Zentrum und einer konterrevolutionären trotzkistischen Terrororganisation, welche der Trotzkist Wollenberg aus Emigranten in Moskau organisierte, war.“[16] Anatol Becker ist nach einem durch Folter erzwungenen Geständnis bereits am 29. Mai 1937 zum Tode verurteilt und erschossen worden. Das Urteil für Carola Neher kennt keine Berufungsmöglichkeit – der umjubelte Star der Zwanziger Jahre wird für Jahre im GULAG verschwinden! Ihr Sohn Georg, um den sich inzwischen Elsa Taubenberger gekümmert hatte, kommt nach deren Verhaftung in ein Moskauer Kinderheim. Später adoptiert ihn eine Familie, die ihn brutal misshandelt. Zuletzt landet der Junge in Odessa. Erst 1967 erfährt Georg Becker, wer seine Eltern sind. Er stellt daraufhin einen Ausreiseantrag. 1975 darf er in die Bundesrepublik Deutschland ausreisen.

Noch in Moskau schneidet sich Carola Neher mit einem Stück Blech die Pulsadern auf. Doch sie wird gerettet – die grausige Odyssee kann beginnen. Insgesamt fünf verschiedene

Gefängnisse durchläuft sie. Obwohl nun nur mehr eine von Millionen Gefangenen Stalins und nicht mehr der herausragende Star, ist sie trotz alledem nicht gewillt, sich völlig unterzuordnen. Ihr Strafregister gibt Auskunft über ihren noch immer ungebrochenen Widerstandsgeist. Einmal erhält sie drei Tage Hofgangsperre wegen eines verbotenen Gesprächs mit einer Mitgefangenen, dann wieder bekommt sie wegen der Benutzung von Zeitungen als Briefpapier ein Briefwechselverbot. Ein andermal darf sie wegen lauter Gespräche in der Zelle einen Monat lang keine Bücher lesen. Als sie sich wiederholt durch Klopfzeichen verständigt, erhält sie erneut ein Buchleseverbot, ebenso wie für Schreien und Lärmen in der Zelle. Dies ist ihre Art, Widerstand zu leisten, sich zu wehren gegen die Schikanen, gegen das Unrecht, das ihr wiederfährt. Dabei weiß sie gar nicht, wie ihr geschieht. Noch eben war sie der umjubelte Star, nun sitzt sie hier im Gefängnis. Lange Zeit hofft sie auf Hilfe von außen, schließlich ist sie weltbekannt. Kurz nach ihrer Verhaftung, 1937, wandte sich Bertolt Brecht an Lion Feuchtwanger und bat ihn halbherzig, sich bei Stalin für Carola Neher einzusetzen: „Sehen Sie irgendeine Möglichkeit, sich beim Sekretariat Stalins nach der Neher zu erkundigen? (…) Wenn die N. sich tatsächlich an hochverräterischen Umtrieben beteiligt hat, kann man ihr nicht helfen, aber man kann vielleicht durch einen Hinweis auf ihre große künstlerische Begabung erreichen, dass das Verfahren beschleunigt und ihr Fall besonders geklärt wird (…) Es wäre mir allerdings Recht, wenn Sie diese meine Bitte ganz vertraulich behandelten, da ich weder ein Misstrauen gegen die Praxis der Union säen noch irgendwelchen Leuten Gelegenheit geben will, solches zu behaupten."[17]
Realistisch betrachtet, hat Carola Neher von ihren alten Freunden keine Hilfe zu erwarten. Brecht ist in Dänemark und will nicht in Ungnade fallen, und Feuchtwanger schildert nach seinem Besuch in der UdSSR, bei dem er auch einem der zahlreichen Schauprozesse beigewohnt hat, das Reich Stalins, in

dem Millionen von Menschen in den Lagern verschwinden und zu Tode kommen, als Paradies auf Erden. Die Lobeshymnen Feuchtwangers und Brechts auf die Sowjetunion auf der einen Seite und das Schicksal Carola Nehers auf der anderen Seite fordern nur selten Widerspruch heraus. Der Text Walter Helds in der niederländischen Exilzeitung *Unser Wort* ist eine Ausnahmeerscheinung: „Sie, Herr Brecht, haben Karola Neher gekannt. Sie wissen, dass sie weder eine Terroristin noch eine Spionin, sondern ein tapferer Mensch und eine große Künstlerin war. Weshalb schweigen Sie?"[18]

Die große Schauspielerin Carola Neher ist für die Welt draußen wie vom Erdboden verschluckt. Es gibt keine Möglichkeit für sie, zumindest der Familie in Deutschland eine Nachricht über ihren genauen Verbleib und darüber, was eigentlich geschehen ist, zukommen zu lassen. Am 14. September 1939, kurz nach Ausbruch des Zweiten Weltkriegs, versucht Carola Neher die russischen Behörden dazu zu bewegen, Kontakt mit ihrer Mutter aufnehmen zu dürfen: „Seit meiner Verhaftung (25. 7. 1936) sind alle meine Bitten um einen direkten Briefverkehr mit meinen Angehörigen (...) abgelehnt worden. Ich hatte also keine Möglichkeit, ihnen die Begründung des Urteils, das 1937 durch das Militärkollegium des Obersten Gerichts gegen mich verhängt wurde, mitzuteilen. Das ist insbesondere deshalb bedrückend, weil es für sie kaum möglich ist, eine Auskunft einzuholen. Sich unmittelbar an das deutsche Konsulat zu wenden, kommt für sie nicht in Frage, weil mir die deutsche Staatsangehörigkeit wegen meiner öffentlichen Unterstützung der antifaschistischen Volksfront während der Saar-Abstimmung im Jahre 1934 aberkannt wurde. (...) Ich möchte meine siebzigjährige Mutter wenigstens durch eine Mitteilung über mich beruhigen. Ich bitte um die Erlaubnis, mich diesbezüglich an das Rote Kreuz zu wenden, oder meiner Mutter direkt zu schreiben."[19]

Im Dezember 1939 wird sie nach Moskau zurückgebracht. Hier in der Butirka trifft sie unter anderem auf Zenzl Mühsam,

Roberta Gropper und Margarete Buber-Neumann, die alle nach Deutschland abgeschoben werden sollen. Doch das wissen sie noch nicht. Die Frauen hoffen auf die Ausreise in ein sicheres Land, auf das Ende aller Qualen. Sie träumen von der Freiheit, und auch die kahl geschorene Gefangene Carola Neher schöpft wieder Hoffnung. „Die Schauspielerin Carola Neher trug Zuchthauskleidung, und ich muss gestehen – sie stand ihr gut", schreibt Margarete Buber-Neumann später in ihren Erinnerungen. „In den meisten Zuchthäusern Sowjetrusslands schor man die Frauen kahl. Carolas sprossende Haare begannen sich eben wieder ein wenig zu legen. Alle gaben ihr Ratschläge, wie das Wachstum zu fördern sei ‚Am besten ist Regenwasser.' – ‚Du musst immer fest gegen den Strich kämmen.' Und als Carola uns erzählte, dass sie sich einmal für eine Rolle wasserstoffblond färben musste, waren alle empört, wie man so schöne schwarze, wellige Haare mit Wasserstoff verhunzen konnte. ‚Wenn ich herauskomme, lasse ich die Haare so, wie sie jetzt sind', und Carolas dunkle Augen lächelten strahlend."[20] Als sie aus der Zelle geholt wird, macht die Gewissheit der Ausreise den Abschied leicht. Doch von Ausreise kann keine Rede sein, im Gegenteil, man versucht sie als Agentin für das NKWD anzuwerben. Weil sie sich weigert, kommt sie zunächst in Einzelhaft, nach zehn Tagen trifft sie ihre ehemaligen Leidensgenossinnen wieder, denen Ähnliches widerfahren ist. Carola Neher ist klar, was die Ablehnung zur Zusammenarbeit mit dem NKWD für sie bedeutet. Als ihre Zellengenossinnen abgeholt werden, bleibt sie zurück. Sie ahnt nicht, dass auch auf die anderen Frauen nicht die Freiheit, sondern ein deutsches Konzentrationslager wartet. Da die deutsche Regierung es ablehnt, Menschen, die sich während ihres Aufenthalts in der UdSSR staatsfeindlich gegen das Deutsche Reich betätigt haben, wieder aufzunehmen, bleibt Carola Neher in der UdSSR. Sie wird ins Gefängnis von Orjol verlegt.

Die größte Sorge Carola Nehers gilt in all den Jahren ihrem

Sohn Georg, dessen Foto sie immer bei sich trägt. Lange kann sie nicht in Erfahrung bringen, wie es ihm geht. Am 20. März 1941 macht sie deshalb erneut vom Gefängnis aus eine Eingabe an das Kinderheim, in dem sie ihren Sohn vermutet und bittet um Informationen über ihr Kind: „Da ich bereits eineinhalb Jahre nichts über meinen Sohn erfahren habe, bitte ich Sie, mir folgende Fragen zu beantworten: Wie entwickelt sich mein Sohn, physisch und geistig? Wie steht es mit seiner Gesundheit? Wie ist sein Gewicht und seine Größe? Womit beschäftigt er sich? Lernt er schon schreiben und lesen? (...). Weiß er etwas von seiner Mutter? Ich bitte Sie sehr, mir das letzte Photo von ihm zu schicken. Ist er musikalisch? Zeichnet er auch? Wenn ja, schicken sie mir bitte ein Bild, das er gezeichnet hat! Ich warte voller Ungeduld auf ihre Antwort. Ich danke Ihnen aus vollem Herzen für alles Gute, was sie für mein geliebtes Kind tun können."[21]

Ihr Brief bleibt unbeantwortet.

Am 26. Juni 1942 stirbt Carola Neher auf einem Gefangenentransport in Sol-Ilezk, nahe der kasachischen Grenze an Typhus. Sie wird in einem Massengrab verscharrt.

Im Januar 1959 wird sie im Zuge der Entstalinisierung rehabilitiert. In der Urkunde, mit dem die Sowjetunion den Fall Carola Neher endgültig zu den Akten legt, heißt es lapidar: „Die Angelegenheit ist abgeschlossen, wegen der Nicht-Existenz des Verbrechens."[22]

Gret Palucca: Die Tänzerin

1902 München – 1993 Dresden

„Ist die Wigman der Wille, und in allem nur der Wille, so
ist die Palucca die Tat. Ist die Wigman die erdachte und
erkämpfte Idee, so ist die Palucca die glückliche geglückte
Vollbringung. Tanzt die Wigman Schlagworte, so schlägt die
Palucca die Worte durch Tanz. Ist die Wigman die kriegerische
Persönlichkeit, so ist die Palucca der sieghafte Typus. Ist das
Agieren der Wigman ein lebhaftes, überlegenes, durchdachtes
Skandieren, so ist es bei der Palucca angeborener Zwang zu
Rhythmus. Demonstriert die Wigman den Begriff selbigen
Rhythmus, so lebt ihn die Palucca. Kurz, ist die Wigman die
geborene Propagandistin und Lehrerin, so ist die Palucca die
geborene Tänzerin."[1]
Das geradezu hymnische Lob des Kritikers Pawel Barchan gilt
der jungen Tänzerin Gret Palucca, die sich soeben anschickt,
ihre Lehrerin, die berühmte Ausdruckstänzerin Mary Wigman, zu überflügeln und zum Star des modernen Tanzes auf-
zusteigen. Dafür hat sie hart und mit eiserner Disziplin an
sich gearbeitet. Ein langer Weg, voller Widerstände und Um-
wege liegt hinter ihr.
1902 wird sie als Margarete Paluka in München geboren. Ihr
Vater, Max Paluka, ist Kaufmann und Besitzer eine Parfümerie
in der Weinstraße 8. Mutter Rosa, eine geborene Merfeld
stammt aus Nürnberg und ist eine aufgeschlossene kunst-
interessierte Frau, die enge Kontakte zu den so zahlreichen

Münchner Künstlerzirkeln pflegt. Neben Margarete gehört zur Familie noch ihr jüngerer Bruder Hans, zu dem sie stets ein enges Verhältnis hat. Aufgrund der engen Bindung der Geschwister zueinander werden sie von der Mutter Hänsel und Gretel gerufen.

Die Ehe der Eltern ist schwierig, ihr Zusammenleben nicht ohne Probleme. Mehrmals verlässt Rosa Paluka die gemeinsame Wohnung, kommt für längere Zeit bei Bekannten oder ihrer Mutter unter. Für die Kinder bedeutet die Trennung der Eltern jedes Mal Unsicherheit und Schmerz. Es verwundert kaum, dass sich Margarete häufig bei ihrer Großmutter aufhält, die ganz in der Nähe des Englischen Gartens wohnt. In der großbürgerlichen Wohnung fühlt sie sich geborgen und glücklich. Worin die Probleme ihrer Eltern genau bestanden und was tatsächlich hinter den häufigen Trennungen steckte, hat Gret Palucca später nie verraten, wie sie auch ansonsten sehr verschwiegen war, was ihr Privatleben anbelangte.

Die Familie ist gut situiert, lebt finanziell ohne Sorgen. Doch als sich der Vater mehrmals bei seinen Geschäften verkalkuliert, beginnt der wirtschaftliche Ruin. 1905 muss Max Paluka Konkurs anmelden. Von seinem gut gehenden Geschäft sind ihm nur ein Haufen Schulden geblieben. Doch Max Paluka ist niemand, der Verlorenem hinterhertrauert. Nachdem er eine Weile ohne Einkommen ist, entschließt er sich, risikofreudig und offen für Neues wie er ist, den Sprung über den großen Teich zu wagen. 1906 geht er an Bord eines Ozeandampfers, der ihn zu seinem neuen Arbeitsplatz bringen soll: dem kaiserlich deutschen Konsulat in San Francisco, USA. Für Max Paluka, der in Konstantinopel geboren wurde und später sowohl in der Türkei als auch in Frankfurt a. M. und Nürnberg die Schule besucht hatte, ist dies eine höchst willkommene Entwicklung: Fremde Länder ziehen ihn an, alles Unbekannte nimmt er als Herausforderung an. Diese Unerschrockenheit vererbt er an seine Tochter Margarete, die ihm gemeinsam mit Mutter und Bruder wenige Wochen später folgt.

Als die drei im Dezember 1906 in San Francisco von Bord gehen, werden sie von einer Stadt begrüßt, die aussieht, als hätte dort ein Krieg stattgefunden. Am 18. April diesen Jahres hatte hier die Erde mit einer Intensität von 8,3 auf der offenen Richterskala gebebt und Schäden in einem bis dato nicht gekannten Ausmaß angerichtet. 498 Menschen waren getötet worden, Hunderttausende obdachlos. Bei dem Beben war das Wasserleitungsnetz der Stadt vollkommen zerstört worden, sodass die kleinen Brände, ausgelöst durch geborstene Gasleitungen, nicht gelöscht werden konnten und sich zu einem flammenden Inferno entwickelt hatten. Drei Tage lang hatte das Feuer über der Stadt gewütet. 30 000 Häuser waren zerstört worden und auf einer Fläche von zehn Quadratkilometern lag alles in Schutt und Asche. Noch immer herrschten chaotische Zustände, noch längst hatte sich die Stadt nicht von diesem Schlag erholt.

Für die Münchner Auswandererfamilie ist die Ankunft in der zerstörten Stadt ein Schock. Mehr als ein halbes Jahr nach der Katastrophe ist weiterhin vieles provisorisch und funktioniert nur dürftig: Häuser, Strom- und Wasserversorgung. Den Palukas scheint es, als ob sie vom Regen in die Traufe gekommen wären. Es nimmt nicht Wunder, dass Rosa Paluka schon bald über eine Rückkehr nach Europa nachdenkt. Wie konnte ihr Mann sie nur mit zwei kleinen Kindern in ein solches Abenteuer stürzen? Für die Ehe der Palukas ist der Aufenthalt in San Francisco bald das endgültige Aus. Sie wird geschieden und Rosa Paluka kehrt daraufhin mit Hänsel und Gretel nach Deutschland zurück.

Statt in München lässt sie sich jedoch in Dresden nieder, wo Tochter Margarete von nun an die „Lehr- und Erziehungsanstalt für Mädchen höherer Stände" besucht. Auch in der neuen Stadt findet die Mutter wieder Anschluss an intellektuelle Kreise. Zu ihren engen Freunden zählt Karl Maria Pembauer, der Chorleiter der Dresdner Oper. Dieser sieht die zehnjährige Gretel, die sich ausgesprochen gerne bewegt, eines Tages zu

Hause tanzen und empfiehlt Rosa Paluka daraufhin, dem Kind eine Ballettausbildung angedeihen zu lassen. Margarete wird vom Ballettmeister der Dresdner Oper, Heinrich Kröller, einem begnadeten Choreographen als Schülerin angenommen, doch viel Freude hat sie nicht daran. Sie will Tänzerin werden, aber mit Ballett hat sie nichts am Hut. Das ist für Gretel nur geziertes Getue nach starren Regeln, denen man sich zu unterwerfen hat, ohne sich dabei selbst wirklich einbringen zu können. Weil es ihr jedoch die einzige Möglichkeit scheint, um überhaupt in die Nähe einer Tanzbühne zu kommen, macht sie mit. Zunächst tut sie es zwar höchst unwillig, nach einiger Zeit aber reift in ihr doch die Einsicht, dass eine fundierte Ballettausbildung nicht die schlechteste Voraussetzung ist, um eine berühmte Tänzerin zu werden; und dass sie das wird, da besteht für sie nie auch nur der geringste Zweifel!

1914 heiratet die Mutter erneut, und die Familie zieht um nach Plauen ins Vogtland. Bei einem bunten Abend ihrer neuen Schule, die sich für damalige Verhältnisse ungewöhnlich freigeistig gibt, darf Margarete zum ersten Mal öffentlich auftreten. Überglücklich nimmt sie den Applaus des Publikums entgegen, sie weiß nun sicher, dass ihr Platz einmal auf der Bühne sein wird.

Der Erste Weltkrieg bricht wie ein Sturm in das idyllische Jungmädchen-Dasein Margaretes. Ihr geliebter Vater, zu dem sie auch nach der Trennung der Eltern engen Kontakt hielt, fällt im Russlandfeldzug. Sein Tod ist für sie ein unermesslicher Verlust. Nur vier Jahre später folgt der nächste harte Schlag. Bruder Hans kommt 16-jährig unter mysteriösen Umständen im Badezimmer der elterlichen Wohnung zu Tode. Von Hänsel und Gretel fehlt nun ein wichtiger Teil, den niemand kompensieren kann.

Mit dem Ende des Krieges geht auch Margaretes Schulzeit zu Ende. Ihr Wunsch Tänzerin zu werden, ist stärker denn je, und so folgt sie ihrem ehemaligen Lehrer Heinrich Kröller nach München, wo dieser als Ballettmeister am Nationaltheater tätig ist. Zunächst wohnt sie bei der Großmutter, später nimmt sie sich ein eigenes Zimmer in der Pension „International". Noch immer mit wenig Vergnügen, aber dafür höchst diszipliniert, trainiert sie täglich viele Stunden. Allerdings gesteht ihr Kröller eines Tage in aller Offenheit, dass er ihr ganzes Üben für reine Zeitverschwendung halte, da sie für eine Balletttänzerin völlig ungeeignet sei. Das sind harte Worte und jede andere junge Frau hätte wohl daraufhin die Tanzschuhe für immer an den Nagel gehängt – nicht so Margarete.

Die weiß längst, dass das klassische Ballett nichts für sie ist. Nun, da Kröller es offen ausgesprochen hat, verspürt sie eine gewisse Erleichterung. Sie sieht den Tanz als Kontrapunkt zum klassischen Ballett. Die Palucca ist auf der Suche nach einer neuen tänzerischen Form – nach dem neuen Tanz: „Das Studium des Klassischen Tanzes (...) füllte mich nicht aus; ich wollte mehr ausdrücken können, wusste aber keinen Weg."[2] Nachdem klar ist, dass ihr Weg sie wegführen wird vom klassischen Ballett, bleibt sie trotzdem mangels Alternativen noch eine Zeit lang Tänzerin am Münchner Nationaltheater.

Im November 1919 fährt sie als Teil des Ensembles zu einem Gastspiel nach Dresden. Dort begegnet sie der Frau, die ihr wie die Antwort all ihrer Fragen scheint: Deutschlands bedeutendster Ausdruckstänzerin, Mary Wigman. Für Margarete wird der Tanzabend der Wigman zu einem Schlüsselerlebnis. Das ist es, was sie immer gesucht hat: „Es war so etwas so unerhört Neues, etwas so Elementares, dass mir sofort klar wurde: Entweder lerne ich bei ihr tanzen, oder ich lerne es nie! Hier war der neue Tanz, der meinem Ideal entsprach!"[3] Nachdem Mary Wigman aufgrund des durch den Kapp-Putsch ausgelösten Generalstreiks in Dresden eine Weile festsitzt, nutzt die junge Tänzerin die Gunst der Stunde und spricht bei ihr vor. Da dies auch zahlreiche andere junge Damen tun, muss ein Vortanzen darüber entscheiden, wer von Mary Wigman unterrichtet wird. Dabei zeigt sich zum ersten Mal die

ungeheure Sprungkraft, die Margarete besitzt, und deren Ausgestaltung sie nicht zuletzt der so verhassten klassischen Ballettausbildung verdankt. Sie fliegt geradezu durch den Raum,
springt höher und weiter als alle anderen Tänzerinnen, auch
als ihre zukünftige Lehrerin. Bei ihrem letzten Sprung tou-
chiert sie gar den Kronleuchter des Hotelzimmers, der daraufhin klirrend zu Boden fällt. Mary Wigman ist beeindruckt und
Margarete hat eine neue Lehrerin. Ohne zu zögern verlässt sie
München und sein Nationaltheater und übersiedelt nach
Dresden.

Diese erste Tanzklasse der Wigman in Dresden wird – neben
Gret Palucca – viele berühmte Namen hervorbringen: Yvonne
Georgi, Berthe Trümpy – und nicht zuletzt Leni Riefenstahl.
Die Ausbildung hier ist völlig verschieden von der des klassischen Balletts. Mary Wigman lehrt nicht nach einer
bestimmten Methode, ihr geht es vor allem darum, die indi-
viduellen Ausdrucksformen ihrer Tänzerinnen weiterzuent-
wickeln. Sie versteht sich als Förderin schlummernder
Talente und Möglichkeiten. Jede Tänzerin soll ihren ganz
eigenen Stil finden. Anstatt auf starre Regeln und Drill setzt
man in der Wigman-Schule auf Improvisation und Versuch.
Ein derartiges Verständnis von Tanz ist ganz im Sinne von
Margarete, die 1921 ihren Namen von Margarete Paluka offiziell in Gret Palucca ändern lässt. Die beiden „cc" werden
zum unverwechselbare Markenzeichen der Tänzerin, die bald
nur mehr „Palucca" genannt wird.

Nach den ersten öffentlichen Auftritten wird die Presse bald
auf sie aufmerksam. Dies verdankt sie jedoch nicht allein ihrer
enormen Sprungkraft und ihrer offensichtlichen Begabung,
sondern vor allem ihrem Talent, sich geschickt in Szene zu
setzen – sehr zum Ärger ihrer Lehrerin. Gret Palucca tanzt –
im wahrsten Sinn des Wortes – häufig aus der Reihe, hält sich
nicht an Absprachen, fordert eigenen Szenenapplaus heraus
und macht auf diese Weise sowohl Publikum als auch Kritik
auf sich aufmerksam.

Das Echo, das sie erntet, ist allerdings geteilt. Nicht alle sind begeistert von ihrer Art zu tanzen, vielen ist sie zu extrem, zu clownesk, zu akrobatisch. Ihr Tanz erscheint vielen mehr Gymnastik als Tanz, sie vermissen das künstlerische Element. Die ersten Besprechungen geben einen Vorgeschmack auf die Kritik, mit der sie sich ihr ganzes tänzerisches Leben lang auseinander setzen muss. Doch Gret Palucca kümmert sich nicht um derlei Vorwürfe. Sie will ganz nach oben, dorthin wo Mary Wigman schon ist, wenn nicht noch höher. Dass diese Ambitionen über kurz oder lang dazu führen werden, dass beide getrennte Wege gehen, ist absehbar.

Im Februar 1924 tritt Gret Palucca dann auch zum ersten Mal als Solotänzerin auf und zeigt damit offiziell die Trennung von Mary Wigman an. Doch sie trennt sich nicht nur von der Lehrerin, sie leitet mit ihrem Auftritt auch die sukzessive Abkehr von deren Ausdruckstanz ein, hin zu dem, was einmal „Tanz Palucca" heißen wird, und von dem sie selber sagen wird: „Meine Tänze haben keinen anderen Inhalt und Sinn als eben den Tanz, die natürliche Bewegung, gestaltet im Gleichklang mit der Musik."[4]

Seit Anfang des Jahres ist Gret Palucca verheiratet. Am 12. Januar 1924 hat sie den Dresdner Kaufmannssohn Friedrich Bienert geehelicht. Finanziell ist sie damit aller Sorgen ledig, die Auseinandersetzungen mit der Mutter um die Finanzierung ihrer Tanzausbildung sind damit hinfällig. Auch ansonsten öffnet ihr diese Ehe alle Türen. Die Familie Bienert ist bekannt für ihr großzügiges Mäzenatentum und mit vielen berühmten Künstlern befreundet. Von nun an verkehrt die junge Tänzerin mit Wassily Kandinsky, Paul Klee und den Architekten des Bauhauses, für die sie als Tänzerin die ganze Ästhetik des Bauhauses verkörpert.

Friedrich Bienert investiert viel Geld und Mühe in die Karriere seiner Frau. Im Sommer 1925 lässt er einen Prospekt mit dem Titel „Palucca Tanz" verbreiten, in dem Künstler wie Kandinsky Paluccas Talent in den höchsten Tönen loben. Dies geschieht allerdings vor allem aufgrund der persönlichen Aufforderung durch den Mäzen Bienert, der bei allen Künstlern wohl gelitten ist. In den nächsten Jahren werden mehrere Ausgaben dieser Broschüren publiziert. Fotos von Gret Palucca auf Zigarettenbildchen und Kaffeeverpackungen ergänzen die Bemühungen, sie ins Gespräch zu bringen. Bis zu seiner Scheidung im Jahre 1930 rührt das Ehepaar Bienert höchst erfolgreich die Werbetrommel für ein einziges Produkt: Palucca!

In den nächsten Jahren hat sie Auftritte in ganz Deutschland. Sie wird umjubelt, aber auch kritisiert. Ihr Tanz ist weder klassisches Ballett noch reiner Ausdruckstanz, sondern wird mehr und mehr zu einem Tanz ohne außertänzerischen Inhalt. Palucca will kein Thema darstellen, es geht ihr allein um die Bewegungen an sich. Damit kreiert sie einen völlig neuen Stil. Dies löst eine erbitterte Kontroverse aus zwischen denen, die ihn für zu technisch und zu wenig künstlerisch halten, und solchen, die begeistert sind von eben jener reinen Bewegungskunst. Zwar anerkennt jedermann ihre nahezu vollkommene Körperbeherrschung, doch ihre Kritiker sehen in ihr mehr eine Gymnastiklehrerin als eine Tänzerin. Besonders umstritten sind ihre Improvisationen. Mehr als einmal empfiehlt man ihr spöttisch, ihre technischen Übungen zu Hause zu machen und das Publikum nicht mit Trainingsarbeit ohne jeglichen künstlerischen Wert zu belästigen. Ihr Können, einzelne Körperteile oder Muskeln scheinbar völlig unabhängig voneinander tanzen zu lassen, findet nicht nur Beifall. Dennoch feiert Palucca ungeheure Erfolge als Tänzerin: „Ob die Musik ihr bekannt oder nicht, ob festgelegt oder im Augenblick erfunden: sie reagiert und macht noch aus ein paar hingeworfenen Takten eine Melodie, aus der anspruchsvollsten Komposition ein Eigenes. Sie irrt nie. Als ob sie inwendig in der Musik wäre. Mit somnambuler Sicherheit entziffert sie nicht nur jeden musikalischen Gedanken, jede rhythmische Besonderheit ...“[5]

Zu ihrem größten Erfolg wird die „Serenata“. 1934 wird dieser Tanz sogar gefilmt, kommt als erster deutscher Tanzfilm in einer 12-Minuten-Fassung am 20. Juli 1934 in die Kinos. Dank dieser Aufnahmen, die in den 80er Jahren wiederentdeckt wurden, kann der Tanz noch heute aufgeführt werden.

1935 erscheint das erste Buch über Gret Palucca. Wie viele Ereignisse ist auch dies wieder ein Paradebeispiel für die erfolgreiche Werbestrategie, die hinter dem Produkt Palucca steckt. Als Autor zeichnet ein gewisser Olaf Rydberg. 1987 erst wird bekannt, dass sich hinter diesem Namen niemand anderer verbirgt als Will Grohmann, ein intimer Freund Gret Paluccas, der die knapp 30-Jährige in seinem Buch zur Weltklassetänzerin erklärt: „Möge der Stern der Begnadung weiter über Ihrem Leben und Ihrer Kunst stehen. Auf dass es uns nicht fehle am farbigen Abglanz jener Vollkommenheit, die nicht von dieser Welt ist."[6] Damit hat sie es geschafft, erneut in aller Munde zu sein – hochgelobt und gefeiert.

Während Gret Palucca tanzt und tanzt, ist die Welt aus den Fugen geraten. Die Nationalsozialisten haben die Macht übernommen und damit begonnen, alles ihrer menschenverachtenden Ideologie unterzuordnen – auch die Kunst. Über Paluccas politische Haltung vor dieser Zeit gibt es kaum Informationen. Manchen gilt sie als Kommunistin, sie selbst gibt später an, sozialdemokratisch gewählt zu haben. Eine Oppositionelle ist sie nicht, dafür ist sie zu unpolitisch. Gret Palucca verhält sich wie viele andere Künstler, denen ihre Kunst über alles geht, und die zu deren Ausübung einen unentschuldbaren Pakt mit dem Teufel eingehen. Ihrem Wunsch zu tanzen ordnet sie alles unter – auch während der NS-Diktatur. Bereits 1933 wurde die Palucca-Schule in Dresden, in der sie seit 1925 Tanzschüler unterrichtet, Mitglied in allen erforderlichen NS-Verbänden. Nach der Erlassung der „Gesetzes zur Wiederherstellung des Berufsbeamtentums" im gleichen Jahr entlässt sie ihre langjährige Schulleiterin Tile Rössler, die daraufhin nach Palästina geht. Ebenso wechselt die „deutscheste Tänzerin"[7] ihren Agenten vom jüdischen Herrn Bernstein zum arischen Herrn Adler. Wie Millionen andere ordnet sie sich widerspruchslos dem neuen System unter, einzig in Sorge um ihre Kunst.

Das neue System bedankt sich für dieses „Wegsehen" mit einem historischen Auftritt Gret Paluccas. 1936 tanzt sie als Solotänzerin auf der Eröffnungsfeier der Olympischen Spiele in Berlin. Es wird ein Wiedersehen mit alten Bekannten: Mary Wigman übernimmt die Choreographie, Leni Riefenstahl setzt alles filmisch perfekt in Szene.

Paluccas Art zu tanzen lässt sich wunderbar für die Ideologie der Nationalsozialisten vereinnahmen. Ihre Bewegungen sind kraftvoll und gewaltig, implizieren Angriffslust und Siegeswillen. Ihr Tanz verkörpert also all das, was die Nationalsozialisten auch in der Kunst sehen wollen. Liest man die Schilderung des Journalisten John Schikowski von 1926, dann kann man verstehen, warum gerade Palucca – zunächst – zur Lieblingstänzerin der Nazis werden konnte: „Dieser jugendfrische Kraftmensch mit dem kecken Gassenjungenprofil ist eine Kämpfernatur, scheint mit dem Raum wie mit einem unsichtbaren Feinde zu ringen, marschiert mit festem, sicherem Paradeschritt zum Angriff auf, umkreist in wilden Sprüngen den Gegner, entzieht sich seinen Gegenstößen durch überraschende Schwenkungen und Wendungen, stürmt, stampft, fliegt über die Bühne, fährt in kreiselnden Wirbelstürmen durch die Luft und triumphiert schließlich über das besiegte Chaos des Raumes, das durch seine Schritte, Sprünge und Schwünge zum harmonisch gegliederten Kosmos gestaltet ist."[8]

Doch auch geförderten Künstlern wird immer wieder deutlich gemacht, was das Regime unter Kunst versteht und deshalb von ihnen erwartet. Paluccas „extreme Körpersprache", ihre „wilde Raserei", lehnt man ab und dies lässt man sie unmissverständlich wissen. Außerdem fordert man sie auf, nicht mehr länger zur Musik ausländischer, „rassenfremder" Komponisten zu tanzen. Die Warnungen der nationalsozialistischen Kritiker an die Tänzerin Palucca sind eindeutig. Ihr

Tanz dient in erster Linie der Ideologie und hat sich dieser völlig unterzuordnen.

In der Dresdener Palucca-Schule gibt es bald die ersten Probleme, obwohl sie eine der wenigen Tanzschulen ist, welche den Nationalsozialisten förderungswürdig erscheint. Diese Unterstützung bringt allerdings die Unterordnung der Schule unter die faschistische Ideologie mit sich und führt sukzessive zu einer Veränderung der Lehrplans. Statt Paluccas modernem Tanz soll dort nun „Deutscher Tanz" und „Deutsche Gymnastik" gelehrt werden. Disziplin und Reglement statt Improvisation lautet das Credo des neuen Ausbildungsstiles. Aus Paluccas Tanzschule wird eine Gymnastikschule, deren Profil und Lehrinhalt der herrschenden Ideologie angeglichen wird. Der neue Tanz, den die Palucca bis dato propagierte, wird zunehmend an den Rand gedrängt.

Als bekannt wird, dass Gret Palucca „Halbjüdin Ersten Grades mütterlicherseits" ist – ihre 1925 verstorbene Mutter Rosa war Jüdin, auch wenn Palucca 1933 eidesstattlich versichert hatte, dass sie bis auf vier Generationen zurückblickend arisch sei[9] –, wendet sich das Regime abrupt von ihr ab. Zwar erhält sie aufgrund ihrer guten Beziehungen eine Sondergenehmigung, die es ihr weiterhin ermöglicht zu tanzen, die Schule aber muss sie im März 1939 schließen. Aus der einstmals gefeierten Tänzerin wird nun eine Geächtete, die zwar bei kleinen Veranstaltungen auftreten kann, vom offiziellen Deutschland aber gemieden und totgeschwiegen wird. Dabei hat sie noch Glück im Unglück.

Hitler findet ihren Tanz nämlich grauenhaft, wie ein protokolliertes Gespräch aus dem Führerhauptquartier vom 25. März 1942 zeigt, in dem sich der Führer höchstpersönlich gegen Paluccas Tanzstil ausspricht. Das sei kein Tanz im „wirklich ästhetischen Sinne", sondern „Rumhopserei", und „verrenkte Sprünge".[10] An dieser Bewertung hatte auch ein persönliches Vortanzen Paluccas in der Reichskanzlei nichts geändert. Nach dem Ende des Zweiten Weltkrieges erzählt

Gret Palucca von ihrer Begegnung mit Hitler: „Ich war gerade in Berlin, saß in einem italienischen Restaurant, da holte man mich plötzlich raus. Im Handumdrehen war ich in der Reichskanzlei und musste dem Mann moderne Tänze vorführen. Hinterher ist er kurz auf mich zugekommen und hat gesagt: ‚Es gefällt mir nicht‘".[11]

Da man trotzdem gewillt ist, Palucca angesichts ihrer großen Popularität eingeschränkt weitertanzen zu lassen, beschränkt man sich auf Auftrittsverbote für politische Veranstaltungen. Stattfindende Tanzabende der Palucca werden streng kontrolliert und sollen auf Anordnung des Reichsministeriums für Volksaufklärung und Propaganda in der Presse möglichst nicht erwähnt werden: „aus gegebenem anlass erscheint es notwendig, die zeitungen noch einmal ueber die taenzerin palucca zu informieren. die palucca ist halbjuedin und hat eine jeder zeit widerrufliche sondergenehmigung erhalten, p r i v a t von ihr veranlasste und ausgefuehrte tanzveranstaltungen durchzufuehren. es kann ueber derartige veranstaltungen stets oertlich berichtet werden, es ist aber hoechst unerwuenscht, wenn dies zu gross aufgemacht wird oder in ueberschwenglicher form geschieht."[12]

Mit dem Beginn des totalen Krieges ab 1944 enden aber auch diese Auftritte. Gret Palucca kehrt nach Dresden zurück und harrt der Dinge, die da kommen mögen. Als am 13. Februar 1945 die Alliierten-Bomber Dresden in Schutt und Asche legen, läuft auch sie um ihr Leben. Mit großem Glück entkommt sie dem Inferno, zieht sich vorübergehend nach Neukirchen zurück. Ende März 1945 kehrt sie nach Dresden zurück, wo sie wie alle anderen das nahe Ende des Krieges erwartet. Ihre Wohnung ist vollständig zerstört und damit sind auch alle Unterlagen vernichtet – das zumindest behauptet sie jahrelang. Erst viel später wird klar, dass sie bereits lange vor dem Angriff alle Dokumente in Sicherheit gebracht hat. So aber kann sie unmittelbar nach Kriegsende an ihrer Widerstandslegende stricken.

Deutschland ist von den Alliierten besetzt und in vier Besatzungszonen eingeteilt. Gret Palucca befindet sich in der Sowjetischen. Weil sie eine internationale Berühmtheit ist, will man sie auch hier halten. Ihr alter Freund Will Grohmann wird Ministerialdirektor von Sachsen und setzt sich vehement für sie ein. So gelingt es ihr, unmittelbar ihre Tänzerinnenkarriere weiterzuführen. Zwei Monate nach Kriegsende gibt sie ihren ersten Solotanzabend in der neuen Zeit. Bereits 1946 wird sie aufgrund ihrer Schwierigkeiten mit den Nationalsozialisten als Opfer des Faschismus anerkannt. In späteren Jahren wird die Geschichte von ihrer Bedrohung im NS-Staat noch reichlich ausgeschmückt werden.

Am 1. Juli 1945 haben sich bereits die Pforten der Palucca-Schule wieder geöffnet. Voller Hoffnung beginnt Gret Palucca wieder mit dem Unterricht, glaubt, nun endlich ihre Art von Tanz frei lehren zu können. Doch auch im neuen Staat herrscht eine Ideologie und in deren Kulturkonzept passt sie bald ebenso wenig wie in das der Faschisten. Allerdings ist dem jungen Staat viel daran gelegen, international renommierte Künstler wie Palucca zu halten. Der Prestigegewinn, den die DDR in Zukunft aus ihr zieht, ist immens. Die Sorge, die Tänzerin an den Westen zu verlieren, nötigt der Führung daher zahlreiche Zugeständnisse ab, die für Palucca aber mehr als einmal einen Phyrussieg darstellen.

So wird ihr 1949 zum Beispiel angeboten, ihre Schule in staatliche Hände zu geben, ohne aber die Leitung aufgeben zu müssen. Damit wäre die Schule finanziell abgesichert, ihr Fortbestand quasi garantiert. Palucca willigt ein, nicht jedoch ohne sich schriftlich auch die Erlaubnis für weitere ausgedehnte Tourneen mit ihren Tänzerinnen auch in den Westen einzuholen. Sie glaubt fest daran, Schule und Tanz diesmal auf feste Beine gestellt zu haben. Doch nur ein halbes Jahr später wird ihr ein Bein auf grausame Weise weggezogen. In der Nacht des 17. Februar 1950 hat Gret Palucca einen schweren Autounfall. Sie überlebt schwer verletzt, aber ihre Tanzkarriere ist damit für immer vorbei. Die Nachricht ist für sie ein Schock. Zeit ihres Lebens war sie Tänzerin, hat alles dafür gegeben, ihrem Traum alles unterworfen. Doch sie wäre nicht Gret Palucca, zäh, eisern, hart gegen sich und andere, würde sie nun in Selbstmitleid zerfließen. Sie tut das nahe liegende und einzig Richtige, sie startet ihre zweite Karriere: Aus der Tänzerin Palucca wird die Tanzlehrerin Palucca.

Ebenso wie die Tänzerin Palucca zuvor, so gerät auch die Tanzlehrerin Palucca in die Mühlen der Politik. Die neue Zeit verlangte schon früh politische Entscheidungen von ihr. Sie arbeitete im Kulturbund zur demokratischen Erneuerung Deutschlands mit und kandidierte 1946 als Parteilose auf der Liste der SED für die Gemeindewahlen. Bis 1948 wirkte sie aktiv in der Stadtverordnetenversammlung an der kulturellen Zukunft Dresdens mit und 1950 wird sie neben Bertolt Brecht, Anna Seghers, Arnold Zweig und anderen Gründungsmitglied der Deutschen Akademie der Künste in Berlin.

Doch die Zusammenarbeit mit dem neuen Staat ist nicht einfach. Pläne einer Hochschule für Tanz in Berlin zerschlagen sich, als deutlich wird, dass die DDR-Regierung eher auf klassisches Ballett setzt, als auf den von ihr propagierten „Neuen Künstlerischen Tanz". In der Palucca-Schule in Dresden kommt es deshalb verschiedentlich zu heftigen Auseinandersetzungen. Trotzdem ist sie nicht bereit, die Zügel aus der Hand zu geben. Daran ändern weder Überwachung noch Bespitzelung etwas. Immer häufiger wirft man ihr vor, unpolitisch zu sein. Im real existierenden Sozialismus ist alles politisch, auch der Tanz. Paluccas Art zu tanzen und zu lehren, fällt aus dem Rahmen und findet längst nicht mehr uneingeschränkte Unterstützung. Außerdem sind an ihrer Schule kaum SED-Mitglieder beschäftigt. Alle Versuche dies zu ändern, laufen ins Leere. Noch immer sucht Gret Palucca zum Entsetzen der DDR-Oberen ihre Schülerinnen nach Talent und nicht nach proletarischer Herkunft aus. Mehr als einmal bemüht sich der Staat deshalb, Paluccas Einfluss zurückzudrängen und die Leitung der Schule in die Hände zuverlässiger Genossen zu legen. Eine schwierige Gradwanderung, denn man will zwar einerseits die Schule auf Kurs bringen, andererseits aber die berühmte Tänzerin nicht verärgern. Sie soll um jeden Preis in der DDR gehalten werden. Verlockungen wie ein horrendes monatliches Gehalt und die Möglichkeit, ein Haus auf der von ihr so geliebten Insel Hiddensee zu errichten, sollen Palucca gewogen stimmen. Denn bei aller Kritik hat man ihre Bedeutung für den modernen Tanz doch erkannt. Dass man sich so lang ziert, den von ihr entwickelten „Neuen Künstlerischen Tanz" offiziell als Methode und Tanzstil anzuerkennen, liegt wohl eher darin begründet, dass man der eigensinnigen Tänzerin nicht noch mehr Einfluss auf die Tanzausbildung in der DDR zugestehen will. Man lässt sie deshalb gerade so viel gewähren, dass man sie nicht vollständig verprellt.

Doch Palucca durchschaut dieses Spielchen bei Zeiten. Immer wieder geht sie in den Westen, wo sie auf jedem ihrer Gastspiele frenetisch gefeiert wird. Dies ist ihre Art, die DDR-Führung unter Druck zu setzen. Denn hier geht unterdessen die Auseinandersetzung um klassischen oder Neuen Künstlerischen Tanz in die nächste Runde. In der DDR wird das Nationale, das die Nationalsozialisten im Tanz sehen wollten, ersetzt durch den sozialistischen Realismus. Doch so wenig Palucca die Nationalsozialisten auf Dauer zufrieden stellen konnte, so wenig gelingt ihr das nun hier. Als man sie immer weiter bedrängt, sich den kulturpolitischen Regeln der DDR zu unterwerfen, legt sie ihr Amt als Schulleiterin der Palucca-Schule mit Pauken und Trompeten nieder. Damit wird der Fall Palucca zu einem Politikum. Im Westen berichten die Zeitungen ausführlich über die Schließung der Schule. Im Osten schaltet sich schließlich Ministerpräsident Grotewohl persönlich in die Auseinandersetzung ein. Weil es schon seit einiger Zeit immer wieder Probleme mit Künstlern gibt, wird beschlossen, eine offizielle Stelle zu schaffen, die derartige Fälle schon im Vorfeld in Wohlgefallen auflösen soll. 1954 wird deshalb das Ministerium für Kultur gegründet, dessen erster Minister der Verfasser der DDR-Nationalhymne, Johannes R. Becher, wird. Becher bietet Palucca jetzt die künstlerische Leitung der Schule an, bei der sie sich weg von tagespolitischen Problemen ganz auf die künstlerische Ausbildung der Tänzerinnen konzentrieren kann. Nach langem Überlegen nimmt sie an. Damit ist der Streit fürs Erste beigelegt; doch die große Tänzerin gilt auch weiterhin als unsichere Genossin: unberechenbar und vor allem unlenkbar! 1958 gibt es neuen Ärger. Wieder einmal hagelt es Beschwerden, dass an der Palucca-Schule die sozialistische Erziehung vernachlässigt wird. Wieder einmal kommt es zu Kontrollen, Bespitzelungen und der Gründung einer SED-Parteigruppe

Unterricht bei der Palucca.
Palucca-Schule Dresden, 1955

an der Schule. Wieder einmal wird der vergebliche Versuch unternommen, Palucca zu entmachten. Und wieder einmal wehrt sich diese erfolgreich: Sie verlässt die DDR in Richtung Westen, der Rest des ihr treu ergebenen Lehrerkollegiums tritt zurück. Damit ist der Skandal perfekt. Der Regierung bleibt nichts anderes übrig als Schadensbegrenzung. Zunächst muss unter allen Umständen verhindert werden, dass Paluccas Flucht bekannt wird. Man spricht von einer Erholungsreise, auf der sich die Künstlerin befindet, und versucht zeitgleich, alles Menschenmögliche zu tun, um die Tänzerin wieder nach

Der „Neue Künstlerische Tanz"

Dresden zurückzubringen. Es bleibt dem Staatsapparat letztlich nichts anderes übrig als zurückzurudern, alle Forderungen, die Gret Palucca bezüglich der weiteren Schulleitung stellt, unverzüglich zu erfüllen. Palucca hat um ihre Kunst gekämpft und es erneut geschafft. Im Juli 1959 kehrt sie nach Dresden zurück. 1960 wird sie mit dem Nationalpreis 2. Klasse ausgezeichnet, den sie zunächst zurückschickt, später aber nach großer Überzeugungsarbeit von Seiten des Ministeriums für Kultur doch annimmt. Zwei Jahre später ernennt man sie zur Professorin. Zahlreiche Preise und Ehrungen werden folgen. Die Vereinnahmung der schwierigen Künstlerin durch die DDR ist allumfassend.

Im Sommer 1967 trifft sie ein harter persönlicher Verlust. Marianne Zwingenberger, eine Kinderärztin, mit der sie seit Ende des Krieges in Dresden zusammenlebt, stirbt an einer Lungenentzündung. Gret Palucca bleibt allein im gemeinsamen Haus in der Wienerstraße 110 zurück. Von nun an muss auch sie dem Alter immer öfter Tribut zollen. Ihre Unterrichtsstunden werden weniger, langsam aber stetig muss sie sich aus der Schule zurückziehen. Doch auch wenn sie im Alltag nicht mehr so präsent ist, bleibt sie Teil der Kultur der DDR. Zu ihrem 70ten Geburtstag dreht das Fernsehen einen Dokumentarfilm über die Künstlerin. Zum 85ten erscheint ein weiterer Film, werden Ausstellungen gezeigt, Bücher veröffentlicht. Ihr zu Ehren findet gar ein Tanzabend in der Semperoper statt. Die komplette Ministerriege der DDR marschiert auf, um ihre Aufwartung zu machen.

Gret Palucca ist zu einer der wichtigsten Persönlichkeiten der DDR geworden – im Westen allerdings gerät sie langsam in Vergessenheit.

1989 bricht der Staat des real existierenden Sozialismus zusammen, die Welt verändert sich – Gret Palucca ficht das kaum mehr an. Als die Stadt Dresden sie zu ihrem 90ten Geburtstag erneut mit einem Tanzabend in der Semperoper ehren will, verweigert sie kurzerhand ihre Teilnahme, angeblich aus gesundheitlichen Gründen. In Wirklichkeit hat sie nun in ihrem hohen Alter keine Lust mehr, sich öffentlich vorführen zu lassen, von welcher Regierung auch immer. Lieber will sie mit ihren Freunden auf Hiddensee feiern. Dass sie damit die Palucca-Schule und ihre Verehrer brüskiert, ist ihr egal.

Ein Jahr später, am 22. März 1993, wird Gret Palucca nach einem Schwächeanfall ins St.-Josefs-Krankenhaus in Dresden eingeliefert. In der darauf folgenden Nacht stirbt sie im Alter von 91 Jahren. In einer offiziellen Trauerfeier in der Semperoper nehmen Freunde und Verehrer von ihr Abschied. Schülerinnen aller Generationen tanzen noch einmal für sie und legen im Gedenken an ihre große Lehrerin Rosen nieder. Die

Beisetzung selbst findet in aller Stille auf dem Inselfriedhof Hiddensee statt. Da sie kein Testament hinterlässt, werden ihr Haus auf Hiddensee ebenso wie ihr Besitz in Dresden veräußert.

Was bleibt von der großen Tänzerin? Zu allererst wohl die Institution Palucca-Schule/Dresden – nach wie vor eine der berühmtesten Tanzschulen Deutschlands. 1993 wird sie durch die Aufnahme in den Geltungsbereich des Sächsischen Hochschulgesetzes zu einer Hochschule für Tanz, ganz so, wie es sich Gret Palucca immer gewünscht hatte.

Dann der Name Gret Palucca, der Straßen ziert und auf Sylt sogar ein Touristenboot. Über die Person Gret Palucca geben Bücher und Filme Auskunft, auch wenn sie es geschickt verstanden hat, bis zuletzt ein Geheimnis um ihr Privatleben zu machen. Das Bedeutendste aber, was von ihr geblieben ist, ist die Entwicklung eines neuen Tanzstils, der für immer untrennbar mit dem Namen Gret Palucca verbunden sein wird – der „Neue Künstlerische Tanz". Dieser machte sie unsterblich!

*„Ich habe für das Richtige,
das Gute, das Beste auf der
Welt gekämpft."*

Olga Benario: Die Revolutionärin

1908 München – 1942 Bernburg

Am 11. April 1928 befreit eine junge Frau den des Hochverrats angeklagten Lehrer Otto Braun mit Waffengewalt aus dem Gerichtssaal in Berlin-Moabit. Gemeinsam mit anderen jungen Leuten erzwingt sie in einem Überraschungsmoment mit vorgehaltener Waffe die Freilassung Brauns. In einem klapprigen Lieferwagen geht die Flucht durch Berlin ins sichere Versteck – eine konspirative Wohnung in Neukölln. Die tolldreiste Aktion macht die schöne Unbekannte mit einem Schlag berühmt. Die Zeitungen überschlagen sich mit Berichten von der furchtlosen Frau, die auf jene abenteuerliche Art und Weise ihren Geliebten befreit hat. Bald schon kennt jedermann ihren Namen: Olga Benario.

Die junge Kommunistin lebt noch nicht lange in Berlin. Sie kommt aus München, wo ihr Vater, Dr. Leo Benario, ein bekannter Rechtsanwalt ist. Obwohl aus dem gehobenen Bürgertum stammend, ist er Mitglied der SPD. Viele Arbeiter gehören zu seinen Mandanten und immer wieder kommt es vor, dass er Menschen auch unentgeltlich vertritt. Sein Streben ist es, stets der Gerechtigkeit Geltung zu verschaffen, eine Charaktereigenschaft, die seine Tochter Olga sehr an ihm bewundert. Die Mutter, Eugenie Gutmann-Benario, eine vornehme Dame, entstammt einer begüterten jüdischen Familie. Am 12. Februar 1908 wird Olga Benario geboren. Der Vater, der sie nicht allein in der „gehobenen Gesellschaft" aufwachsen lassen will, sorgt dafür, dass sie in eine sozialdemokratische Kindergruppe kommt.

Olga Benario wächst in eine Zeit der Umwälzungen hinein. Die Monarchie ist gestürzt, Deutschland Republik. Aber die Revolution hat den meisten Menschen nicht das gebracht, was sie sich erhofft hatten. Vielen geht es kaum besser als zuvor, die Kanzlei des Vaters ist überfüllt mit Gestrandeten und Verzweifelten. Tagtäglich wird Olga mit dem Elend der Menschen konfrontiert.

Eines Tages beginnt sie damit, die Prozessakten ihres Vaters zu lesen. Sie ist bestürzt über die Ungerechtigkeiten und das Elend, das sie darin entdeckt und wendet sich verstärkt sozialpolitischen Fragen zu. Das freigeistige Elternhaus ermöglicht ihr die Auseinandersetzung mit den verschiedensten politischen Theorien. Auch wenn sie noch fast ein Kind ist, taucht sie tief darin ein. Entsetzt von der Not der Menschen, geht sie noch einen Schritt weiter als der Vater und wendet sich dem Kommunismus zu. Für die Mutter ist dies keine erfreuliche Entwicklung, doch sie kann Olga nicht aufhalten. Zu fest ist ihr Glaube an die kommunistische Idee und ihre Überzeugung von der Notwendigkeit der Umwälzung der Gesellschaft.

Auf der Suche nach Gleichgesinnten, die sie in ihrem eigenen Milieu nicht finden kann, wendet sie sich 15-jährig den Mitgliedern der Kommunistischen Jugend [KJVD] zu. Der KJVD ist, ebenso wie die KPD, nach dem missglückten Oktoberputsch 1923 in Deutschland verboten worden. Obwohl die Mitglieder sich nur mehr heimlich treffen können, gelingt es Olga, den nächsten Treffpunkt der Gruppe herauszufinden und dort vorstellig zu werden. Zunächst sind die Bedenken gegen die Bürgerstochter aus der Villa vom Karlsplatz riesengroß. Doch Olga Benario versteht es rasch, diese zu zerstreuen. Mutig übernimmt sie jede noch so gefährliche Aufgabe, scheut kein Risiko, kennt keine Angst. Bald wird sie zu einem vollwertigen Mitglied der Gruppe, klebt Plakate, unterstützt die theoretische Schulung der Arbeiterkinder und bekennt sich ohne jede Hemmung offen zu ihrer politischen Gesinnung.

Ende 1923 lernt sie den kommunistischen Grundschullehrer Otto Braun aus Ismaning kennen. Der 22-Jährige ist der Schwarm aller Frauen in Olgas neuer Arbeitsstelle, der Verlagsbuchhandlung Georg Müller. Hier arbeitet sie seit sie sich entschlossen hat, die Schule zu verlassen und ihren Lebensunterhalt selbst zu verdienen. Braun ist überzeugter Kommunist, war Mitglied der Freien Sozialistischen Jugend und aktiv am Kampf um die Münchner Räterepublik 1919 beteiligt. Die beiden jungen Leute finden Gefallen aneinander: Olga an dem gut aussehenden Revolutionär und Braun an der hübschen, wissbegierigen jungen Frau, die er bald zu schulen beginnt. Er hat in ihr eine gelehrige Schülerin mit großem Interesse an der Theorie und noch größerer Leidenschaft für die Praxis. Diese Praxisnähe führt dazu, dass sie vor allem an militärischer Taktik und Strategie Interesse zeigt. Doch in der Münchner Gruppe stößt diese auf wenig Verständnis. Nachdem die Auseinandersetzungen im Elternhaus angesichts ihrer zunehmenden Radikalität immer stärker werden, drängt sie Otto Braun, gemeinsam mit ihr nach Berlin zu gehen, wo sie eine weitaus größere kommunistische Basis vermutet.

1925 treffen die beiden in Berlin ein. Sie lassen sich in einer kleinen Souterrain-Wohnung im Arbeiterviertel Neukölln nieder. Olga ist jetzt 17 Jahre alt. Mit dem Umzug nach Berlin ändert sich ihr Leben völlig. Nicht nur, dass sie von nun an in beengten einfachen Verhältnissen leben muss, sie nimmt auch eine zweite Identität an. Neben Olga Benario existiert nun Frieda Wolf-Berendt, die Frau von Arthur Berendt alias Otto Braun, wohnhaft in Leipzig, Erhardstraße 11. Die Tarnung ist nötig, um die illegale politische Arbeit der beiden zu ermöglichen. Diese Tätigkeit nimmt sie schon bald ziemlich in Anspruch: Demonstrationen, Plakataktionen, Versammlungen, Kundgebungen. Nach nur wenigen Monaten wird Olga Agitations- und Propagandasekretärin der KP in Neukölln. Nebenbei arbeitet sie, um ihren Lebensunterhalt zu sichern, ab 1926 als Stenotypistin in der russischen Handelsvertretung. Otto Braun, der die meiste Zeit unterwegs ist, sieht sie nur selten. Obwohl sie begeistert bei der politischen Sache ist, hat sie sich das Zusammenleben doch etwas anders gedacht und bittet die Partei, Otto Brauns Sekretärin werden zu dürfen. Nun kann sie nicht nur mehr Zeit mit ihm verbringen, sondern sich auch besser mit seinen politischen Ideen auseinander setzen und von ihm lernen. Aber, so sehr sie ihn auch liebt und bewundert, heiraten will sie ihn nicht, zu sehr hängt sie an ihrer Unabhängigkeit.

In der Nacht des 2. Oktobers 1926 wird ein Teil des illegalen KP-Apparates enttarnt und Olga wird verhaftet. Man verdächtigt sie der Vorbereitung zum Hochverrat sowie der Mitgliedschaft in einer staatsfeindlichen Vereinigung. Otto Braun ist bereits seit dem frühen Morgen desselben Tages in Polizeigewahrsam. Der Vorwurf gegen ihn lautet: Verdacht auf Landesverrat.

Nach zwei Wochen Einzelhaft und unendlichen Verhören erhält sie Nachricht aus München. Ihr Vater bietet sich an, nach Berlin zu kommen und sie vor Gericht zu verteidigen. Zudem will er versuchen, über einen einflussreichen sozialdemokratischen Parteifreund ihre Freilassung zu erreichen. Doch Olga ist bereits zu sehr Revolutionärin, als dass sie auf dieses verlockende Angebot eingehen könnte.

Nach zwei Monaten wird sie entlassen. In den nächsten Wochen versucht sie, neben all der politischen Agitation, die sie sofort wieder aufnimmt, Nachrichten über Otto Brauns Verbleib zu erhalten. Einen Besuch bei ihm zu erwirken, scheitert jedoch ebenso kläglich wie der Versuch, ihm Lebensmittel ins Gefängnis zu schicken. Zudem ist ihr die Polizei auf der Spur. Längst vermutet man, dass Olga Benario und Frieda Wolf-Berendt ebenso identisch sind wie Otto Braun und Arthur Berendt. Leo Benario versucht erneut auf seine Weise, die Tochter vor Hochverratsvorwurf zu retten. Mit einem Schrei-

ben an die Leipziger Oberreichsanwaltschaft, in dem er sowohl auf die Jugendlichkeit und Unerfahrenheit, als auch auf
die reine Stenotypistinnenfunktion seiner Tochter verweist,
bittet er darum, das Verfahren einzustellen. Doch Olga hat
sich schon zu weit aus der Deckung gewagt, ein Prozess gegen
sie ist unabwendbar.

Die junge Frau macht
sich jedoch viel mehr
Sorgen um ihren Gelieb-
ten, dem zwanzig Jahre
Gefängnis bevorstehen.
Sie ist jung, sie will mit
Otto Braun leben – jetzt,
nicht in zwanzig Jahren.
Ihre Überlegungen kom-
men der KPD, die be-
fürchten muss, dass mit
der Verhaftung Otto
Brauns illegale Struktu-
ren offen gelegt werden
könnten, sehr entgegen
und so bestärkt man Olga
in ihrem Entschluss,
Braun zu befreien. Unter
der Leitung des Chefs des
Apparats, Heinrich Kip-
penberger, wird die Be-

Olga Benario

freiungsaktion geplant. Je mehr der Plan Konturen annimmt,
umso deutlicher wird, dass die Befreiung nur an einem einzigen Ort möglich ist: im Gerichtssaal. Das Gefängnis Moabit
selbst ist so sicher wie eine Festung, aus der es kein Entkommen gibt.

Am 11. April 1928 um neun Uhr ist es soweit. Olga und
ihre Genossen sind im Zuschauerraum des Gerichts, als Otto
Braun hereingeführt wird. Von nun an geht alles blitzschnell.

Olga springt auf, zieht ihre Waffe und zwingt den Wacht-
meister, Braun freizulassen. Die übrigen Genossen überwäl-
tigen die restlichen Anwesenden, dann laufen sie zur Straße,
steigen in einen grünen Lieferwagen und verschwinden in den
Straßen von Berlin. Obwohl unmittelbar nach dem Überfall
die Fahndung nach den Flüchtigen eingeleitet wird, bleiben sie
spurlos verschwunden. Nach Otto Braun und Olga Benario
wird eine Großfahndung ausgerufen, auf ihre Ergreifung wird
eine hohe Belohnung ausgesetzt – vergebens. Als die Polizei
noch die Straßen von Berlin durchkämmt, sitzen Olga und
ihr Begleiter längst im Zug Richtung Moskau, wo ein neuer
Lebensabschnitt für beide beginnen soll.
Die nächsten sechs Jahre wird Olga Benario in der UdSSR verbringen. In Moskau werden sie und Otto Braun in einen der
großen Wohnblöcke, in denen geflüchtete Ausländer aufgenommen werden, eingewiesen. Auch hier kennt jedermann
die Geschichte von Brauns abenteuerlicher Befreiung aus dem
Gefängnis. Immer wieder wird das Paar aufgefordert, davon
zu erzählen. Besonders die junge enthusiastische Genossin be-
geistert und wird bald zur gefragten Rednerin in Rundfunk,
Schulen und Fabriken. Nach zwei Monaten wird sie in das
Zentralkomitee der KJI gewählt. Je mehr Olga in ihren neuen
Aufgaben aufgeht, umso schwieriger wird die Beziehung zu
Otto Braun, der sich vernachlässigt und einsam fühlt. Doch
Olga ist nicht gewillt, ihre politische Arbeit hintanzustellen.
Im Gegenteil, sie bittet darum, eine paramilitärische Ausbildung absolvieren zu dürfen, bei der sie reiten und den Umgang
mit Waffen lernt. Es scheint zunächst ganz so, als solle die
willensstarke, mutige junge Genossin für einen Einsatz in
Deutschland vorbereitet werden.
1930 schickt die Partei sie mit verschiedenen Aufträgen ins
europäische Ausland. Zunächst geht sie für fünf Monate nach
London, dann, im August 1931 nach Frankreich ins französische Sekretariat der Internationalen Jugend. Vor ihrer Abreise
vollzieht sie offiziell die Trennung von Otto Braun. Während

ihres Europaaufenthalts wird sie ins Präsidium der Kommunistischen Jugend-Internationalen gewählt. Nach ihrer Rückkehr gewährt man ihr eine Ausbildung als Fallschirmspringerin und Pilotin an der Moskauer Luftwaffenakademie.

1934 erhält sie von der Moskauer Führung einen Auftrag, der sie mit einem Schlag weltberühmt machen wird. Sie soll den brasilianischen Hauptmann Luís Carlos Prestes nach Brasilien begleiten und ihm dort bei den Vorbereitungen zur Revolution behilflich sein. Prestes, den man den „Ritter der Hoffnung" nennt, ist nicht nur in seinem Heimatland eine Legende. 1924 war er als junger Soldat während der revolutionären Unruhen in Brasilien angetreten, um gegen die Diktatur von Artur Bernardes zu kämpfen. Seine truppenmäßige Unterlegenheit machte er mit genialen militärischen Schachzügen wett, die ihn schnell zum Helden werden ließen. Angesichts der Unmöglichkeit eines Machtwechsels brachte Prestes seine ungeschlagene Truppe, der man den Namen „unbesiegbare Kolonne Prestes" gegeben hatte, in einem zwei Jahre dauernden Fußmarsch von annähernd 25 000 Kilometer ins Exil nach Bolivien. In den nächsten Jahren knüpfte Prestes enge Verbindungen mit der brasilianischen KP, die ihn angesichts seiner Popularität zur Zusammenarbeit gewinnen wollte und ihn 1929 zum Präsidentschaftskandidaten ausrief. Unmittelbar an einen nach der Wahl 1930 erfolgten Putsch wurde Prestes verhaftet. Es gelang ihm zunächst, nach Montevideo zu fliehen. Auf Einladung der III. Kommunistischen Internationalen kam er schließlich nach Moskau, wo er seit November 1931 mit seiner Mutter und seinen Geschwistern lebt. Nun soll er nach Brasilien zurückkehren und Olga mit ihm. Die Aufgabe der theoretisch und praktisch exzellent geschulten Olga ist es, die Sicherheit Prestes zu gewährleisten

Am 29. Dezember 1934 besteigen beide den Zug nach Leningrad. Von dort aus geht die Reise weiter über Helsinki, Kopenhagen, Birmingham, Amsterdam, Brüssel nach Paris. Da sie in geheimer Mission unterwegs sind, sind beide sehr darauf bedacht, ihre Spuren zu verwischen. Sie reisen als frisch vermähltes Paar auf Flitterwochen, leben in Luxushotels und wechseln mehr als einmal Namen und Papiere. Zuletzt treten sie als Antonio Vilar, portugiesischer Kaufmann mit Gemahlin Maria Bergner Vilar, auf.

Ende März besteigen die beiden ein Schiff, das sie von Le Havre aus nach New York bringt. Aus der Komödie ist längst Ernst geworden: Olga und Prestes sind ein Liebespaar. Nach einigen wundervollen Tagen in New York geht es nun endgültig nach Brasilien. Sie fliegen von Miami nach Santiago de Chile, mit Zwischenstation Kuba, Jamaika, Panama, Ecuador und Peru. Mit einer Frachtmaschine geht es weiter Richtung Uruguay. Bei einer Zwischenlandung steigen sie aus und gelangen schließlich mit dem Taxi nach Sao Paolo, wo sie bereits von ihren Mitstreitern, die aus den verschiedensten Ländern der Erde von der Komintern nach Brasilien abkommandiert worden sind, erwartet werden. Unter den Wartenden sind der ehemalige KPD-Reichstagsabgeordnete Arthur Ewert und seine Frau Elise Saborowski-Ewert, der 27-jährige Amerikaner Victor Allan Barron, ein Funk- und Radiospezialist, sowie die Deutschen Jonny de Graaf und Helena Kruger, die sich als das österreichische Ehepaar Franz und Erna Gruber vorstellen. De Graaf ist Sprengstoffmeister und Spezialist für Sabotageakte. Prestes und Olga beziehen ein Haus in der Rua Barao da Torre in Rio de Janeiro. Unter den vielen Europäern, die seit Jahren ins Land drängen, fallen sie nicht auf, denn noch soll niemand wissen, dass der „Ritter der Hoffnung" wieder im Lande ist.

Eine bunt gemischte Opposition hat sich eineinhalb Jahre zuvor in der „Allianz zur Nationalen Befreiung" [ANL] zusammengeschlossen. Prestes erklärt schriftlich seinen Beitritt zur ANL, im ganzen Land wird seine Erklärung verlesen: „Ich trete der ANL bei. In ihr will ich Seite an Seite mit allen kämpfen, die ihre Seele nicht dem Imperialismus verkauft haben, und die für die Befreiung Brasiliens kämpfen, die der feudalistischen

Herrschaft ein Ende bereiten und die demokratischen Rechte verteidigen wollen, Rechte, die von der faschistischen oder faschistoiden Barbarei im Keime erstickt werden."[1]

Dies führt zu einer enormen Mobilisierung innerhalb der ANL. Überall werden neue Gruppen gegründet, es zeigt sich offener Widerstand. Um die revolutionäre Basis noch weiter auszubauen, agitiert die Kommunistische Partei in den Kasernen. Die Unterstützung der Soldaten ist unverzichtbar für den geplanten Aufstand. Bald spitzt sich die Situation zu. Als es bei Demonstrationen Anfang Juni 1935 zu Zusammenstößen mit den Ordnungskräften kommt, lässt Staatspräsident Getúlio Vargas die ANL am 12. Juli 1935 offiziell verbieten.

Während viele nun die Bewegung verlassen und versuchen, durch andere legale Gruppierungen ihre Oppositionspolitik weiter voranzutreiben, wird die ANL unter Führung der Kommunisten im Untergrund neu begründet. Die Revolutionäre um Olga und Prestes bereiten sich nun gezielt auf den kommenden Volksaufstand vor. Sie sammeln Informationen, bauen einen illegalen Radiosender sowie eine Funkstation auf. Als die Revolte dann allerdings losbricht, sind sie ebenso überrascht wie die Regierung. Am 23. November erheben sich die Soldaten einer Militärgarnison in Natal gegen ihre Vorgesetzten und rufen die Revolution aus. Nun sind die kommunistischen Revolutionäre unter Zugzwang.

Während sich Ewert zunächst aufgrund der Situationsanalyse weigert, die Aufständischen zu unterstützen, sieht Prestes die Stunde gekommen, zuzuschlagen. Damit steht er in vollem Einklang mit den Wünschen der Komintern. Sein Argument, dass die Kriegsmarine hinter den Revolutionären steht, überzeugt die anderen letztendlich. Mit einem Manifest muss das Volk nun augenblicklich von der Rückkehr Prestes und den Zielen der Revolution informiert werden.

Am 27. November, um drei Uhr morgens, soll der Aufstand beginnen. Jonny de Graaf berichtet später, wie die Revolutionäre diese Stunden erleben: „Man hört nichts. Kein Schuss, kein

Alarm, keine Bewegung. 4 Uhr morgens. Nichts, die letzte Stafette hat uns bereits um 2 Uhr mit Material versorgt. Keine Verbindung, keine Information. Ich gebe meinen beiden Leuten Anweisung, gehe in die Stadt, alle wichtigen Straßen sind von Regierungstruppen oder Polizei besetzt. Alles ist ruhig, einzelne Passanten dürfen unbehelligt ihres Weges gehen. Am Platz der Republik, alles ruhig, nur die Tore des Kriegsministeriums sind geschlossen, dahinter Militär mit MG."[2]

Um zwei Uhr nachmittags ist die Revolution wieder zu Ende. Die Massen haben sich nicht erhoben und die Unterstützung durch die Kriegsmarine ist ebenfalls ausgeblieben. Die Boten Prestes sind alle verhaftet worden, noch bevor sie ihre Nachrichten übermitteln konnten.

Die Regierung bringt die wenigen Aufstände rasch unter ihre Kontrolle, Präsident Vargas erklärt den nationalen Notstand. Jetzt überzieht eine große Verhaftungswelle das Land. Tausende werden inhaftiert, gefoltert, nur die Organisatoren werden zunächst nicht entdeckt. Erst am 26. Dezember werden mit Artur und Elise Ewert Mitglieder des inneren Zirkels der Verschwörer verhaftet. Olga Benario und Prestes müssen untertauchen. Doch die Ewerts, die mit Hilfe der deutschen Gestapo längst als deutsche Kommunisten enttarnt worden sind und nun bestialisch gefoltert werden, geben keinen einzigen Namen preis. Dennoch findet die Polizei mit Hilfe der von Ewert unvorsichtigerweise aufbewahrten Papiere und den Aussagen seiner brasilianischen Hausangestellten den alten Unterschlupf von Prestes und Olga. Dort lagern im Safe ebenfalls detaillierte Unterlagen über den Aufstand. Die Sprengvorrichtung, die den Tresor im Notfall sprengen soll, versagt und so liegt die ganze Aktion bald wie ein offenes Buch vor der Militärpolizei.

Am 5. März 1936 werden Olga und Prestes verhaftet. Als man sie vor dem Gefängnis trennt, sehen sie sich zum allerletzten Mal im Leben. Im Gegensatz zu den Ewerts aber werden sie nicht gefoltert, zu sehr fürchtet man wohl den Volkszorn. Maria Vilar wird vom deutschen Botschafter als die in Deutschland gesuchte Olga Benario identifiziert. Damit läuft sie Gefahr, an Hitler-Deutschland ausgeliefert zu werden. Einziger Hoffnungsschimmer ist ihre Entdeckung, dass sie schwanger ist. Laut Verfassung hat sie das Recht, das Kind eines Brasilianers in Brasilien zur Welt zu bringen. Doch obwohl sich auf Drängen ihrer Schwiegermutter auch der brasilianische Anwalt Heitor Lima für sie einsetzt, lässt sich die Aus-

Olga Benario bei ihrer Verhaftung in Brasilien 1936

weisung nicht abwenden. Weil die Vernehmungen letztlich keine Hinweise auf die Beteiligung Olgas und Elise Ewerts an dem Aufstand ergeben, wird beschlossen, sie als unerwünschte Ausländer abzuschieben.

Am 23. September 1936 wird Olga Benario aus Brasilien ausgewiesen. Was das für sie, die Kommunistin und Jüdin bedeutet, ist klar. Auf einer Tragbahre wird sie an Bord eines Schiffes gebracht, das sie zurück nach Deutschland bringen soll. Sie ist im siebten Monat schwanger. Am 18. Oktober 1936 wird sie in Hamburg an die SS übergeben und nach Berlin gebracht. Das Frauengefängnis in der Barnimstrasse ist ihre nächste Station.

In der Zwischenzeit hat ihre Schwiegermutter Dona Leocádia in Paris von der Deportation der schwangeren Olga erfahren. Nachdem alle Versuche fehlschlagen, diese noch an Bord des Schiffes zu befreien, reist Dona Leocádia im November mit ihrer Tochter Lígia nach Berlin. Ihre Bemühungen, Olga zu sehen, schlagen fehl und beide müssen sich unverrichteter Dinge wieder nach Frankreich zurückziehen. Trotzdem geben sie nicht auf. Sie fahren nach Genf und sprechen sowohl beim Internationalen Roten Kreuz als auch beim Völkerbund vor, doch auch dort kann man ihnen nur wenig Hoffnung machen. Für den Moment bleibt ihnen nur, Olga mit Lebensmitteln und Kleidung zu versorgen. Diese muss dringend wieder zu Kräften kommen, vor allem, nachdem sie am 27. November 1936 in ihrer Zelle ein kleines Mädchen mit Namen Anita Leocádia zur Welt gebracht hat.

Prestes wird im Frühjahr desselben Jahres zu sechzehn Jahren und acht Monaten Gefängnis verurteilt, sein Mitstreiter Ewert erhält dreizehn Jahre Haft. Erst jetzt erreicht Prestes ein Brief von Olga, in dem sie im mitteilt, dass er Vater geworden ist: „Äußerlich ist sie eine Mischung aus uns beiden. Sie hat dunkle Haare, deine Haarfarbe, deinen Mund und deine Hände. Die Augen sind groß und blau, aber nicht so hell wie meine Augen. Ihre sind von einem richtigen Veilchenblau. All dies ist eingebettet in eine so weiche, weiße Haut, ihre Bäckchen sind rosa, ganz wunderschön. Wie sehr wünschte ich mir, dass du sie sehen könntest. Aber das Schönste ist ihr Lächeln. Sie hat ein so schönes Lächeln, dass ich darüber alles Schlechte in dieser Welt vergessen kann."[3]

Prestes Mutter kehrt im Sommer 1937 gemeinsam mit zwei britischen Anwältinnen nach Berlin zurück, um sich um Olga und ihre Tochter zu kümmern. Die Gefahr, dass man Olga und Anita trennt, wächst mit jedem Tag, und Dona Leocádia will alles tun, um zu verhindern, dass ihre Enkelin in ein Heim kommt. Da es jedoch keine schriftlichen Unterlagen darüber gibt, ob Olga und Prestes verheiratet sind, wird Dona Leocádia nicht als Verwandte, der man das Kind übergeben kann, akzeptiert. Jahre später vertraut Prestes seiner zweiten Frau an, dass er tatsächlich nicht Ehemann Olgas war, da diese noch in Russland angeblich B. P. Nikitin, den Sekretär der Internationalen Jugend in Fruns, geheiratet habe. Dies weiß zu dieser Zeit jedoch niemand und offiziell gilt Olga als Prestes Frau, auch wenn sie keine Papiere vorlegen kann. Für das Schicksal ihrer Tochter Anita ist der fehlende Verwandtschaftsnachweis zur Familie Prestes jedoch ein nicht unerhebliches Problem. Kann die Ehe nicht nachgewiesen werden, kommt nur noch Olgas Mutter Eugenie Gutmann als einzig leibliche Verwandte von Anita in Frage, der Vater ist bereits 1932 verstorben. Dona Leocádia sucht diese in München auf, doch Eugenie Gutmann hat sich endgültig von der Tochter abgewandt und weigert sich strikt, ihr zu helfen.

Mit Hilfe des bekannten französischen Anwalts Francois Drujon gelingt es schließlich nach Wochen des angstvollen Wartens, eine Urkunde zu beschaffen, in der Carlos Prestes aus der Haft heraus die Vaterschaft offiziell anerkennt, wodurch seine Mutter offiziell zur Großmutter der kleinen Anita wird. Am 21. Januar 1938 wird Anita ihren Verwandten in Berlin übergeben; Olga zu treffen, die wegen der Trennung von ihrem Kind völlig erschüttert ist, wird ihnen nicht gestattet. Wochenlang wird sie zur Strafe für ihre verzweifelte Gegenwehr in Einzelhaft gesteckt, niemand gibt ihr zunächst Bescheid, dass die Tochter von der Großmutter abgeholt worden ist und nicht in ein nationalsozialistisches Kinderheim gebracht wurde. Erst als sie das erfährt, wird sie ruhiger, beginnt wieder Mut zu schöpfen. Doch die Erleichterung dauert nicht lange. Anfang März 1938 wird sie ins Konzentrationslager Lichtenburg bei Prettin verlegt. Einen Monat lebt sie hier in strenger Isolationshaft in einer winzigen Zelle, dann wird sie in die Gemeinschaftszelle gebracht. Hier trifft sie ihre Freundin und ehemalige Mitgefangene Elise Ewert wieder, die schwer an Tuberkulose erkrankt ist. Mehrere Monate verbringt Olga in Lichtenburg, zu schwerer Arbeit gezwungen, unterbrochen nur von den Verhören der Gestapo, zu denen sie nach Berlin gebracht wird. Da sie beharrlich über die Kommunisten in Südamerika schweigt, wird sie auch gefoltert.

Noch im gleichen Jahr werden Olga und Elise Ewert nach Ravensbrück verlegt. In Block 11 bezieht sie Quartier. Die hygienischen Zustände sind unbeschreiblich, und als die Lagerleitung Olga als Kapo einsetzt, macht sie sich als Erstes daran, die Moral der Frauen wieder aufzubauen, sie zu Sauberkeit und Disziplin anzuregen – in ihnen einen Rest Menschlichkeit zu bewahren. Doch beispielsweise die Gymnastik, zu der sie auffordert, stößt angesichts der Sklavenarbeit, zu der die Frauen, auch Olga, bei Siemens gezwungen werden, auf keine große Begeisterung.

Im Juli 1939 wird sie erneut zur Gestapo nach Berlin gebracht und verhört: „Ich bin wieder einmal allein mit meinen Gedanken und meiner unermesslichen Sehnsucht nach euch allen. Die Tage scheinen kein Ende zu nehmen. Aber macht euch keine Sorgen, ich werde schon nicht den Mut verlieren"[4], schreibt sie aus der Zelle an Prestes Mutter. Diese versucht in der Zwischenzeit, die Regierung in Moskau dazu zu bewegen, die Auslieferung Olgas zu beantragen. Da sich Stalin jedoch nicht einmal im Falle Ernst Thälmanns zu diesem Schritt entschließen kann, verhallt dieses Ansinnen auch in Bezug auf Olga ungehört.

Im Oktober 1939 kommt Olga wieder ins Lager Ravensbrück zurück. Hier sind die Verhältnisse noch schlimmer geworden. Ihre alte Freundin Elise Ewert ist verstorben und die Kälte des Winters zehrt an den Kräften der Frauen. Immer mehr treffen im Lager ein, die Zahl der Gefangenen verdoppelt sich bis 1940 auf sechstausend.

Trotz all der Hoffnungslosigkeit, welche die Frauen umgibt, bemüht sich Olga Benario, ihnen Mut zu machen. Sie versucht, die Gefangenen politisch zu schulen und sie über den Fortgang des Krieges auf dem Laufenden zu halten. Heimlich bastelt sie eine winzig kleine Weltkarte, die in eine Streichholzschachtel passt, um den Frontverlauf darzustellen. Nachdem ihre Schulungen verraten werden, muss sie erneut in den Bunker, wieder erwarten sie Schläge und Misshandlungen.

Der Krieg schreitet voran und die Nachrichten von den Siegen der deutschen Truppen lassen die Stimmung der Frauen sinken. In der Fabrik schuftet neben Olga auch eine andere prominente Gefangene, Margarete Buber-Neumann, die von der UdSSR an die Nationalsozialisten ausgeliefert wurde und die sich später an die Zwangsarbeit erinnert: „Am Ende jeder Woche wurden der Lohn zusammenaddiert und die Arbeitsstunden aufgeschrieben, sodass man ersehen konnte, was jede Arbeiterin in soundsoviel Stunden verdiente, den sie natürlich nie erhielt, sondern der von der Firma Siemens pro Sklave an das Konzentrationslager abgeführt wurde. Durch dieses System war es sofort festzustellen, wenn ein Häftling sein Pensum, das ungefähr 40 Pfennige in der Stunde ausmachte, nicht erreichte. Wiederholte sich diese ‚Faulheit‘, so bekam er zuerst einmal vom Meister eine Strafpredigt. Half das nichts, so wurde die SS-Aufseherin geholt, die Backpfeifen austeilte und eine ‚Meldung‘ schrieb, durch die der Häftling dann im ‚Bunker‘ oder ‚Strafblock‘ landete. – Auch das ‚Strafarbeiten‘ führte die saubere Firma Siemens für die Häftlinge ein. Da mussten die heruntergekommenen Frauen nach zehn- oder elfstündiger Arbeitszeit noch bis zu fünf Stunden ‚nacharbeiten‘."[5]

Die Situation im Lager wird immer dramatischer, die Frauen sterben an TBC, erste Fälle von Typhus werden bekannt. Zudem wird damit begonnen, an den Häftlingen medizinische Experimente durchzuführen. Prof. Karl Gebhardt, Professor für Chirurgie an der Universität Berlin, quält die Gefangenen im Namen der Forschung aufs Grausamste. Sie werden verstümmelt, transplantiert, mit Krankheitserregern infiziert. Die Gequälten, sofern sie die Tortur überleben, bleiben für ihr Leben gezeichnet. Gebhardt wird später im Nürnberger Ärzteprozess zum Tode verurteilt und hingerichtet.

Im Winter 1941 beginnt in Ravensbrück die Selektion für die Gaskammern in der ehemaligen Landesheil- und Pflegeanstalt Bernburg an der Saale. Olga Benario bleiben nur noch wenige Monate. Im Februar 1942 muss sie auf einen Transport nach

Bernburg. Noch in der Nacht vor ihrer Abreise verfasst sie einen Abschiedsbrief an ihre Familie, in dem sie sich noch einmal voll und ganz zu ihrem Leben und ihren Idealen bekennt: „Ich habe für das Richtige, das Gute, das Beste auf der Welt gekämpft. Ich verspreche jetzt beim Abschiednehmen, dass ihr euch meiner bis zur letzten Minute nicht zu schämen braucht. Missversteht mich nicht, die Vorbereitung auf den Tod bedeutet nicht, dass ich nun aufgebe, sie bedeutet nur, dass ich ihm gewachsen sein werde, wenn er kommt. Aber so vieles kann noch dazwischentreten, den festen Willen, am Leben zu bleiben, behalte ich bis zum Schluss."[6]

Doch es kommt nichts mehr dazwischen. Olga Benario stirbt unter den Händen der Nationalsozialisten, noch bevor sich die politischen Verhältnisse in Brasilien völlig verändern. Nachdem die USA 1942 in den Krieg eintreten, erklärt auch Brasilien Deutschland den Krieg. Dieser außenpolitischen Kehrtwendung folgt die innenpolitische. Am 18. April wird eine Amnestie für politische Gefangene erlassen, unter die auch Luis Carlos Prestes und Arthur Ewert fallen. Prestes versöhnt sich zunächst mit seinem Widersacher Getulio Vargas, muss das Land aber bald wieder verlassen. Nach seiner Rückkehr Ende der 70er-Jahre wird er Senator und bleibt bis in die 80er-Jahre Vorsitzender der PCB. Für Ewert kommt die Entlassung zu spät, er hat nach den barbarischen Foltern des Geheimdienstes den Verstand verloren und ist bereits im Juli 1942 in eine brasilianische Heilanstalt eingewiesen worden. Dort pumpt man ihn mit schwersten Psychopharmaka voll, bis er nach Kriegsende in die DDR übersiedelt. Bis zu seinem Tod im Juli 1959 lebt er geistig umnachtet in der Ost-Berliner Charité. Jonny de Graaf, dessen genaue Rolle in der brasilianischen Revolution bis heute ungeklärt ist, kehrt nach Moskau zurück, wo er Ende der Dreißiger Jahre spurlos verschwindet. Damit teilt er das Schicksal von Helene Kruger, die seit ihrer Verhaftung in Brasilien nicht mehr gesehen wurde.

Olgas Mutter Eugenie wird ebenso wie ihr Bruder von den

Nazis 1942 ermordet und endet vermutlich in der Gaskammer von Auschwitz. Dona Leocádia stirbt 1943 in Mexiko. Otto Braun überlebt den Zweiten Weltkrieg in der UdSSR und lässt sich nach dem Krieg in der DDR nieder. Dort werden in den kommenden Jahrzehnten über 150 verschiedene Einrichtungen nach Olga Benario, die hier als Vorzeige-Kommunistin gilt, benannt.

Olgas Tochter Anita Leocádia Prestes wird Universitätsprofessorin in Rio de Janeiro und setzt den Kampf ihrer Mutter fort. 1980 brechen sie und Prestes mit der Kommunistischen Partei. Luis Carlos Prestes stirbt 1990 im Alter von 92 Jahren in Brasilien.

„Das Aeußerste, das Menschenkräfte leisten,
Hab' ich gethan – Unmögliches versucht –
Mein Alles hab' ich an den Wurf gesetzt;
Der Würfel, der entscheidet liegt (...)"

Heinrich von Kleist: Penthesilea

Epilog: Die Legende von Penthesilea

Nachdem Hektor, der von Achill getötet worden war, begraben war, herrschte tiefe Trauer um den toten Helden in Troja. Zugleich fürchteten die Trojaner den Angriff Achills. Sie verschanzten sich hinter den Mauern ihrer Stadt und harrten angstvoll dem, was da kommen möge. In dieser schier aussichtslosen Lage erhielten die Trojaner unerwartet Hilfe von den mutigen und furchtlosen Kriegerinnen vom Thermodonstrom: den Amazonen. Die Königin der Amazonen, Penthesilea, erschien mit zwölf ihrer mutigsten Gefährtinnen vor den Toren Trojas und bot König Priamos und seinem verzweifelten Volke ihre Hilfe an. Als die Trojaner die Amazonen sahen, waren sie geblendet von deren Liebreiz und Anmut. Penthesilea aber, die Tochter des Ares, übertraf ihre Gefährtinnen an Schönheit, Kraft und Mut. Sie strahlte heller als die Sonne und ihre Herrlichkeit stellte irdische Schätze und himmlische Erscheinungen in den Schatten. Als sie in ihrer glänzenden Rüstung, voll wilder Entschlossenheit vor ihnen stand, erwachte in den Trojanern neuer Mut, und auch König Priamos, voll Gram um den Tod seines Sohnes Hektor, schöpfte bei ihrem herrlichen Anblick neue Hoffnung.

Penthesilea jedoch trieb nicht nur die Unterstützung des trojanischen Volkes hierher, sondern auch die Hoffnung, die Rachegöttinnen, welche sie verfolgten, seit sie bei einer Jagd anstatt eines Hirschen ihre Schwester Hippolyte mit dem Speer getötet hatte, milde zu stimmen. König Priamos lud Penthesilea in sein Haus und bewirtete sie aufs Vortrefflichste. Man kredenzte ihr die feinsten Speisen und brachte ihr die erlesensten Geschenke. Wenn es ihr gelingen sollte, Troja zu retten, würde man sie und ihre Kriegerinnen reich belohnen, so versprach Priamos.

Angesichts der in sie gesetzten Hoffnung wurde Penthesilea übermütig. Sie erhob sich von ihrem Platze, dankte allen und schwor dem König, Achill und seine Männer zu töten. Andromache, die Witwe Hektors, erschrak bei diesen Worten, denn niemals zuvor hatte sich ein Sterblicher erdreistet, den Tod des göttlichen Achill zu prophezeien. Sie gedachte ihres Mannes, des unbesiegbaren trojanischen Helden Hektor, den Achills Speer durchbohrte, und weinte.

Als Penthesilea am anderen Morgen erwachte, kleidete sie sich in ihren glänzenden Panzer und zog das prachtvolle Schwert über; sie nahm ihren Schild, die Speere und jene Streitaxt, die sie einst als Geschenk der Göttin der Zwietracht erhalten hatte. Wie sie so dastand, in ihrer prachtvollen Rüstung und ihr das goldene Haar unter dem Helme hervorquoll, war sie ganz prächtiger und furchtbarer Anblick zugleich.

Dem unerschrockenen Vorbild der Amazonen folgend, bewaffneten sich die Trojaner und schlossen sich ihnen an. Hinter den Kriegerinnen, die auf ihren wilden Rossen in die Schlacht ritten, zogen sie gen Achill. König Priamos blieb im Palast zurück und betete für den Sieg. Da flog ein Adler durch die Lüfte, der im Schnabel eine tote Taube trug, und Priamos wusste, dass am Ende des Tages die Schlacht verloren sein wird.

Zunächst jedoch fügten seine Heere den Griechen, die von der Wucht des Angriffs völlig überrascht waren, große Verluste zu. Bald tobte eine fürchterliche Schlacht, in der die Amazonen mutiger, wilder und grausamer waren, als all ihre männlichen Mitstreiter. Erst als es dem Griechen Menippos gelang, die Amazone Klonia zu töten, wandte sich das Blatt zu ihren Ungunsten. Nacheinander wurden die Amazonen von den gegnerischen Soldaten getötet. Mit dem Tod der mutigen Kriegerinnen sanken auch mehr und mehr Trojaner zu Boden. Penthesilea aber blieb unbezwungen. Sie kämpfte wie eine Furie und verbreitete Schrecken unter den griechischen Soldaten, die vor ihrem Wüten zurückwichen. Ihrem Vorbild folgten die Söhne des Priamos, denen es schien, als ob Penthesilea ihnen von den Göttern selbst gesandt worden war. Die Frauen der Trojaner standen auf den Mauern der Stadt und sahen ihrem heldenhaften Kampfe zu. Rasch waren auch sie entschlossen, Penthesilea zu folgen und den Kampf gegen die Griechen aufzunehmen. Einzig die Schwester Königin Hekabes, Theano, vermochte sie mit dem Einwand, dass sie nicht wie die Amazonen in der Kriegskunst bewandert wären, davon abzuhalten. Mit Mut und Kriegskunst gelang es den Trojanern schließlich, die Griechen zurückzudrängen, und schon näherten sich die Trojaner den griechischen Schiffen, als die Kunde vom Feldzug der unerschrockenen Amazonen endlich auch zu Achill, der gemeinsam mit Ajax am Grab seines Freundes Patrolos trauerte, drang.

Im Angesicht des Feindes nahmen beide ihre Schwerter auf und stürzten sich in den Kampf. Jubelnd wurden sie von den Griechen begrüßt. Die Trojaner aber sahen mit Entsetzen, wie sich die Kampfesmoral der Gegner wandelte, nachdem ihre Helden zu ihnen gestoßen waren. Während Ajax sich auf die trojanischen Soldaten stürzte, tötete Achill vier der Amazonen. Penthesilea aber kämpfte sich mutig zu den beiden unsterblichen Helden vor. Als sie Achill gegenüberstand, schleuderte sie ihren Speer auf ihn, doch dieser prallte von seinem Schild ab, ohne den göttlichen Achill zu verletzen. Auch Ajax konnte ihre Speerspitze nicht verwunden.

Nun warf Achill voller Wut über die Anmaßung der Amazone, den göttlichen Achill töten zu wollen, seinen mächtigen Eschenspeer auf Penthesilea. Seine Waffe traf sie oberhalb der rechten Brust. Doch, obgleich schwer verwundet, richtete sie sich abermals auf, um ihrem Gegner Auge in Auge gegenüberzustehen. Bevor sie jedoch zum Gegenschlag ausholen konnte, wurde sie von Achills Speer durchbohrt. Tödlich getroffen sank sie zu Boden. Achill, siegesgewiss und voller Häme gegen das Weibe, das sich erdreistet hatte, ihn anzugreifen, näherte sich ihr und erstarrte. Er sah in das Antlitz der schönsten und anmutigsten Frau, die er je zuvor erblickt hatte und erkannte, dass er soeben die Frau getötet hatte, die er gerne zu seiner Gattin gemacht hätte. Ein unbändiger Schmerz durchströmte ihn und er sank vor ihrem toten Körper nieder und weinte bitterlich. Im Olymp aber trauerte Kriegsgott Ares, der Vater der Amazonenkönigin, um den Verlust seines Kindes. Er stürzte herab und schritt voller Hass, sodass die Erde bebte, gen Achill. Hätte ihn Zeus nicht davon abgehalten, so hätte er Achill getötet.

Nachdem Penthesilea gefallen war, konnten die Griechen die Schlacht rasch für sich entscheiden. Voll Bewunderung für die getötete Jungfrau, gestatteten sie jedoch den Trojanern, die Amazonenkönigin nach Troja zurückzubringen und zu bestatten. Vor den Toren der Stadt wurde Penthesilea auf einem Holzstoß mitsamt kostbarer Grabbeigaben feierlich verbrannt. Ihre Gebeine wurden im Grab des Königs Laemedon beigesetzt. Neben ihr wurden die zwölf Amazonen, die allesamt im Kampfe gefallen waren, begraben.

Die Erinnerung an den Mut und die Entschlossenheit der Amazonen und ihrer Königin aber blieb unvergessen.

Anhang

ANMERKUNGEN

Prolog, S. 9–14

1 Sieck: Kleists Penthesilea, S. 431.
2 Wollstonecraft: Ein Plädoyer für die Rechte der Frau, S. 262.

Carry Brachvogel, S. 17–31

1 Carry Brachvogel. Vorwort zu: Das Grammophon, Berlin, Leipzig 1920.
2 Ernst von Wolzogen, zitiert in: Frauenleben in München, S. 234.
3 Carry Brachvogel in: *Münchner Neuste Nachrichten*, Juni 1924.
4 Hedwig von Alten, Rezension zu Carry Brachvogels „Alltagsmenschen" 12. Oktober 1895, in: Brachvogel, Die Wiedererstandenen, Anhang.
5 Rezension zu Carry Brachvogels „Der Erntetag" in: *Die Gesellschaft* 1897.
6 Carry Brachvogel: Frau Dr. Faust, in: Gesammelte Feuilletons, S. 9.
7 Brachvogel: Hebbel und die moderne Frau, S. 9–10.
8 Carry Brachvogel, zitiert in: Monika Meister: „Lieben nicht bis zur Selbstvernichtung". Die Schriftstellerin Carry Brachvogel, Bayerischer Rundfunk. Land und Leute, 24. November 1991.
9 Brachvogel: Hebbel und die moderne Frau, S. 7–8.
10 Ebenda S. 12.
11 Wie Anm. 8.
12 Carry Brachvogel: Wie wird man Schriftsteller? In: Gesammelte Feuilletons, S. 58.
13 Wie Anm. 2.
14 Ebd.
15 Aus der Satzung des Vereins Münchner Schriftstellerinnen, zitiert in: Frauenleben in München, S. 235.
16 Brachvogel: Eva in der Politik, S. 5.
17 Spies: Drei Jahre Theresienstadt, S. 34.
18 Federica Spitzer: Verlorene Jahre, in: Federica Spitzer/Ruth Weisz: Theresienstadt, S. 28.
19 Wie Anm. 7, S. 11–12.

1 Emerenz Meier: Brief an Auguste Unertl aus Chicago, März 1924, in: Meier: Gesammelte Werke (GW). Gedichte. Briefe, S. 384.
2 Freie Presse für Texas, San Antonio 1897, zitiert in: ebd., S. 431.
3 Hans Carossa: Das Jahr der schönen Täuschungen, S. 281.
4 Ebd., S. 264.
5 Ebd., S. 281.
6 Emerenz Meier: Brief an Auguste Unertl, 12 oder 13. Oktober 1922, aus Chicago in: Meier: GW, Gedichte. Briefe, S. 314.
7 Emerenz Meier: Brief an Hans Carossa, 17. Oktober 1899 aus Oberndorf, in: ebd. S. 192.
8 Emerenz Meier: Brief an Auguste Unertl aus Würzburg, 13. September 1900, in: ebd., S. 193.
9 Ebd. S. 193.
10 Emerenz Meier: Brief an Auguste Unertl aus Würzburg, 24. September 1900, in: ebd., S. 196.
11 Emerenz Meier: Brief an Auguste Unertl aus Würzburg, 11. Dezember 1900, in: ebd., S. 218.
12 Emerenz Meier: Brief an Auguste Unertl aus Würzburg, 27. September 1900, in: ebd., S. 199.
13 Emerenz Meier: Brief an Auguste Unertl aus Straßkirchen, 21. November 1901, in: ebd., S. 220.
14 Emerenz Meier: Brief an Auguste Unertl aus Chicago, 25. Januar 1921, in: ebd., S. 260.
15 Emerenz Meier: Brief an Hans Carossa aus München, undatiert, in: ebd., S. 221.
16 Ebd. S. 221.
17 Ebd. S. 223/224.
18 Emerenz Meier: Brief an Auguste Unertl aus Chicago, 15. Juni 1923, in: ebd., S. 348.
19 Hans Carossa: Das Jahr der schönen Täuschungen, S. 282.
20 Emerenz Meier: Brief an Auguste Unertl aus Chicago, 13. Dezember 1919, in: Meier: GW, Gedichte, Briefe, S. 229.
21 Emerenz Meier: Brief an Auguste Unertl aus Chicago, 17. Juli 1923, in: ebd., S. 361.
22 Emerenz Meier: Brief an Auguste Unertl aus Chicago, 15. März 1920, in: ebd., S. 234.
23 Emerenz Meier: Brief an Hans Carossa aus Chicago, 24. Juni 1923, in: ebd., S. 353.
24 Emerenz Meier: Brief an Auguste Unertl aus Chicago, 25. Januar 1921, in: ebd., S. 261.
25 Emerenz Meier: Brief an Auguste Unertl aus Chicago, 13. Dezember 1919, in: ebd., 230.
26 Emerenz Meier: Brief an Auguste Unertl aus Chicago, 15. März 1920, in: ebd., S. 234.
27 Emerenz Meier: Brief an Auguste Unertl aus Chicago, 20. Januar 1921, in: ebd., S. 257.
28 Emerenz Meier: Brief an Auguste Unertl aus Chicago, 14. August 1920, in: ebd., S. 243.
29 Ebd., S. 243.
30 Emerenz Meier: Brief an Auguste Unertl aus Chicago, 16. Dezember 1920, in: ebd., S. 254.
31 Emerenz Meier: Brief an Auguste Unertl aus Chicago, 17. Januar 1923, in: ebd., S. 326.
32 Emerenz Meier: Brief an Auguste Unertl aus Chicago, 30. Januar 1922, in: ebd., S. 281.

33 Emerenz Meier: Brief an Auguste Unertl aus Chicago, 15. März 1920, in: ebd., S. 233.
34 Emerenz Meier: Brief an Auguste Unertl aus Chicago, 13. Dezember 1919, in: ebd., S. 230.
35 Emerenz Meier: Brief an Auguste Unertl aus Chicago, 25. April 1920, in: ebd., S. 238.
36 Emerenz Meier: Brief an Auguste Unertl aus Chicago, 14. August 1920, in: ebd., S. 245.
37 Emerenz Meier: Brief an Auguste Unertl aus Chicago, 10. Oktober 1923, in: ebd., S. 372.
38 Emerenz Meier: Brief an Auguste Unertl aus Chicago, 18. September 1925, in: ebd., S. 392.
39 Emerenz Meier: Brief an Auguste Unertl aus Chicago, 8. Oktober 1927, in: ebd., S. 408.
40 Peinkofer: Lebensbild der Dichterin, S. 21.
41 Emerenz Meier: Ich bin des freien Waldes freies Kind, unveröffentlichter Text aus dem Nachlass, in: Emerenz Meier: GW, Gedichte. Briefe, S. 413.

Mechthilde Lichnowsky, S. 50–65

1 Johannes R. Becher: Kondolenzbrief an Leonora Lichnowksy vom 13. Juni 1958. in: Hans Arens: Unsterbliches München, S. 576.
2 Mechthilde Lichnowsky: Kindheit, S. 95–96.
3 Ebd., S. 81.
4 Ebd., S. 108.
5 Richard von Kühlmann: Erinnerungen, S. 375–376.
6 Annette Kolb in: Arens: Unsterbliches München, S. 572.
7 Richard von Kühlmann: Erinnerungen, S. 376.
8 Kurt Martens: Schonungslose Lebenschronik. Bd. 2, S. 10.
9 Mechthilde Lichnowsky an Hermann Graf Keyserling, 7. September 1912, Deutsches Literatur Archiv Marbach (DLA), in: Wilhelm Hemecker, Mechthilde Lichnowsky, S. 5.
10 Mechthilde Lichnowsky Rundbrief vom 18. Juni 1914, Zemsky Archiv Opava, in: ebd., S. 16.
11 Mechthilde Lichnowsky an Kurt Wolff 1. Juni 1914 aus England, in: Kurt Wolff: Briefwechsel eines Verlegers, S. 156.
12 Alfred Kerr: Mechthilde Lichnowsky. Ein Spiel vom Tod, in: *Der Tag*, 18. März 1916, in: Alfred Kerr: Gesammelte Schriften in zwei Reihen. Erste Reihe Bd. 3: Die Sucher und die Seligen, Berlin 1917, S. 87.
13 Karl Kraus: Shakespeare und die Berliner, in: *Die Fackel* Nr. 418–422, April 1916, S. 95.
14 Mechthilde Lichnowsky an ihre Schwester Helene Harrach, 24. Mai 1909, DLA, in: Wilhelm Hemecker, Mechthilde Lichnowsky, S. 25.
15 Harry Graf Kessler, Brief an Anton Kippenberg, DLA, in: ebd., S. 18.
16 Johannes R. Becher an Mechthilde Lichnowksy 23. Mai 1916, DLA, in: ebd., S. 19.
17 Annette Kolb an Mechthilde Lichnowsky 14. Mai 1916, DLA, in: ebd. S. 26.
18 Mechthilde Lichnowsky: Der Kampf mit dem Fachmann, S. 173.
19 Kurt Wolff an Mechthilde Lichnowsky 15. Juni 1917, in: Kurt Wolff: Briefwechsel eines Verlegers, S. 159–160.
20 Telegramm von Mechthilde Lichnowsky an Kurt Wolff, 16. Juni 1917, in: ebd., S. 160.

21 Mechthilde Lichnowsky an Kurt Wolff, 19. Juni 1917, in: ebd., S. 161.
22 Karl Kraus aus Berlin an Mechthilde Lichnowsky, 4./5. Dezember 1922, in: Pfäfflin/Dambacher (Hg.): „Verehrte Fürstin", S. 135.
23 Alfred Kerr: Geburt, in: *Berliner Tagblatt* 24. März 1922.
24 Lichnowsky: Der Kampf mit dem Fachmann, S. 9.
25 Mechthilde Lichnowsky: Brief an Brigitte Bermann Fischer 1936, in: Hans Arens: Unsterbliches München, S. 576.
26 Mechthilde Lichnowsky Brief an Martin Jahoda, 15. Juni 1936, in: Pfäfflin/Dambacher: „Verehrte Fürstin", S. 190.
27 Mechthilde Lichnowsky: Worte über Wörter, S. 9.
28 Ebd. S. 199.
29 Mechthilde Lichnowsky: Brief an die Stadt München, anlässlich ihres 75. Geburtstages, in: Hanns Arens: Unsterbliches München, S. 578.
30 Erich Kästner bei einer Lesung von Annette Kolb im Münchner Cuvilliès Theater, in: ebd., S. 569.
31 Mechthilde Lichnowksy: Worte über Wörter, S. 10.

Lena Christ, S. 66–83

1 Lena Christ: Erinnerungen einer Überflüssigen, in: GW, S. 39.
2 Ebd., S. 43.
3 Ebd., S. 47.
4 Ebd., S. 46.
5 Ebd., S. 46.
6 Ebd., S. 52/53.
7 Ebd., S. 109.
8 Ebd., S. 138.
9 Ebd., S. 156–158.
10 Ebd., S. 214.
11 Ebd., S. 230.
12 Ebd., S. 246.
13 Peter Bendix: Der Weg der Lena Christ, München 1950, S. 6.
14 Josef Hofmiller über Lena Christ, in: Goepfert: Das Schicksal der Lena Christ, S. 75.
15 Josef Hofmiller: Süddeutsche Monatshefte, in: Bendix. Der Weg der Lena Christ, S. 51–52.
16 Besprechung von „Mathias Bichler", in: ebd., S. 83.
17 Hamburger Nachrichten, in: Günter Goepfert: Das Schicksal der Lena Christ, S. 101.
18 Josef Hofmiller: Besprechung der „Rumpelhanni", in: Peter Bendix: Der Weg der Lena Christ, S. 130.
19 Lena Christ: Brief an Peter Bendix, in: Peter Bendix: Der Weg der Lena Christ, S. 168–169.
20 Peter Bendix: Der Weg der Lena Christ, S. 171.
21 Lena Christ an Ludwig Thoma, in: Martha Schad: Ludwig Thoma und die Frauen, S. 219.
22 Lena Christ in: Peter Bendix: Der Weg der Lena Christ, S. 49.
23 Peter Bendix: Der Weg der Lena Christ, S. 38.
24 Ebd., S. 178.

Emmy Noether, S. 84–95

1 Emmy Noether: Lebenslauf zur Habilitation, zitiert in: Dick: Emmy Noether, S. 15.
2 B. L. van der Waerden: Nachruf auf Emmy Noether in den Mathematischen Annalen, Bd. 111. Leipzig 1935, S. 469.
3 Wie Anm. 1, S. 16.
4 Wie Anm. 2, S. 473 f.
5 Hermann Weyl: Nachruf auf Emmy Noether, S. 219.
6 Schreiben des preußischen Ministers für Wissenschaft, Kunst und Volksbildung unter der Zahl U I Nr. 17277, zitiert in: Auguste Dick: Emmy Noether, S. 31.
7 Wie Anm. 2.
8 Wie Anm. 2.
9 Albert Einstein: Nachruf auf Emmy Noether in *New York Times*, 5. Mai 1935.

Zenzl Mühsam, S. 96–115

1 Schreiben von Zenzl Mühsam aus der Zelle 21 des Moskauer Butyrka Gefängnis vom 3. August 1940 NKWD-Akte Nr. 249570, unpag., in: Reinhard Müller: Menschenfalle Moskau, S. 402.
2 Brief von Zenzl Mühsam an Erich Mühsam 12. Februar 1920, in: Zenzl Mühsam. Eine Auswahl aus ihren Briefen, S. 28.
3 Mühsam, Erich: Tagbücher, S. 144–145.
4 Ebd. S. 193.
5 Zenzl Mühsam: Brief an Erich Mühsam aus München vom 12. Februar 1920, in: Zenzl Mühsam. Eine Auswahl aus ihren Briefen, S. 28.
6 Wie Anm. 3, S. 112.
7 Zenzl Mühsam: Brief an Martin Andersen Nexö und Frau Gretl vom 25. November 1919, in: Zenzl Mühsam. Eine Auswahl aus ihren Briefen, S. 9.
8 Wie Anm. 3, S. 190.
9 Ludwig Thoma: Flugblatt von 1910 „Catinilarische Verschwörung", in: Martha Schad: Ludwig Thoma und die Frauen, S. 240.
10 Wie Anm. 3, S. 275.
11 Zenzl Mühsam: Brief an Martin Andersen Nexö und Frau Gretl vom 17. Mai 1919, in: Zenzl Mühsam: Eine Auswahl aus ihren Briefen, S. 14.
12 Zenzl Mühsam: Brief an Lenin vom 28. April 1921, in: ebd., S. 52.
13 Wie Anm. 3, S. 289.
14 Wie Anm. 3, S. 224.
15 Zenzl Mühsam: Brief an Milly und Rudolf Rocker vom 21. August 1934, in: Rudolf Rocker: Erich und Zensl Mühsam, S.17.
16 Zenzl Mühsam: Brief an Milly und Rudolf Rocker vom Dezember 1933 in: ebd., S. 13.
17 Protokoll der Zeugenaussage des ehemaligen Reichstagsabgeordneten Willi Budichs beim Verhör in Moskau am 5. Mai 1936, in: Reinhard Müller: Menschenfalle Moskau, S. 252.
18 Zenzl Mühsam: Brief an Milly und Rudolf Rocker aus Prag 13. August 1934, in: Zenzl Mühsam: Eine Auswahl aus ihren Briefen, S. 54.
19 Zenzl Mühsam: Brief an Emma Goldmann aus Prag vom 5. November 1934 in: ebd. S. 63.
20 Zenzl Mühsam: Brief an Milly und Rudolf Rocker vom 15. April 1935,

Nachlass Rocker, II SG Amsterdam, in: Reinhard Müller: Menschenfalle Moskau, S. 163–164.
21 Erich Wollenberg: Für Erich Mühsam! In: Sozialistische Warte, 1936, S. 456f.
22 Thomas Mann: Briefe 1889–1936, S.421f.
23 Anklageschrift im Fall Berndt, Take und Mühsam vom 26. Juni 1936, in: Reinhard Müller: Menschenfalle Moskau, S. 253–255.
24 Wilhelm Pieck: Schreiben vom 10. August 1936 an die Prager Auslandsleitung der KPD, SAPMO-Barch, ZPA I 2/3, 286, in: Reinhard Müller (Hg.): Die Säuberung, S. 569.
25 Herbert Wehner im Dezember 1937, BUST/ZA, SdM, 1858, Bl. 315, zitiert in: Reinhard Müller: Zenzl Mühsam und die stalinistische Inquisition, S. 62.
26 Margaret Buber-Neumann: Als Gefangene bei Stalin und Hitler, S. 169–170.
27 Meldung von Roberta Gropper an die Berliner SED Führung 1947, SAPMO/BA Nachlass 36/640, Bl. 210, in: Reinhard Müller: Menschenfalle Moskau, S. 408.
28 Rudolf Rocker: Erich und Zensl Mühsam, S. 41–42.
29 Zenzl Mühsam: Brief an Erich Mühsam ins Gefängnis, in: Chris Hirte: Die Frau an der Seite Erich Mühsams in: Zenzl Mühsam. Eine Auswahl aus ihren Briefen, S. 87.

Claire Goll, S. 116–131

1 Claire Goll im Interview mit Jürgen Serke, in: Jürgen Serke: Die verbrannten Dichter, S. 98.
2 Claire Goll: Ich verzeihe keinem, S. 17.
3 Ebd., S. 96.
4 Ebd., S. 10.
5 Claire Goll: Der gestohlene Himmel, S. 15–16.
6 Claire Goll: Traumtänzerin, S. 7.
7 Ebd., S. 109.
8 Claire Goll: Widmung in der deutschen Ausgabe von: Der gestohlene Himmel.
9 Claire Goll im Interview mit Jürgen Serke, in: Jürgen Serke: Die verbrannten Dichter, S. 96.
10 Claire Goll: Traumtänzerin, S. 252.
11 Claire Goll: Ich verzeihe keinem, S. 34.
12 Claire Goll: Tagebuch vom Freitag den 19. Oktober 1917, in: Claire und Yvan Goll: Meiner Seele Töne, S. 24.
13 Claire Goll: Die Frauen und das Reichsjugendwehrgesetz 1917, in: Claire Goll: Der gläserne Garten, S. 17–18.
14 Claire Goll: Die Stunde der Frauen in 1917, in: Claire Goll: Der Gläserne Garten, S. 11.
15 Ebd.
16 Claire Goll: Ich verzeihe keinem, S. 86.
17 Rainer Maria Rilke an Claire Goll 18. November 1918: in: Barbara Glauert-Hesse (Hg.): „Ich sehne mich sehr nach Deinen blauen Briefen", S. 6.
18 Karl Krolow: Lebensgeschichte als Liebesgeschichte. Zum Tode von Claire Goll, FAZ, 15. 6. 1977.
19 Claire Goll: Ich verzeihe keinem, S. 146.
20 Ebd. S. 160.

21 Ebd., S. 146.
22 Klaus Mann: Ivan und Claire, in: Auf der Suche nach einem Weg, S. 331–335.
23 Claire Goll: Ich verzeihe keinem, S. 263.
24 Ebd., S. 276.
25 Claire Goll: Klage um Ivan, S. 6.
26 Claire Goll: Ich verzeihe keinem, S. 280.
27 Ebd., S. 297.
28 Barbara Glauert-Hesse: Zur Edition in: Claire Goll: Der gestohlene Himmel, S. 188.
29 Claire Goll: Ich verzeihe keinem, S. 9.
30 Ebd., S. 298.
31 Ebd., S. 304.
32 Ebd.

Liesl Karlstadt, S. 132–150

1 Rudolf Bach: Die Frau als Schauspielerin, S. 79–88.
2 Liesl Karlstadt: Notizen in ihrem ersten Bühnenalbum, in: Alfons Schweiggert: Karl Valentin und die Frauen, S. 74.
3 Karl Valentin zu Liesl Karlstadt, Hörfunkinterview Karlstadt, Mitschrift nach Bardischewski; Hörfunksendung (NDR) „Das Leben beim Wort genommen. Wortteile von Liesl Karlstadt" von Josef Müller-Marein, in: Michael Schulte: Karl Valentin, S.47
4 Undatierter Zeitungsausschnitt zu Auftritten im Germania Brettl, 1922, in: Monika Dimpfl: Immer veränderlich, S. 32–33.
5 Liesl Karlstadt in ihrem Bühnenalbum etwas 1929/30, in: Barbara Bronnen: Karl Valentin und Liesl Karlstadt, S. 39.
6 Gisela Valentin in einem Interview im *Münchner Merkur* vom 21./22. Januar 1956.
7 Liesl Karlstadt: Valentin und ich. Zeitschriftenartikel im Bühnenalbum I, in: Gunna Wendt: Liesl Karlstadt, S. 117.
8 Liesl Karlstadt als „Kameliendame", *Süddeutsche Sonntagspost* Nr. 12, April 1929.
9 Aus einer Kritik in der Weltbühne, in: Hervé/Nödlinger: Lexikon der Rebellinnen, S. 145.
10 Foto von Liesl Karlstadt 1932 an Karl Valentin, in: Münz, Elisabeth/ Münz Erwin (Hg.): Geschriebenes von und an Karl Valentin, S. 168.
11 Undatierter Zeitungsartikel vom Januar 1928 in der Berliner Presse in: L. K. Album Nr.1, in: Monika Dimpfl: Immer veränderlich, S. 56.
12 Kritik von Wilhelm von Hausenstein, undatierter Zeitungsausschnitt (vermutlich *Theater-Zeitung* vom 14. Dezember 1930), in: Barbara Bronnen, Karl Valentin und Liesl Karlstadt, S. 107.
13 Karl Valentin, Brief an Liesl Karlstadt Februar/März 1937, in: Karl Valentin: Sämtliche Werke. Ergänzungsband, S.121.
14 Max Ophüls: Spiel im Dasein. Eine Rückblende. Stuttgart 1959, S. 152–157.
15 Aus Liesl Karlstadts Krankenakte der Psychiatrischen Klinik München vom 9. Mai 1935, in: Gunna Wendt: Liesl Karlstadt, S. 193–196.
16 Karl Valentin Brief an Liesl Karlstadt vom 2. Oktober 1935, in: Karl Valentin: Sämtliche Werke Bd. 6, Briefe, S. 72–73.
17 Liesl Karlstadt: „Die deutsche Laugenbretzel" in: Michael Schulte. Karl Valentin, S. 63.
18 Karl Valentin Brief an Liesl Karlstadt 1945, in: Karl Valentin: Sämtliche Werke Bd. 6, Briefe, S. 200.

1 Therese Giehse: Ich habe nichts zu sagen, S.17.
2 Ebd. S. 149.
3 Ebd. S. 17.
4 Ebd. S. 21.
5 Ebd. S. 22.
6 Therese Giehse im Exil 1935, in: Helga Keiser-Hayne: Erika Mann und ihr politisches Kabarett „Die Pfeffermühle" 1933–1937, S. 16.
7 Erika Mann: An Therese Giehse März 1968, in: Dieselbe: Briefe und Antworten, S. 206–207.
8 *Volksrecht*, Zürich 5. November 1934.
9 Wie Anm. 1, S. 151.
10 Erika Mann: An Therese Giehse März 1968, in: Dieselbe: Briefe und Antworten, S. 207.
11 Wie Anm. 1, S.152.
12 Therese Giehse: in: Helga Keiser-Hayne: Erika Mann und ihr politisches Kabarett „Die Pfeffermühle", S. 186.
13 Martin Sperr: Sie ist der letzte Elefant, in: Therese Giehse: Ich habe nichts zu sagen, S. 159.
14 Wie Anm. 1, S. 46.
15 Bertolt Brecht in seinem Modellbuch über die Mutter Courage, in: Therese Giehse: Ich habe nichts zu sagen, S. 84.
16 Wie Anm. 1, S. 10.
17 Max Christian Feiler im *Münchner Merkur*, September 1949.
18 Wie Anm. 1, S. 110.
19 Wie Anm. 1, S. 11.
20 Wie Anm. 1, S. 112.
21 Wie Anm. 1, S. 126.
22 Franz Xaver Kroetz: Giehses Klarheit ist Zurückhaltung, in: Therese Giehse: Ich habe nichts zu sagen, S. 158.
23 Wie Anm. 1, S. 12.

1 Carola Neher im *Berliner Tagblatt* 19. 12. 1926.
2 Anonym: Der Lebenswandel der Naiven, Carola Nehers schwächste Seite in Baden-Baden, in: *Berliner Nachtausgabe*, 7, Februar 1928.
3 Klabund an Walther Heinrich (Unus), 3. November 1924 in: Tita Gaehme: Dem Traum folgen, S. 43.
4 Klabund an Hermann Hesse 20. 12. 1925 in: Guido von Kaulla: „Und verbrenn in seinem Herzen", S. 72.
5 Klabund: Brief an Irene Heberle 6. Mai 1925, in: ebd., S. 48.
6 Carola Neher Interview für die Zeitschrift *Uhu* Berlin, in: Matthias Wegner: Klabund und Carola Neher, S. 128.
7 Klabund an seine Davoser Pensionswirtin Frieda Poeschel, in: ebd., S. 131.
8 Stefan Grossmann: Carola Neher November 1926, in: Tita Gaehme: Dem Traum folgen, S. 81.
9 Alfred Polgar: Kritik zu Carola Nehers Auftritt in „Caesar und Cleopatra" von G. B. Shaw 1927 in Wien in: Matthias Wegner: Klabund und Carola Neher, S. 134.

10 Fred Hildebrand: „... ich soll dich grüßen von Berlin 1922–1932", S. 185.
11 Carl von Ossietzky: Klabund, *Weltbühne* 21. August 1928, in: Carl von Ossietzky: Sämtliche Schriften Band IV 1927–1928, Reinbek bei Hamburg 1994, S. 461.
12 Carola Neher, in: Geza v. Cziffra: Kauf dir einen bunten Luftballon, München 1975, S. 30.
13 Ernst Josef Aufricht: Erzähle, damit du dein Recht erweist, S. 57.
14 Aussage Gustav von Wangenheim am 1. Juni 1936 beim NKWD, in: Reinhard Müller (Hg.): Die Säuberung. S. 561–562.
15 Handschriftlicher Lebenslauf von Carola Neher 20. März 1936 in: Reinhard Müller: Menschenfalle Moskau, S. 189.
16 Gerichtsurteil gegen Carola Neher, KGB Archiv, in: Reinhard Müller (Hg.): Die Säuberung, S. 559.
17 Bertolt Brecht: Brief an Lion Feuchtwanger Februar/März 1937, in: Bertolt Brecht: Briefe 2. 1937–1949, S. 13–14.
18 Walter Held in *Unser Wort* 1938.
19 Carola Neher Eingabe an der Vorsitzenden des Rates der Volkskommissare Molotow, 14. September 1939, Fotokopie, Sammlung „Eingaben", Hamburger Institut für Sozialforschung, in: Reinhard Müller: Menschenfalle Moskau, S. 332.
20 Margarete Buber-Neumann: Als Gefangene bei Hitler und Stalin, S. 167.
21 Carola Neher an das Kinderheim, in dem sich ihr Sohn Georg Becker befindet, 10. März 1941, Fotokopie im Nachlass Erich Wollenbergs, in: Reinhard Müller: Menschenfalle Moskau, S. 335.
22 Urkunde Nr. 4 H-1527, Fall Carola Neher in: Matthias Wegner: Klabund und Carola Neher, S. 181.

Gret Palucca, S. 190–208

1 Pawel Barchan, Palucca, in: *Die Dame*, Jg. 51, Heft 3 1923/24, S. 7.
2 Palucca, Lebenslauf, März 1974, SAdK, Palucca-Archiv, Nr. 6200, in: Ralf Stabel: Tanz, Palucca! S. 20.
3 Gerhard Schumann (Hg.): Palucca, S. 174.
4 Palucca. Zum Fünfundachtzigsten, Glückwünsche, Selbstzeugnisse, Äußerungen. Herausgegeben von der Akademie der Künste der DDR, Berlin 1987, S. 39.
5 Olaf Rydberg: Die Tänzerin Palucca, S. 36 f.
6 Ebd.
7 *Das schwarze Korps*, 13. 8. 1936, S. 8.
8 John Schikowski: Geschichte des Tanzes, S. 151.
9 Fragebogen der Fachschaft Gymnastik und Tanz, BArch, R 55/Ns/12/15, Personalakte Palucca, Gret, Reichstheaterkammer, Akte 68091, (1309) RKK 2200 Box 0428 File 16 in: Ralf Stabel: Tanz, Palucca, S. 118.
10 Henry Picker: Hitlers Tischgespräche, S. 386.
11 Thomas Eckert: Der Sprung nach vorn oder Tanz eines Lebens. Gret Palucca, die Tänzerin, Choreographin und Tanzlehrerin feiert in Dresden ihren neunzigsten Geburtstag, in: *Der Tagesspiegel*, 8. 1. 1992.
12 Rundspruch Nr. 27, 8. 2. 1939, BArch R 55/1421, Bl. 31, Bestand Reichsministerium für Volksaufklärung und Propaganda, in: Ralf Stabel, Tanz, Palucca, S. 123.

1 Brief von Luís Carlos Prestes an die ANL vom 25. April 1936, in: Fernando Morais: Olga, S. 91.
2 Jonny de Graaf: Stunde des Aufstandes, in: William Waak: Die vergessene Revolution, S. 177.
3 Olga Benario: Brief an Luis Carlos Prestes, Berlin, April 1937, in: Fernando Morais: Olga, S. 279, 280.
4 Olga Benario: Brief an Dona Leocadia, Berlin, August 1939, in: ebd. S. 319.
5 Margarete Buber-Neumann: Als Gefangene bei Stalin und Hitler, S. 303–304.
6 Olga Benario: Abschiedsbrief vom Februar 1942 aus Ravensbrück in: Fernando Morais: Olga, S. 350.

Literatur

(Weitere Literaturangaben siehe auch die Anmerkungen
zu den einzelnen Kapiteln)

ADLER, Ghemela: Heimatsuche und Identität.
– Das Werk der bairischen Schriftstellerin Lena Christ, Frankfurt a. M. 1991.
ARENS, Hanns: Unsterbliches München. Streifzüge durch 200 Jahre literarisches Leben der Stadt, München 1968.
AUFRICHT, Ernst Josef: Erzähle, damit du dein Recht erweist. Aufzeichnungen eines Berliner Theaterdirektors, München 1969.
BACH, Rudolf: Die Frau als Schauspielerin, Tübingen 1937.
BAIER, Jo: Wildfeuer, Roman, München 1991.
BENDIX, Peter: Der Weg der Lena Christ, München 1950.
BERLINGER, Joseph: Emerenz. Szenen, Briefe, Gedichte. Aus dem Leben der bayerischen Dichterin, Wirtin und Emigrantin Emerenz Meier, Feldafing 1980.
BRACHVOGEL, Carry: Die Wiedererstandenen, Berlin 1900.
BRACHVOGEL, Carry: Hebbel und die moderne Frau, München 1912.
BRACHVOGEL, Carry: Gesammelte Feuilletons, München 1913.
BRACHVOGEL, Carry: Eva in der Politik. Ein Buch über die politische Tätigkeit der Frau, Leipzig 1920.
BRACHVOGEL, Carry: Im Weiß-Blauen Land. Bayerische Bilder, München 1923.
BRECHT, Bertolt: Briefe 2. 1937–1949. Große kommentierte Berliner und Frankfurter Ausgabe, Berlin/Weimar/Frankfurt a.M. 1998.
BRINKNER-GABLER, Gisela (Hg.): Deutsche Dichterinnen vom 16. Jahrhundert bis zur Gegenwart , Frankfurt a.M. 1978.
BRONNEN, Barbara: Karl Valentin und Liesl Karlstadt. Blödsinnskönig – Blödsinnskönigin, Berlin 1998.
BUBER-NEUMANN, Margarete: Als Gefangene bei Stalin und Hitler. Eine Welt im Dunklen, München 2002.
BUDZINSKI, Klaus: Pfeffer ins Getriebe. München 1982.
CAROSSA, Hans: Das Jahr der schönen Täuschungen, Leipzig 1941.

CHRIST, Lena: Gesammelte Werke (in Einzelbänden), München 1997
– Erinnerungen einer Überflüssigen
– Rumpelhanni
– Mathias Bichler
– Lausdirndlgeschichten
– Madam Bäuerin.
DICK, Auguste: Emmy Noether (1882–1935) Beiheft Nr.13 zur Zeitschrift „Elemente der Mathematik", Basel u. Stuttgart 1970.
DIMPFL, Monika: Immer veränderlich. Liesl Karlstadt (1892 bis 1960), München 1996.
DREWS, Wolfgang: Die Schauspielerin Therese Giehse, Velber bei Hamburg 1965.
FESTNER Katharina/RAABE Christiane: Spaziergänge durch das München berühmter Frauen, Zürich/Hamburg 1997.
FEYL, Renate: Der lautlose Aufbruch. Frauen in der Wissenschaft, Köln 1994.
FRAUENLEBEN IN MÜNCHEN. Lesebuch zur Geschichte des Münchner Alltags. Herausgegeben von der Landeshauptstadt München, München ⁴1997.
GAEHME, Tita: Dem Traum folgen. Das Leben der Schauspielerin Carola Neher und ihre Liebe zu Klabund, Köln 1996.
GIEHSE, Therese: Ich habe nichts zu sagen, Gespräche mit Monika Sperr, Reinbek bei Hamburg 1976.
GLAUERT-HESSE, Barbara (Hg.): „Ich sehne mich sehr nach Deinen blauen Briefen". Rainer Maria Rilke, Claire Goll, Briefwechsel, Göttingen, 2000.
GOEPFERT, Günther: Das Schicksal der Lena Christ, München 1993.
GÖTTLER, Hans: Beaucastel in Niederbayern. Kindheit und Jugend der Dichterin Mechthilde Lichnowsky auf Schloß Schönburg, in: Literatur in Bayern Nr. 33, September 1993, S. 62–64.
GOLL, Claire: Klage um Yvan, Wiesbaden 1960.
GOLL, Claire: Traumtänzerin. Jahre der Jugend, München 1971.
GOLL, Claire: Ich verzeihe keinem, München 1976.
GOLL, Claire: Der gestohlene Himmel, Frankfurt a. M. 1988.
GOLL, Claire: Der gläserne Garten. Prosa von 1917–1939, Berlin 1989.
GOLL, Claire/GOLL Yvan: Meiner Seele Töne. Ein literarisches Dokument eines Lebens zwischen Kunst und Liebe. Herausgegeben von Barbara GLAUERT, Bern 1978.
GRETTER, Susanne/PUSCH, Luise, F.: Berühmte Frauen 2. Dreihundert Porträts, Frankfurt a. M. 2003.
HERVÉ, Florence/NÖDLINGER, Ingeborg: Lexikon der Rebellinnen: Liesl Karlstadt, München 1996.
HEUER, Renate: Carry Brachvogel, in: Geschichte und Kultur der Juden in Bayern Herausgegeben von Manfred TREML und Wolf WEIGAND, Veröffentlichungen zur Bayerischen Geschichte und Kultur Nr.18/88, München 1988, S. 211–216.
HILDEBRANDT, Fred: „..... ich soll dich grüßen von Berlin" 1922–1932, Berliner Erinnerungen ganz und gar unpolitisch. Post mortem herausgegeben von zwei Freunden, München 1966.
HILDEBRANDT, Irma: Bin halt ein zähes Luder, München1999.
HÖRFUNKINTERVIEW mit Liesl Karlstadt aus den 50er Jahren, Mitschrift in: Marie Bardischewski: Liesl Karlstadt „Ein Stück von ihm", Co-Produktion Bayerischer Rundfunk und ORF 1995.

KAULLA, Guido von: „Und verbrenn′ in seinem Herzen". Die Schauspielerin Carola Neher und Klabund, Freiburg im Breisgau 1984.

KEISER-HAYNE, Helga: Erika Mann und ihr politisches Kabarett die „Pfeffermühle" 1933–1937, München 1990.

KERR Alfred: Die Sucher und die Seligen. Die Welt im Drama III, Gesammelte Schriften in zwei Reihen, Erste Reihe Band 3, Berlin 1917.

KIRCHNER, Ernst Ludwig: Der Tanz. Gret Palucca zum Gedenken. Herausgegeben von Gabriele LOHBERG, Davos 1993.

KLABUND: Gesammelte Gedichte. Lyrik. Balladen. Chansons, Gesammelte Werke, Wien 1930.

Klaus und Erika Mann. Bilder und Dokumente. Katalog zur Ausstellung des Erika- und Klaus-Mann-Archivs der Handschriften-Abteilung der Münchner Stadtbibliotheken am Gasteig München 1990.

KLEIST, Heinrich von: Penthesilea, München 1998.

KÖHL, Gudrun: Liesl Karlstadt. Unsterbliche Partnerin Karl Valentins. Ein Lebensbild, München 1980.

KRAUS, Karl: Die Fackel Nr. 418–422, April 1916.

KÜHLMANN, Richard von: Erinnerungen, Heidelberg 1948.

LAHANN, Birgit / MAHLER, Ute: Auf Bertolt Brechts Spuren, Hamburg 1999.

LICHNOWSKY, Mechthilde: Worte über Wörter, Reinbek bei Hamburg 1949.

LICHNOWSKY, Mechthilde: Das Rendezvous im Zoo, München 1951.

LICHNOWSKY, Mechthilde: Der Kampf mit dem Fachmann, München 1952.

LICHNOWSKY, Mechthilde: Halb & Halb. Verse und Zeichnungen, München 1953.

LICHNOWSKY: Mechthilde: An der Leine, Frankfurt a. M. 1992.

LICHNOWSKY, Mechthilde: Kindheit, Frankfurt a. M. 1995.

LICHNOWSKY/KARL KRAUS: „Verehrte Fürstin". Karl Kraus u. Mechthilde L. Briefe und Dokumente 1916–1958 Göttingen 2001.

LINSE, Ulrich: Der Amazonenstaat unter der Wasserkuppe – Deutschlands erste ländliche Frauenkommune; in: Künstliche Paradiese der Jugend. Zur Geschichte und Gegenwart ästhetischer Subkultur. Herausgegeben von Peter Ulrich HEIN, Münster 1984.

MANN, Erika: Briefe und Antworten, Band II: 1951–1969. Herausgegeben von Anna Zanco PRESTEL, München 1985.

MANN, Klaus: Auf der Suche nach einem Weg. Aufsätze, Berlin 1931.

MANN, Thomas: Briefe 1889–1936, Frankfurt a. M. 1961.

MARTENS, Kurt: Schonungslose Lebenschronik 1901–1923, 2 Bde., Wien 1924.

MATHILDE LICHNOWSKY 1879–1958. Bearbeitet von Wilhelm Hemecker. Deutsche Schillergesellschaft, Marbacher Magazin 64/1993 zur Ausstellung Juni/August 1993, Marbach 1993.

MEIER, Emerenz: Gesammelte Werke. Erster Band: Erzählungen. Herausgegeben von Hans Göttler, Grafenau 1991.

MEIER, Emerenz: Gesammelte Werke (GW): Zweiter Band: Gedichte, Briefe, Vermischtes. Herausgegeben von Hans Göttler, Grafenau 1991.

MEISTER, Monika: „Lieben nicht bis zur Selbstvernichtung". Die Schriftstellerin Carry Brachvogel. Bayerischer Rundfunk. Land und Leute, 24.11.1991.

MEISTER, Monika: „Ich habe für das Richtige, das Gute, das Beste gekämpft". Das revolutionäre Leben der Olga Benario. Bayerischer Rundfunk. Land und Leute, 15. 12. 1996.

Morais, Fernando: Olga. Das Leben einer mutigen Frau, Köln 1989.

Mühsam, Erich: Tagebücher 1910–1924, München 1995.

Mühsam Gesellschaft: Die Frauen um Erich Mühsam: Zenzl Mühsam und Franziska zu Rewentlow; Schriften der Erich-Mühsam-Gesellschaft Heft 11, Lübeck 1996.

Mühsam, Zenzl. Eine Auswahl aus ihren Briefen. Schriften der Erich Mühsam Gesellschaft. Heft 9. Herausgegeben von Chris Hirte und Uschi Otten, Lübeck 1995.

Müller, Reinhard: Zenzl Mühsam und die stalinistische Inquisition, in: Frauen um Erich Mühsam. Zenzl Mühsam und Franziska zu Reventlow, Schriften der Erich-Mühsam-Gesellschaft Heft 11, Lübeck 1995.

Müller, Reinhard (Hg.): Die Säuberung. Moskau 1936. Stenogramm einer geschlossenen Parteiversammlung, Reinbek bei Hamburg 1991.

Müller, Reinhard: Menschenfalle Moskau, Hamburg 2002.

Münz, Elisabeth / Münz Erwin (Hg.): Geschriebenes von und an Karl Valentin, München 1978.

Nadolny, Susanne: Claire Goll: Ich lebe nicht, ich liebe, Berlin 2002.

Ott, Ulrich (Hg.): Mechthilde Lichnowsky 1879–1858, bearbeitet von Wilhelm Hemeker, Deutsche Schillergesellschaft, Marbacher Magazin 64/1993, Marbach 1993.

Otten, Uschi: „Den Tagen, die kommen, gewachsen sein." Zur Lebensgeschichte Zenzl Mühsams, in: Frauen um Erich Mühsam. Zenzl Mühsam und Franziska zu Reventlow, Schriften der Erich-Mühsam-Gesellschaft Heft 11, Lübeck 1995.

Panzer, Marita A./Plössl, Elisabeth: Bavarias Töchter. Frauenporträts aus fünf Jahrhunderten, Regensburg 1997.

Peinkofer, Max: Lebensbild der Dichterin: in: Emerenz Meier, Aus dem bayerischen Wald. Erzählungen und Gedichte. Herausgegeben v. Hans Bleibrunner und Alfred Fuchs, Grafenau 1974, S. 7–21.

Peinkofer, Max: Emerenz Meier – Gedichte, Passau 1954.

Petzet, Wolfgang: Theater. Die Münchner Kammerspiele 1911–1972, München 1973.

Pfäfflin, Friedrich/Dambacher Eva (Hg.): „Verehrte Fürstin" Karl Kraus und Mechthilde Lichnowsky Briefe und Dokumente 1916–1958, Göttingen 2001.

Picker, Herny: Hitlers Tischgespräche im Führerhauptquartier 1941–1942, Bonn 1951.

Riegler, Theo: Das Liesl Karlstadt Buch München 1961.

Röhl, Klaus Rainer: Aufstand der Amazonen. Geschichte einer Legende, Düsseldorf/Wien 1982.

Rocker, Rudolf: Erich und Zensl Mühsam. Gefangene bei Hitler und Stalin. Der Leidensweg des berühmten anarchistischen Dichters und seiner Frau, Wetzlar 1976.

Rydberg, Olaf: Die Tänzerin Palucca, Dresden 1935.

Schad, Martha: Ludwig Thoma und die Frauen, Regensburg1995.

Schikowski, John: Geschichte des Tanzes, Berlin 1926.

Schulte, Michael: Karl Valentin, Reinbek bei Hamburg, 1993.

Schumann, Gerhard (Hg.) Palucca, Porträt einer Künstlerin. Berlin 1972.

Schwab, Gustav: Die schönsten Sagen des klassischen Altertums, Rastatt 1994.

SCHWEIGGERT, Alfons: Karl Valentin und die Frauen, München 1997.

SEGRE, Michael: Max und Emmy Noether (1844–1921 und 1882–1935), Mathematiker, in: Geschichte und Kultur der Juden in Bayern. Herausgegeben von Manfred TREML und Wolf WEIGAND, Veröffentlichungen zur Bayerischen Geschichte und Kultur Nr. 18/88, München 1988, S. 179–182.

SERKE, Jürgen: Die verbrannten Dichter, Frankfurt a. M. 1982.

SIECK, Albrecht: Kleists Penthesilea. Versuch einer neuen Interpretation, Bonn 1976.

SPECHT, Agnete von (Hg.): Geschichte der Frauen in Bayern. Von der Völkerwanderung bis heute, Katalog zur Landesaustellung 1998 des Hauses für Bayerische Geschichte, Regensburg 1998.

SPIES, Gerty: Drei Jahre Theresienstadt, München 1984.

SPITZER, Federica/WEISZ Ruth: Theresienstadt, Berlin 1997.

STABEL, Ralf: Tanz, Palucca! Die Verkörperung einer Leidenschaft, Berlin 2001.

STABEL, Ralf: Eine Kämpfernatur. Zum 100. Geburtstag von Gret Palucca, in: Oper & Tanz, 2002/02.

STADLER, Gabriele: Das tragikomische Paar. Liesl Karlstadt und Karl Valentin, gesendet im Bayerischer Rundfunk am 21. Februar 1990.

VALENTIN, Karl: Sämtliche Werke. Band 6, Briefe, München 1991.

VALENTIN, Karl: Sämtliche Werke. Ergänzungsband, München 1997.

VAN DER WAERDEN, B. L.: Nachruf auf Emmy Noether. In: Mathematische Annalen, Band 111, 1935, S. 469–474.

VEREINIGUNG der Verfolgten des Naziregimes Westberlin/Verband der Antifaschisten: Olga Benario. Das Leben einer Neuköllner Antifaschistin, Berlin, o. J.

WAAK William: Die vergessene Revolution. Olga Benario und die deutsche Revolte in Rio, Berlin 1994.

WEGNER, Matthias: Klabund und Carola Neher, Berlin 1996.

WENDT, Gunna: Liesl Karlstadt. Ein Leben, München/Zürich 1998.

WERNER: Ruth: Olga Benario. Die Geschichte eines tapferen Lebens, Berlin (DDR) 1961.

WEYL, Hermann: Emmy Noether (Nachruf) in: Scripta mathematica III, 3, 1935, S. 201–220.

WIEDEMANN, Barbara (Hg.): Paul. Celan. Die Goll Affäre. Dokumente zu einer Infamie, Frankfurt a. M., 2000.

WOLFF, Kurt: Briefwechsel eines Verlegers 1911–1963. Herausgegeben von Bernhard ZELLER/Ellen OTTEN, Frankfurt 1966.

WOLLSTONECRAFT, Mary: Ein Plädoyer für die Rechte der Frau, Weimar 1999.

WUSSING, Hans/Arnold, Wolfgang: Biographien bedeutender Mathematiker, Berlin 1975.

ZIEGLER, Edda: Der Traum vom Schreiben. Schriftstellerinnen in München 1860–1960, München 2000.

Martha Schad

Bayerns Königinnen
407 Seiten mit 4 Abbildungen.
Piper Taschenbuch

Über die aus dem Hause Wittelsbach stammenden Monarchen gibt es zahlreiche Veröffentlichungen. Doch wer waren die Frauen an der Seite dieser kunstsinnigen Herrscher? Bayerns Königinnen stammten alle aus führenden Dynastien Europas, waren schön und hochgebildet. Sie wirkten vor allem in ihren Familien, engagierten sich aber auch auf sozialem und kulturellem Gebiet, sie förderten Toleranz, Frömmigkeit und Liberalität im jungen Königreich, erlebten politische Niederlagen genauso wie privates Glück. Für ihre biographischen Studien zog Martha Schad bisher unerschlossene Briefe und Tagebücher aus dem Geheimen Hausarchiv der Wittelsbacher heran und schildert eindrucksvoll und kurzweilig das öffentliche und private Leben der bayerischen Herrscherinnen.

Martha Schad

Die Frauen des Hauses Fugger
Mit sanfter Macht zum Weltruhm.
190 Seiten mit einem farbigen
Bildteil. Piper Taschenbuch

Die Augsburger Handwerker- und Kaufmannsfamilie Fugger stieg im 16. Jahrhundert zu sagenhaftem Reichtum und politischem Einfluß auf. Den Weg von einfachen Webern zum wichtigen Handelsgeschlecht ebneten auch die bislang nur wenig beachteten weiblichen Akteure des Hauses: Martha Schad zeigt, wie mit sanfter Macht die Fäden der Familien- und Reichspolitik gezogen wurden. Ein engagiertes Geschichtsbuch, das detaillierte Einblicke in Freud und Leid der Fugger bietet und dabei die historische Objektivität niemals verläßt.

»Die Autorin holt die Frauen aus der Fußnote der Geschichtsschreibung ... Mit der bei Martha Schad gewohnten Mischung aus Witz, Spannung und Detailreichtum.«
Aichacher Zeitung

PIPER

05/1290/02/L   05/1601/02/R

Marita A. Panzer, Elisabeth Plößl

Bayerns Töchter

Frauenporträts aus fünf Jahrhunderten. 320 Seiten mit 76 Abbildungen. Piper Taschenbuch

Kenntnisreich und unterhaltsam porträtieren die beiden Autorinnen über 80 bayerische Frauen aus verschiedensten Gesellschaftsschichten, darunter berühmte Frauen wie Königin Marie von Bayern, die königliche Geliebte Lola Montez oder die Schauspielerin Therese Giehse. Doch sie stellen auch weniger bekannte Frauen vor wie die Mathematikerin Emmy Noether oder Johanna Händlmaier, die Erfinderin der legendären Senfrezeptur. Ein informativer und kurzweiliger Spaziergang durch die bayerische Frauengeschichte von fünf Jahrunderten – illustriert mit zahlreichen Abbildungen.

Sylvia Jurewitz-Freischmidt

Galantes Versailles

Königliche Mätressen – Herzdamen des Hofes und Frauen von Einfluss. 620 Seiten mit 16 Abbildungen. Piper Taschenbuch

Die Geschichte der französischen Könige Louis XIV und Louis XV ist zugleich auch die Geschichte ihrer Mätressen. Die Historikerin Sylvia Jurewitz-Freischmidt schildert das Leben der königlichen Geliebten zwischen höfischen Intrigen und amouröser Leidenschaft, steifem Zeremoniell und rauschenden Festen – und nicht zuletzt das spannungsreiche Verhältnis der Mätressen zu den anderen Frauen am Hofe. Zugleich verschafft sie uns erhellende Einblicke ins das öffentliche und private Leben der glanzvollen Herrscher in der Zeit des französischen Absolutismus.

Karin Feuerstein-Praßer

Die preußischen Königinnen

367 Seiten mit 38 Abbildungen.
Piper Taschenbuch

Es war durchaus kein leichtes Schicksal, das die preußischen Königinnen im »Männerstaat« Preußen zu bewältigen hatten. Gleichwohl gelang es einigen von ihnen, sich Freiräume zu schaffen – beispielsweise der »Philosophin auf dem Thron«, Sophie Charlotte von Hannover, und der bis heute wohl populärsten preußischen Königin, Luise von Mecklenburg-Strelitz. Andere wiederum litten unter den höfischen Intrigen und der Mißachtung ihres Gemahls oder konnten sich nur durch Lügen oder Heuchelei behaupten.

Unterhaltsam und mit großer Sachkenntnis erzählt Karin Feuerstein-Praßer vom Leben der sieben preußischen Königinnen.

»Wer sich für Geschichte interessiert und für Frauenschicksale der etwas besonderen Art, wird an dieser Lektüre viel Vergnügen haben.«
Aachener Nachrichten

Friedrich Weissensteiner

Die rote Erzherzogin

Das ungewöhnliche Leben der Elisabeth Marie, Tochter des Kronprinzen Rudolf.
240 Seiten mit 21 Abbildungen.
Piper Taschenbuch

Vom Vater hatte sie den rebellischen Geist mit den liberalen Neigungen und von der Mutter die Schönheit: Erzherzogin Elisabeth Marie (1883–1963), die extravagante Lieblingsenkelin von Kaiser Franz Joseph und Kaiserin Elisabeth. Friedrich Weissensteiner erzählt das Leben dieser schillernden Persönlichkeit und ungewöhnlich mutigen Frau in einer Zeit der politischen Umbrüche. Sie stellte sich gegen alle Konventionen und kämpfte für ihr persönliches Glück.

»Einem Film würden wir solche Eskapaden nie verzeihen – so viel dramatische Extravaganz fällt nur dem Leben ein.«
Wiener Morgen Kurier

PIPER

Klaus Günzel

Das Weimarer Fürstenhaus

Eine Dynastie schreibt Kulturgeschichte. 223 Seiten mit 32 Seiten Abbildungen. Piper Taschenbuch

Am Weimarer Hof wurde eines der glanzvollsten Kapitel der europäischen Kulturgeschichte geschrieben. Vor allem die Frauen prägten das Gesicht der Dynastie: Herzogin Anna Amalia machte aus dem unbedeutenden Kleinstaat eines der wichtigsten geistigen Zentren des 18. Jahrhunderts. Als ihr Sohn Carl August den jungen Goethe an den Weimarer Hof holt, beginnt der Aufstieg des Fürstenhauses zum strahlenden Mittelpunkt der deutschen Klassik. – Mit leichter Feder zeichnet Klaus Günzel die Geschichte der Weimarer Dynastie und beleuchtet dabei auch die menschlichen Licht- und Schattenseiten ihrer bedeutendsten Persönlichkeiten.

»Eine vorzügliche Schilderung des nicht nur klassischen Weimar.«
Frankfurter Allgemeine Zeitung

Franz Herre

Maria Theresia

Die große Habsburgerin. 368 Seiten mit 6 Abbildungen. Piper Taschenbuch

Als Nachfolgerin ihres 1740 gestorbenen Vaters Karl IV. übernahm Maria Theresia (1717–1780) als Erzherzogin von Österreich, Königin von Ungarn und von Böhmen die Herrschaft über die Länder des Hauses Habsburg, und als Gemahlin des römisch-deutschen Kaisers Franz I., eines Lothringers, wurde sie Kaiserin. Franz Herre, Autor erfolgreicher historischer Biographien, versetzt uns in das Zeitalter Maria Theresias. Facettenreich schildert er den Lebensweg der lebenslustigen Erzherzogin zur Monarchin, Landesmutter und konservativen Reformerin.

»Herre erzählt spannend, verknüpft Biographie und wirtschafts- und sozialgeschichtliche Aspekte anschaulich und geschickt, und kramt überdies einige Anekdoten hervor.«
Badische Neueste Nachrichten

05/1603/02/L   05/1932/02/R

Brigitte Hamann
Elisabeth

Kaiserin wider Willen. 640 Seiten mit 103 Abbildungen. Überarbeitete Neuausgabe.
Piper Taschenbuch

Das übliche süße Sisi-Klischee wird man in diesem Buch vergeblich suchen: Elisabeth, Kaiserin von Österreich, Königin von Ungarn, war eine der gebildetsten und interessantesten Frauen ihrer Zeit: eine Königin, die sich von den Vorurteilen ihres Standes zu befreien vermochte. Häufig entfloh sie der verhaßten Wiener »Kerkerburg«, weil sie nicht bereit war, sich von den Menschen »immer anglotzen« zu lassen. Statt dessen war sie monatelang auf Reisen, lernte Sprachen und trieb – im Rittersaal der Hofburg! – Sport. Schon vor dem Attentat war sie eine legendäre Figur geworden.

Brigitte Hamann
Kronprinz Rudolf

Ein Leben. Aktualisierte Neuausgabe. 544 Seiten mit zahlreichen Abbildungen. Piper Taschenbuch

Der Suizid von Kronprinz Rudolf von Österreich (1858 bis 1889) in Mayerling am 30. Januar 1889 war ein Schock für ganz Europa und sollte die Welt nachhaltig beeinflussen. Hier zeichnet die Bestsellerautorin Brigitte Hamann das detaillierte Bild eines liberalen Intellektuellen, der stets vehement gegen Antisemitismus, Nationalitätenhaß und Klerikalismus eintrat und dessen politisches Ziel ein vereintes Europa liberaler Staaten war.

»Ein profundes und dabei außerordentlich lesbares Werk, ein Buch, das keineswegs nur historisch interessierte Leser fesseln kann, sondern auch eine reiche Fundgrube für psychologisch Interessierte bedeutet.«
Wochenpresse

PIPER

Uwe A. Oster

Wilhelmine von Bayreuth

Das Leben der Schwester Friedrichs des Großen. 384 Seiten mit 16 Seiten Farbbildteil.
Piper Taschenbuch

Ob als Bauherrin, Opernintendantin oder großzügige Mäzenin von Kunst, Musik und Wissenschaft: Die glanzvolle Regentschaft Wilhelmines von Bayreuth rückte die kleine fränkische Residenz ins Rampenlicht der europäischen Geschichte. Doch die Sehnsucht der kunstsinnigen Markgräfin nach Liebe und Harmonie wurde von ihrer engsten Vertrauten bei Hofe grausam mißbraucht. Auf dem Höhepunkt ihres Lebens muß sich Wilhelmine schließlich eingestehen, daß sie den Kampf um die Liebe ihres Mannes gegen eine schöne junge Hofdame verloren hat ...

»Eine gut lesbare Biographie.«
Süddeutsche Zeitung

Joan Haslip

Marie Antoinette

Ein tragisches Leben in stürmischen Zeiten. Aus dem Englischen von Christian Spiel. 448 Seiten mit 8 Seiten Bildteil.
Piper Taschenbuch

Marie Antoinette (1755 bis 1793), jüngste Tochter der österreichischen Kaiserin Maria Theresia, war erst vierzehn Jahre alt, als sie mit dem späteren König Ludwig XVI. verheiratet wurde. Sie war schön, liebenswürdig und aufrichtig, aber auch vergnügungssüchtig und verschwenderisch. Alle Türen zur Macht standen ihr offen, sie übersah jedoch die Zeichen der Zeit. Die Französische Revolution bereitete ihr ein jähes Ende – ihr Kopf mußte als Symbol der alten Herrschaftsstrukturen fallen. Joan Haslip beschreibt das bewegende, tragische Leben dieser umstrittenen Herrscherin und zeigt sie im Spiegel ihrer Zeit.

Dieter Wunderlich

EigenSinnige Frauen
Zehn Porträts. 256 Seiten mit 10 Abbildungen.
Piper Taschenbuch

Johanna von Orléans und Madame Pompadour, Coco Chanel, Frida Kahlo und Simone de Beauvoir – einen großen Bogen spannt Dieter Wunderlich in seinen zehn Porträts. Er erzählt von Frauen aus verschiedenen Epochen und Lebensbereichen, die nicht bereit waren, sich den gesellschaftlichen Erwartungen widerstandslos zu unterwerfen, sondern ihre ganz persönlichen Ziele verfolgten und dabei gegen heftige Widerstände kämpften.

»Was diese Frauen gemeinsam hatten, waren ihr Eigensinn und ihr Streben, Ideen und Lebensentwürfe auch gegen Konventionen zu verwirklichen. Daß der Autor nebenbei und auf leichte, aber nicht leichtfertige Art Geschichtsunterricht erteilt, ist ein weiterer Vorzug des Buchs.«
Berliner Morgenpost

Friedrich Weissensteiner

Die Frauen der Genies
272 Seiten mit 29 Abbildungen.
Piper Taschenbuch

Cosima fügte sich widerspruchslos Richard Wagners Ansprüchen, Mileva verzichtete Albert Einstein zuliebe auf eine eigene Karriere, und Katia hielt Thomas Mann den Alltag fern: In sechs anschaulichen Porträts beleuchtet Friedrich Weissensteiner das Leben von Constanze Mozart, Christiane Vulpius-Goethe, Cosima Wagner, Mileva Einstein, Alma Mahler-Werfel und Katia Mann und schildert die Persönlichkeiten dieser außergewöhnlichen Frauen, die erheblichen Anteil am Ruhm ihrer Ehemänner hatten.

»Ich habe in meinem Leben nie tun können, was ich hätte tun wollen!«
Katia Mann

PIPER